现代远程教育十论

宋 有 主编

东北林业大学出版社
·哈尔滨·

图书在版编目（CIP）数据

现代远程教育十论／宋有主编. --2 版. --哈尔滨：
东北林业大学出版社，2016.7 （2025.4 重印）
ISBN 978－7－5674－0809－8

Ⅰ.①现… Ⅱ.①宋… Ⅲ.①远程教育-研究
Ⅳ.①G43

中国版本图书馆 CIP 数据核字（2016）第 149701 号

责任编辑：卢　伟

封面设计：彭　宇

出版发行：东北林业大学出版社（哈尔滨市香坊区哈平六道街 6 号　邮编：150040）

印　　装：三河市佳星印装有限公司

开　　本：850mm×1168mm　1/32

印　　张：13.25

字　　数：332 千字

版　　次：2016 年 8 月第 2 版

印　　次：2025 年 4 月第 3 次印刷

定　　价：79.80 元

如发现印装质量问题，请与出版社联系调换。（电话：0451－82113296　82191620）

《现代远程教育十论》编委会

目　录

概　　述

当今世界是一个新知识、新技术层出不穷的时代，是社会生活和历史急剧发展的新时期，人们为了适应社会的发展就需要不断地学习。联合国教科文组织在一份报告中指出："处在今天逐渐复杂纷乱的世界，每个人以及所有的社区，都必须能够持续发展与使用各种不同的知识架构、价值体系、智力结构和技能。对于终身学习需要透过较为广泛的观点，赋予新的意义。学习不再只是一种仪式，也不仅是关联于职业需要而已。"各国政要都结合本国的实际并为了适应这个变化了的世界提出了构建终身教育体系的思想，欧盟发表《终身学习自白书》、德国发表《汉堡宣言》、加拿大开展"解放教育运动"……改革开放后，中国的经济建设发生了天翻地覆的变化，特别是当人类社会跨入 21 世纪之际，我国已进入全面建设小康社会，加速推进社会主义现代化新的发展阶段，为此党的十六大报告指出："全民族的思想道德素质、科学文化素质和健康素质明显提高，形成比较完善的现代国民教育体系、科技和文化创新体系、全民健身和医疗卫生体系。人民享有接受良好教育的机会，基本普及高中阶段教育，消除文盲。形成全民学习、终身学习的学习型社会，促进人的全面发展。"构建终身学习体系，创建学习型社会的热潮正在中国兴起。

中国广播电视大学是在邓小平同志倡导和亲自批准下于 1979 年正式成立的。建校 25 年来，为我国社会主义建设培养了成千上万的应用型人才。当传媒技术发生了重大变化后，广播电视大学承担了国家教育部"人才培养模式改革和开放教育试点"

项目。这个项目的实施是在现代远程教育理论和现代远程教育思想指导下，以计算机和网络技术为手段，旨在探索网络环境下为社会主义建设和发展培养大批高质量合格人才的规律。

第一节 现代远程教育与教学理论

联合国教科文组织 1972 年的报告《学会生存》中明确指出：今天的人们不光要学习知识，更重要的是学会学习，即要掌握认知的能力和信息处理的能力。因此，当前世界教学改革的主旋律是充分激发学生的主动性和积极性，使教学过程从以"教"为中心，转变到以"学"为中心；从知识的传授和学习，转变为学习能力的培养和提高，教学生学会学习。国外一些远程教育和学习理论对此进行了阐述，这些理论对指导我们开展网络环境下的教学提供了一定的依据。同时，国外一些远程教育院校的教学实践及国内远程教育教学和学习模式的探索也为我们进行网络环境下的现代远程教育工作予以启迪。

自从国家实施现代远程教育工程以来，我国现代远程教育得到了快速发展，现代远程教育理论的研究受到了教育界特别是远程教育工作者的重视。一些外国远程教育理论也相继被介绍到国内，如：

（1）行为主义的研究模式和斯金纳的操作学习模式。行为主义心理学——刺激反应理论，认知主义心理学——信息加工理论，建构主义学习理论及随机进入教学（Random Access Instruction）方法，发现学习理论，自我指导学习理论。

（2）魏德迈的独立学习理论，彼得斯的远程教学的工业化理论，穆尔的交互影响距离和学习者自主理论，霍姆伯格的有指导的教学会谈的理论，基更的教和学再度综合的理论，亨利和凯依的教学功能重组的理论，伽利森通信和学生控制的理论，丹尼尔的独立学习和相互作用均衡结合的理论。

（3）基更关于现代远程教育的特点的分析：一是，学生的背景不同，经历不同，阅历不同。二是，师生分离，以学生为中心，学校和教师均定位在为学生服务的客体。三是，打破学年制度的约束，为学习者及时实现求学的愿望提供可能，实行完全学分制。四是，充分体现学生学习的自主性，教学方式灵活方便，学习的自由度增大。五是，最大限度地发挥现代化教学媒体的功效，做到优化组合，方便快捷。这些理论对促进我国远程教育理论的发展、丰富我国远程教育的理论无疑是十分必要和重要的。但是，我们还应该认识到，人们在构筑网络环境下的教学模式和管理模式过程中大量借鉴外国的教育理论，使我国远程教育的理论研究很少有原创性。这一现象说明了我国远程教育理论近些年来虽有发展，但还不够成熟。人们呼唤具有中国特色的、成熟的远程教育理论来指导教育管理和教学实践。现代远程教育理论的创新是时代提出的要求。现代远程教育是基于计算机、数字卫星电视和电信三大通信网络的远程教育，现代远程教育出现了新的特征。而基于网络环境下的现代远程教育绝不单纯表现为教学手段的现代化。教学资源的丰富多彩，教学媒体的多样化，学生的个性化都要求现代远程教育理论研究者从实际出发，探索新的教学方法，从理性的高度进行提炼，形成新的教学理论，指导教学实践。

中国地域辽阔，地区经济发展不平衡，同一种教学模式在不同的地区有不同的作用。对于外国远程教育理论就更不能生搬硬套，必须结合本地区的实际情况有所发明、有所创造，形成具有中国特色的远程教育理论。因此必须有创新精神，积极探索，勇于实践，以适应客观形势发展的需要。

创新就是别人没有说过、没有做过的，需具有首创性。认真总结教学经验，并使之理论化是创新行为。在远程教育教学和研究中，我们接触了大量的外国教育理论，把这些外国的优秀教育理论应用到我们的具体教学实践，使其中国化也是创新。

教育科学研究的一个重要特点就是实践性特别强。我们学习和借鉴外国远程教育理论的同时，应努力学习外国远程教育理论家的科学研究方法。大量的实践表明：一些重要的教育理论都是在实践的基础上总结出来，又在教育、教学实践中不断发展和日益成熟的，这既是教育理论创新的重要方法，也是教育理论创新的源泉。一线教师是现代远程教育教学的实践者，更是教育理论的研究者，在中国远程教育理论的创建中有着义不容辞的责任，担负着重要的历史使命。我们要有勇于探索、勇于实践的精神，在教育教学实践中不断摸索，为创建具有中国特色的现代远程教育理论贡献力量。

第二节　现代远程教育主要教学媒体 及学习手段

无论是过去还是现在，远程教育中的师生分离决定了教学媒体的重要，在一定程度上说教学媒体对教学效果的影响是不容置疑的。随着科学技术的发展，现代远程教育的手段也愈来愈多，愈来愈先进。同时，传统的教学手段还发挥着不可忽视的作用，因此现代远程教育教学媒体呈现出不断更新和多样化的特点。

（1）主要教学媒体和教学交互手段：文字教材、录像教材（VCD）（包括卫星与有线电视播出）、网上课程（WEB）和CAI课件等。这些是教师事先编制的向学生传输教学信息的载体（其中WEB讲究实时更新）。学生接收动态教学辅导信息或向教师发出学习请求反馈信息，进行实时或非实时的教学交互，可以通过视频会议系统、直播课堂、VBI、电子信箱和电子答疑系统、BBS网上讨论、收发E-mail、电话，以及小组学习、面授辅导和作业批改等来实现。在多种媒体学习材料中，文字材料是教学内容和导学信息的主要载体，也是联系其他媒体的纽带。远程学习的文字教材不仅要负载全部教学内容，而且要具有对学生利用其他媒体教学信息进行远程自主学习指导的功能。印刷材料是学生随身携带的最方便适用的学习材料。

（2）上网学习、利用 CAI 课件和 VBI 学习：开放学习学生可以在自己单位、家庭或在学习中心的网络与多媒体教室免费上网，通过四条路径的任一条直接访问中央电大或开放教育网站，也可登录试点的各省级电大的互联网站，获取动态教学信息、重点难点辅导信息与网上学习支持服务。中央电大为试点开发了网络版开放教育教学管理软件和远程开放教育需要的网上教学平台。开放试点专业每个专业有一个主页，建一个平台。此外，学生可以在校园网或宽带地区网上进行课程或课件点播。有些课程学生可利用电大开发的计算机多媒体课件学习，进行人机和人与教学内容的交互，这有利于实现个体化学习。学生，特别是尚未接通网络地方的学生，则可以通过遍布全国的 VBI 接收点接收课程辅导，并可以通过 VBI 接收网上全部信息。

（3）视听学习：开放学习学生可以定期进入直播教室，接收中央电大直播课堂的实时授课，并通过电话或 E – mail 与主讲教师进行实时的提问讨论。非直播时间，学生可在自己单位与家庭或利用学校提供的视听教室、闭路电视系统观看录像或卫星和有线电视教学节目，也可以租、购录像教材自主安排视听学习。各试点电大为方便学生根据自己的情况选择视听学习时间，视听教室和闭路电视系统普遍实行滚动播出。

（4）实践教学：学生可通过地方电大学习中心的模拟法庭、模拟财务系统、模拟银行或到生产经营现场进行模拟或现场实习；到当地学习中心的实验室或高校、企业的实验室进行现场实验或利用 CAI 课件进行虚拟环境实验。

第三节　现代远程教育的学生特点及
为学生学习提供优质服务

　　远程教育的学生来自社会的各个方面，对远程教育的受教育者进行分析，使远程教育工作者了解教育对象，是把这项工作做好的重要保证，因此，国外的远程教育研究者是十分重视这方面研究的。

　　经过研究，有的学者把远程高等教育学习者的基本特点归纳为：

　　（1）他们遍布世界各地，具有各种种族背景。

　　（2）他们具有各种年龄层次。平均而言，他们一般为 20～40 岁，年龄大于传统大学的在校本科生。

　　（3）男女比例因国家、学校、专业和课程等因素而不同。

　　（4）远程学习者大多数来自城市地区。远程教育在学习时间和学习地点上的灵活性为城市地区的学习者提供了极大的便利。

　　（5）远程学习者一般处于社会较底层，属于弱势社会经济群体。他们希望通过远程学习来提高自己在社会中的地位。

　　（6）远程学习者主要为在职成人，在社会中承担多种角色。他们在学习的同时，需要工作和照顾家庭。

　　（7）远程学习者多数以业余方式学习。在他们的生活中，工作和家庭处于第一位，学习处于第二位。换句话说，学习是他们生活中的附属任务，而非主要任务。

　　（8）远程学习者以在家学习为主。由此产生的后果是，远程学习者与同学的交流可能比较困难，与学校及教师的联系可能会不够及时和迅捷。

　　（9）远程学习者具有多样化的生活及教育背景，这与他们在种族、年龄、性别、职业、家庭背景、受教育程度等方面的差异密切相关。以职业为例，远程学习者可能来自社会的各行各业，涉及从将军到囚犯的各个阶层。

远程高等教育学习者的特点使其在学习上具有一定的优势：

（1）远程学习者学习动机明确，学习动力强大。正如 Moore（1998）指出的，一个人如果没有认真学习的打算，是不会选择远程学习这一方式的。Kaye（1981）也指出，远程学习者是一个自我选择的群体，他们经过深思熟虑后自愿选择远程教育，因此，他们会认真对待自己的学习。

（2）远程学习者学习目标明确。如果说远程学习者的长远目标是通过学习来提升自己在社会中的地位的话，那么他们的近期目标则是获取学位或证书。换言之，远程学习者重返学校学习时，带有明确而实际的学习目标。

（3）远程学习者高度专注。他们在学习过程中要求明确地知道自己必须做什么，如何做以及在什么时间内完成一项任务。这一特点与远程学习者具有明确的学习动机和学习目标是分不开的。

（4）远程学习者生活经验丰富，尤其是他们具有比较丰富的工作经验。在学习的过程中，远程学习者无疑要将自己的工作经验反映到所学的课程中。

（5）远程学习者具备多种技能。这与他们作为在职成人具有丰富的工作经历有关。

（6）远程学习者自我意识强烈，并希望学校和教师能够倾听他们的意见，满足他们的学习愿望和要求。

（7）远程学习者珍惜他们在学习上投入的时间和金钱，期望能够从学习中得到回报，这一点往往成为他们学习动力的外部因素。

当然，远程高等教育学习者在学习过程中也存在不利因素：

（1）远程学习者在重返学校学习时可能会准备不足。毕竟，他们离开学习有一段时间了，因此当他们重新回到学生角色时，可能会在思想等方面准备不足。

（2）远程学习者在重返学校学习时可能会缺乏学习经验，尤其缺乏远程自主学习的经验。他们可能会对教育领域发生的最新变化缺乏了解，对自己即将开始的学习有一种陌生感，对自己先前的学习经验感到过时而不适用。

（3）远程学习者被迫在不利于学习的环境中学习，因为这一环境不是专为学习的目的而设置的。

（4）远程学习者通常缺乏强有力的学习支持，这与他们在家学习为主的学习方式有关。

（5）远程学习者在学习过程中，通常缺乏及时的学习反馈，这也与他们以自学为主的学习方式有关。

（6）远程学习者通常缺乏学习时间，这是由于学习与工作、学习与家庭之间的矛盾所造成的，也是多数远程学习者面临的主要问题。

（7）远程学习者的学习时间短促，时断时续，无法长时间地集中学习。他们在学习期间，可能会不断地被各种事情所打断。上述分析尽管是针对国外学习者的，但是对我们来说也有一定的参考价值。

参加远程教育的学习者了解这些特点，特别是远程教育者了解这些优势与不足是十分必要的，对于在学习和教学中扬长避短取得最佳学习和教学效果是非常重要的。

远程教育的教学特点和学生的学习特点要求开展远程教育的机构和学校必须为学生学习提供优质服务。

现代远程教育是基于现代教育理论、现代教育技术基础上的新的教育形式。如何帮助学生学习并构建与之相适应的、满足学习者需要的学习情境是一切现代远程教育研究者、教师、管理人员都应关注和研究的问题。而构建现代远程教育公共服务体系工作是为学生构建学习情境最为重要的内容之一。

　　构建现代远程教育公共服务体系得到了教育主管部门的高度重视。教育部教高［2000］8号文件明确指出：这一体系的主要任务是："为试点高校开展网络教育提供上机环境、技术指导、资源建设、学生管理、考务管理及教学支持服务。"为完成这一任务，有关教育行政部门组建了新的机构，有些省份成立了远程教育服务中心，民间组织和企业也以积极的态度来参与办学和提供一定的服务项目。这一切努力对于完善我国现代远程教育公共服务体系，为学生提供优质服务，提高教学及学习质量乃至于规范我国现代远程教育工作无疑都将发挥重要的作用。但是，在我国建立现代远程教育公共服务体系毕竟是一项新的工作，没有现成的经验可以借鉴。因此，在构建这一体系过程中必然要出现这样或那样的问题，甚至出现一些不尽如人意的地方，这都属于前进中的问题，是正常的。所以，为了更好地为学生提供服务，应该对构建我国现代远程教育公共服务体系的理论基础、构建的基本要素及相互间的关系、运行机制进行深入的探讨和研究，并在实践中不断总结经验，以促进我国现代远程高等教育的健康发展，使我国现代远程教育在我国高等教育大众化、构建终身教育体系、构建学习型社会中发挥更大的作用，最终为我国小康社会的实现做出贡献。

　　为此，应着力做好如下工作：

　　第一，转变观念，树立以人为本、为学生学习服务的思想。以人为本的人文主义精神的基本内涵就是体现对人的关怀。就现代远程教育的机构或其他相关的社会组织，或从事现代远程教育的学校、相关的管理人员、教师来说，都应牢固地树立以学生为中心，一切工作都要有利于学生学习需要的思想观念，从学生学习需要出发，而不是以单纯追求办学效益为目的。这是构建现代远程教育公共服务体系的重要思想基础。

第二，以人为本，以学生学习需要为中心，就要求我们无论是编制教材还是制作课件都应考虑到：一是实用，就是说对学生学习有帮助，符合成人学习特点，适用于网络环境下的教与学。二是努力降低成本。我国是发展中国家，经济发展不平衡，这是我们做任何工作首先应该考虑到的基本国情，一个学生从入学到毕业用于教材的费用达到千余元，这不是所有学生都能承担得了的。

第三，强化学习，吸纳先进的教育理论和教育思想，为构建我国现代远程教育公共服务体系奠定坚实的思想基础。现代远程教育是在先进的教育理论、教育思想指导下开展的试点工作。所有参与这项工作的工作人员都应努力钻研教育理论，无论是外国的还是中国的，无论是古代的还是现代的，一切有助于学生学习的理论都应采取"拿来主义"，为我所用，积极参与教学管理与实践，深入、广泛地开展调查研究，反复实践，从中得出正确的结论。这样才能了解学生的需要，才能为学生服务。

第四，为学生建立有助于学习的环境。组织学习小组，为学习者建立学习小组，对学习小组的学习情况应有记录，按课程为学生安排小组讨论使其互帮互学。

第五，树立以学习者为中心的观念。这一观念在开放教育教与学模式的研究与实践中都具有宏观的指导意义，因此，我们在实际操作中应树立以学习者为中心的观念，一切教学行为都要从这一观念出发，为学习者建设一个适于个别化学习需要的环境和条件；同时，与传统教育相比，教师的角色也发生了变化，教师是一个辅导者、帮助者，他的主要作用是导学，为学习者提供优质的服务，为学生建立一种学习环境，方便学生自主学习；以学习者自主学习为主，为学习者提供多种学习资源，让其根据自己的实际情况，从中选择适合自己的学习方式。

第六，为每名学生配备一名辅导教师，提供辅导、答疑，提供教学资源。为学习者提供多种媒体教材；提供助学服务教学信息；为学习者在时间、场所、内容、方式、方法等方面提供灵活的支持服务；为学习者提供教学设施，方便学习者学习，加强信息化基础设施建设，以利于师生之间的交流。

第七，远程开放教育机构应了解学习者的特征，在建设学习中心时应有的放矢地为学习者提供学习支持服务。如为学习者提供便于自学的辅导材料；提高学习者使用教育技术进行学习的能力；为学生自主学习提供图书资料、视听阅览的条件。由于学习者大都是在职人员，因此，为学习者提供的设施应在所有节假日都开放。

第八，充分发挥教师的作用。作为教师，最重要的是指导学生，使他们掌握学习方法，提高自学的能力，从而成为自主的学习者；学习者在教师指导下，制定个人学习计划；教师鼓励学习者充分利用校内外学习资源，为学生答疑。注重对学生进行学习方法的训练，要重视辅导过程中的反馈作用，如及时批改作业，并附有指导性评语，让学生了解自己学习的情况。为了促进学习，必须设法诱导学生学习动机。有了这种动机，学生的行动就会指向目标，并会因达到目标而获得某种方式的满足；记录学生的学习情况，以便发现问题及时解决，采取灵活的辅导方式，不定时定点上课。

第九，督促学员完成作业。对有些学生来说，作业的一个重要功能是获得反馈——学生通过作业看到自己的学习结果，从而获得一种满足感。做好作业评判，只有通过作业阶段才能反映学生对所学内容的掌握程度。

开放教育试点是在以学生为中心的现代教育思想指导下开展教学工作的，而学生的背景不同使开放教育不可以组班教学；教和学是基于网络环境下进行的，师生分离使开放教育必须改变传统的面授方式；学生是教学工作的主体，教学中要突出以学生自学为主，教师的辅导为辅的特点。为此在解决教与学这一矛盾时应处理好三个关系：一是师生互动，二是学生之间的互动，三是"人机"互动。开放教育是以学生自主学习为主，表面上学生在学习过程中处于主动的地位，在实际的教学中教师与学生之间的关系在一定条件下是互相转变的，就是说在不同的学习阶段教师是处于主动地位，具体体现在教师的"导学"上、体现在教师对课程的重点讲解上、体现在教师对一门课程的学习方法的引导上。学生经过一段学习后必然产生疑惑，通过一些途径向教师提出，只有这时教师才处于被动的地位。

第十，加强学生自学能力的培养。学生在自主学习过程中，其学习效果如何，主要取决于其内在因素，但是，校方为其提供的外部设施条件也会影响到学习的效果。因此，要加强图书阅览室、多媒体视听阅览室、网络计算机阅览室及直播课视听教室等硬件设施的建设和完善。同时，在充分运用全部学习资源的潜力的同时，在培养学生掌握现代教育技术支持工作方面仍需加强，以提高学习者对设施的利用率，否则，就会使一些设施处于闲置状态，导致资源的浪费。

第四节　现代远程教学中应解决的几个问题

一、关于及时就教的问题

夸美纽斯在《大教学论》中说："当孩子还是一个儿童的时候，他是不能够受教育的，因为他的悟性的根芽离地面还太远。一旦老了，那时再去教他又太迟了，因为那时智能和记忆力已在衰退。在中年的时候，教导是困难的，因为智能的力量分散到了形形色色的事物上面，不容易集中起来。所以，我们应该选定青年时期。"并为此提出了划分人们从幼儿到成年（按夸美纽斯确定为 25 岁）等阶段应接受的不同教育，这就是夸美纽斯提出的及时就教的教育思想。实际上，随着心理学、教育学的发展，人们将更加科学地确定不同阶段的教育内容。

　　夸美纽斯不仅提出了"及时就教"的思想，并且确定了及时就教的原则要求："一切学科都应加以排列，使其适合学生的年龄，凡是超出了他们的理解的东西就不要给他们学习了。"这一思想主张在中国古代重要的文化典籍《学记》中也有体现，"时过然后学，则勤苦而难成"，说的就是这个道理。譬如幼儿时期学习外语效果就比较好，而有些知识就不能在幼儿阶段进行学习，这已经是不争的事实。夸美纽斯这一思想主张，虽然不是针对远程教育来说的，但对我们也有着重要的启示。

　　启示之一：实事求是地为学生"排列"他们所需要的知识。现代远程教育的对象是成人，学生之间的差异性很大，这是在教学中首先应考虑的问题。由于开放教育实行以课程为单元组织教学，这为学生学以致用提供了方便条件，学生可以在教师的指导下，根据工作岗位的需要来确定所学课程的前后顺序，根据自己的时间来安排课程，以方便学生学习，达到忙时少选课，闲时多选课。有些课程比较难，可以把学习本课的时间延长。远程教育的学生基础不同，不能整齐划一地组织教学，因此，这种"排列"体现了因材施教的教学思想。学生在学习过程中，应该转变观念，应该认识到，开放教育注册一次 8 年有效也是根据不同学生的情况而确定的。

　　启示之二：现代远程教育是高等教育大众化、教育终身化的重要手段，似乎不存在"时"的问题。其实并不然，这种"时"的要求是当其"时"，拔苗助长式的教育没有考虑到受教育者的智力水平与年龄，是一种超"时"，固然要不得，随着人的年龄增长，记忆力减退，但分析问题解决问题的能力则增强了，提高了。这时仍然要求学生死记硬背，背后又很快忘掉，而不在如何提高学生分析问题和解决问题上寻找突破口、下大气力进行教学改革，也没有做到教育当其"时"。实际上，成人教育的"当其时"是十分必要的，因此无论是在教材编写，还是在学科设置上都应考虑到这一问题。这不仅对于形成好的学习风气是必要的，而且对于真正提高教学质量也是十分重要的。

启示之三：按建构主义学习理论的观点："知识不是通过教师传授的，而是学习者在一定的情境，即社会文化背景下，借助他人的帮助，利用必要的学习资源，通过意义建构的方法而获得。"这种学习理论在强调学生自主学习为主的同时，注重在学生获取知识过程中，一是他人的帮助，二是为其提供必要的学习资源。这里也有一个"及时"与"当时"的问题。现代远程教育是基于网络环境下的远程教育。"及时"，要分析学生的不同背景、经历、阅历、年龄等诸要素，为学生学习提供帮助，为学生提供必备的教学资源。此外，用什么样媒体来传授什么样的课程，才能收到较好的学习效果更是我们应该分析和解决的问题。

二、关于实践教学问题

网络环境下的实践教学问题是所有开展现代远程教育的学校都面临的一个难以解决的教学过程中的重点问题。网络教育所培养的目标是非学术研究型的应用型人才，也就是说，对理工科来说是培养能够掌握成熟技术的人才，文科则重在培养分析问题和解决问题能力强的人才，具体地说是培养学生的动手能力，这就是电大的实践教学问题。现在的问题是电大没有实验条件、实验场地，有关部门提出了建设试验基地的问题，有些学校则套用全日制高校的办法办起了"模拟法庭""会计模拟室"等。在"人才培养模式改革和开放教育试点"项目的中期教学评估中，许多学校在实践教学方面都因条件的不足而"不合格"，于是引发了人们对电大怎样开展实践教学的思考。

通过教学实践我们认为：现代远程教育的实践教学应分层次进行。实践教学分层次进行的依据是：现代远程教育的对象背景不同，个性差异大，不应该用一个尺度去要求；辩证唯物主义要求我们具体问题具体分析；开放教育教学是以课程为单元组织教学。所谓分层次是指根据不同的教育对象而教学要求不同。这是由远程教育的教学特点、学生特点所决定的。实践教学的层次划分以法学专业为例，学生年龄在 20～40 岁之间，对于有十几年法学工作经历的人来说去搞什么"模拟法庭"，实在是没有任何意义，但是按要求学生必须参加实践教学，学生不可能不产生逆反心理，教学效果更无从谈起。因此，应该摸清学生的情况再进行分类。一是没有法学工作经历的人，实践教学对他们来说是十分必要的；二是非法学专业的人（大专阶段，专升本后要补学法学专业课）来说也是十分必要的。那么，对那些从事法律工作时间长、经验丰富的人来说，实践教学可以提高难度，将重点放在国内外典型疑难案例的分析上。当然，这种案例分析应该在教师的指导下进行，或者是在各合作学习小组讨论后，集中在大的范围内进行。总而言之，不能搞一刀切，更不能用传统的思维去开展开放教育的实践教学。再如汉语言文学类（师范专业），实践教学的重点应放在评课、说课上。所谓评课，是听全国特级教师讲课（这类公开课的录像带很多），然后组织学生进行评说，这样才可以学到特级教师的教学思想、教学方法；所谓说课，是要求学生进行备课，然后介绍所要讲授课程的教学设计原则，确定重点、难点、教学思想，最后由大家评说。这对于提高师范类学生的教学水平有着十分重要的意义，这也是实实在在的实践教学。在现代远程教育中，实践教学存在的问题很多，要想真正解决问题就必须转变观念。转变观念不是一句空话、套话，而是一件实实在在的工作，我们不能口里喊着转变观念，实际上还是按传统的、全日制的普通高校办法行事，那样，我们的试点就失去了意义。

远程教育的实践教学的重要环节就是组织学生撰写毕业论文和进行毕业设计。这项工作之所以重要，因为它是对学生几年来学习成果的一个验证，是考查学生是否能运用所学的知识来解决一些实际问题的手段。从教学过程分析，它是运用知识的阶段。对此，各级电大及学生都十分重视，但是，在实际工作中存在的主要问题是个别教师指导学生人数过多，个别教学点指导力量不足，答辩的方法也应该改进。黑龙江省电大目前已经建立了双向视频设备，是否利用它进行网上答辩，目前一些高校对此进行了试点，效果还是不错的。当然，也不是没有问题，随着试点工作的深入，这些问题也会逐步得到解决。

三、关于现代远程教育的教学计划制订问题

教学计划是教学中的纲领性文件，它规定了人才培养的目标、规格，课程的设置、课程的内容、教学的进度。制订科学性强，具有针对性和可操作性，与当地经济发展联系紧密，并使其具有一定的前瞻性等特点的教学计划，是确保教学改革成功的根本前提，是教学设计的重要依据，因此，教学计划是否科学就显得格外重要。

所谓科学性应包括以下几个方面：

首先，必须遵循教育规律。对于网络教育来说，首先应解决好本科和专科的课程设置问题。多年来，我国高等教育中对于如何划分本科和专科一直存在分歧。其结果是专科阶段有两种类型：一是本科专业课的课程种类的减少型，二是本科专业课的内容压缩型。无论何种类型都存在重理论轻实践的问题。实施高等职业技术教育后，人们把它定义为以培养学生掌握"熟练技术"为主，用来区别传统的专科教育。这实际上为我们改造专科教育提供了借鉴。我们认为专科教育不同于本科也在于此。同时，专

科教育也区别于高等职业技术教育，在教学计划中必须考虑学生的继续深造问题。因此有必要选择够用的基础课为学生将来读本科提供必要的条件，专科教育有"短、平、快"的特点，如果过分强调课程设置的整体性，势必会导致回到重理论、轻实践的旧路上。在教学计划中要强调课程设置的模块化，应考虑各模块之间的有机联系。同时也要注意到，各学科的发展出现了新的趋势，这就是某些课程的边缘化。在一些管理类的专业中应避免不必要的重复。

其二，网络教育强调以学生为中心，用多媒体教学资源组织教学，课程设置应注重的是多媒体教学资源的优化组合。目前，各种教学媒体种类比较丰富，有文字教材、音像教材、网络教材，只有根据不同学生的不同需要，根据不同学科的特点，把多种教学资源进行组合，才能收到较好的效果。

其三，网络教育有一个定位问题。网络教育是适应高等教育大众化而产生的一种新的教育形式。目前除了电视大学外又有60多家普通高校参与进来。教学计划应避免用精英教育的理念和模式来开展网络教育。

其四，应根据教育对象来制订教学计划。网络教育的学生来自各个工作岗位，师生分离，其背景不同是其主要特点已经被学术界所承认。教学计划的制订必须考虑这一特点，才能有的放矢地组织教学。特别是在实践教学环节上更不能搞一刀切。目前开展网络教育的学校所制订的教学计划有了一定的改革，但是，传统的教学模式的影响还很深，有远程开放性特色的教学计划还不多。

所谓针对性是指专业的指向性要强。

我们所制订的教学计划，必须根据社会经济发展对人才的需要进行设计，要突出对学生能力的培养，而这种能力是特殊性与普遍性的有机结合。无论什么职业有些能力是共同的，有些能力则是因专业、职业的不同而相异。这就要求我们在制订教学计划时反复调查，多方面征求意见，特别是用人单位的意见更不可少。在此基础上制订的教学计划针对性就强，学生的专业性训练就会有的放矢，学生在社会上就有用武之地。因此，教学计划的制订必须研究市场，不能闭门造车，要多听专家的意见。

目前，一些学者根据西方发达国家的经验，认为一个人的职业不可能是终身的，也有资料证明，美国人一生要换几次职业。因此主张高等教育的教学计划的制订应弱化专业性，以方便学生就业和适应职业变动的需要。不可否认，接受教育是人一生的不间断过程的理念已经被人们所接受，终身教育已经成为世界教育发展的潮流。可是，实际上工作单位可以变换，但是大多数人的专业是不能变更的。终身教育在一般情况下是指在原岗位上的再提高，而绝不是变换岗位。我们如果把社会上的职业进行比较就不难发现真正能够互相转换的职业并不是很多，多数能转换的也是以原来的专业为基础。人们在社会中职业的转换是相对的，职业有一定的稳定性，对于绝大多数的人来说职业是固定不变的。当然这种稳定具有一定的相对性也是客观存在的事实。人们也认识到无论是哪个阶段的教育都不是一次性便可终结的，即使是博士后也有个继续教育的问题。对于网络教育来说，所培养的目标首先考虑的是适应社会发展的需要，对于学生来说，要解决学以致用问题，来电大学习的本身就说明了岗位的需要或者是变换职业的需要。教育的终身化就是人们根据这种社会发展和变化所提出的新理念。

无论专科层次还是本科层次，教学计划的针对性还需要突出职业的实践性特点，使高等教育从精英教育的象牙塔中走出来。教育改革的目的是为了更好地提高教学质量，这是改革的核心，是任何时候都不能放弃的教学工作主题。教学计划的制订、教学方法的改革、教学手段的更新，都应围绕这一核心进行，否则试点就失去了它的意义。那么，衡量教学质量的标准是什么，学生为什么争先恐后挤向名牌学校，恐怕不仅仅是名牌学校的名气大，关键的问题在于这些学校的教学水平所决定的教学质量。衡量学校的教学质量标准只有一个，这就是社会对人才的选择。社会对人才选择的背后或实质是对学校的教学质量的选择，这就是"学而优则仕"的现代诠释。

四、关于现代远程教育向下延伸与基层条件不足的问题

现代远程教育的办学主旨是面向农村、面向基层、面向边远地区、面向少数民族地区；除了"面向基层"不好界定（城市和农村都有个基层问题），其他"三个面向"都不同程度地存在先进技术和经济不发达的矛盾。开展现代远程教育的重要条件是教育手段的现代化，这种教育手段的现代化是以物质条件为支撑的。在现实中，边远地区、少数民族地区、大多数农村利用现代化手段开展远程教育是十分困难的。但是这一矛盾却是不能回避的，广大的农村、边远地区、少数民族地区的教育大众化实现不了，必然影响我国高等教育大众化的进程。

网络环境下的教学工作是基于卫星电视、计算机网络进行的，是通过各级学习中心来组织教学并进行管理的。在教学中存在的主要问题是：采用卫星电视进行教学效果并不十分理想。一是所播的课程时间安排不尽合理，固定的播课时间和场所使学生在任何时间和地点进行学习的设想成为不可能，与网络环境下的现代远程开放教育以学生为中心的办学理念相矛盾。二是有些地区不设置教育频道，使卫星电视播课的收视率不高，于是不得不建立地面卫星接收站而加大了教育投入，增加了教育成本，有些高校租用卫星来传送教育信息，没有一定数量的学生使这一办法难以为继；用一定数量的资金建立学习中心，又为一些基层办学单位因资金不足而无力承担。三是教学中难以解决的问题是师生

不能进行交流，不能开展实时性的交互，也是卫星电视课收视率不高的重要原因。随着科学技术的发展，计算机被运用到现代远程教育的教学中。但中国的计算机的普及率还不高，特别是广大农村、山区、林区和边远地区，个人拥有计算机可谓寥若晨星，使现代远程教育"面向基层、面向农村、面向边远地区和少数民族地区"的伸展有了一定的困难，先进技术和经济不发达地区的矛盾在短时间内是难以解决的。即使这一矛盾得到解决，实时性教学也难以实现，成千上万的学生面对一个教师难以交流，上网费用也难以支付。这些教学中存在的实际问题有些可以解决，有些是不能解决的，对此我们必须有足够的认识，才能避免走弯路。在实际教学中发挥作用的主要是各级教学中心，他们有的建立了学习中心，每天对学生开放；有的送教下基层，把教学资源送到学生手中以方便学生学习，受到了学生的欢迎。

如何利用现代教育技术，现代发达国家的一些做法是值得借鉴的。

教育部电化教育办公室赴美国、加拿大对两国的远程教育考察说明：在现代远程教育中以卫星广播电视系统为主的研究和开发并没有萎缩，即使在美国这样一个互联网十分发达的国家，"三网"结合的研究也十分活跃。关键是要解决一些技术问题，有的公司开发互动电视的软件平台，力图把电视和因特网结合起来，更加个性化地为用户服务；有的公司专门开发交互式卫星数据广播与接收设备，实现实时双向交互的远程教学，力图从根本上解决远程教学中的师生不能实时交流的问题。考察结果还说明美国和加拿大这些发达国家开展的远程教育所依赖的依然是电视，完全利用互联网在线学习并不普遍，因此实时交互式教学是十分有限的，而以非实时交互为主，在非实时交互中 E - mail 应用是相当普遍的。由于美国的远程教育多由企业投资，投资者在投资前都要进行论证和市场调查，有的投资者经过市场调查后认为美国的交互式远程教学至今没有成功的经验，最后决定制作DVD 光盘。这一考察结果对我们开展具有中国特色的现代远程开放教育有着重要的借鉴意义。有人主张用双向视频会议系统来解决学生学习中与教师的交流问题，以实现实时交互式教学。但是，有三个问题不能解决：一是无法解决边远地区的基层办学单位的投资，即使可以投资，但是其利用率及利用时的高昂费用使一般的办学单位难以承担；二是一个教师面对成千上万的学生，如何交互就是值得研究的问题了；三是利用这一系统授课也是采用了固定场所与固定时间的授课方式，与开放教育的理论是有矛盾的。

五、关于教学管理问题

教学管理主要是指教学过程的管理，简单地讲网络教育的教学过程是指学生从注册到毕业的全过程。教学过程组织与管理是关系到网络教育试点成功与否的关键。加强和重视教学过程的组织与管理的研究，对教学过程要精心组织、严格管理、全程监控是这次教学改革的重中之重，对此，我们必须有清醒的认识。

目前网络教育采取入学免试，一年春秋两季注册的招生办法来取代成人考试。这是成人教育招生制度的重大改革。我们认为改革的力度还不够，应该采取常年注册，并采用课程注册方法，这才能真正体现开放教育的特点，学分制也才有意义。毋庸讳言，网络教育的在校生的文化水平确实参差不齐，工作经历也不同，如果组班教学用一把尺度去要求学生是不合理的，学生的阅历、年龄、文化水平相异，统编在一个班也不合适。由于实行学分制，学习时间由学生自由选择、决定，如果强制把学生编在一个班，整齐划一地授课，则又回到封闭式教学的老路了。正因为如此，所以网络教育的教学主张采用新的教学观念、新的教学方法、新的教学手段来构造新的教学模式。由于学生水平参差不齐，因此应有一定的淘汰率，至于淘汰率应该是多少，可以根据不同的学科研究确定。另外，淘汰率应该逐年递减才比较合理。在教学中我们仍然强调以文字教材为主，倡导学生自学为主，卫星电视和计算机网络及其他教学媒体为辅。从网络教育的办学方向和学生学习特点来看，多制作一些 CAI 课件、VCD 光盘、DVD 光盘、录音带、录像片来配合学生自学效果会更好些；用计算机网络来传送教学信息，进行教师培训、组织学术讨论，从而提高电大系统的师资水平无疑会发挥重要的作用。基于以上的考虑，我们认为在教学过程中，学生的自学是最为重要的环节之一，而视听课程、平时作业、单元性总结、复习备考，都是在学生自学文字教材基础上进行的。但是，目前网络教育的学生的自学能力不适应我们的教学方式。在调查中基层电大的教师和管理人员也提出这样的问题，学生的自主学习能力和自主学习的自觉性比较弱。传统教育的影响是根深蒂固的，他们习惯坐在教室里听教师讲课，希望能有"班任"把他们切实管理起来。这就为我们的服务工作增加了一定的难度。为此我们主张做好以下服务工作。

第一，在学生自学上抓好文字教材的自学环节。自学是开展网络教育的重要基础。而在教学中，文字教材的自学是利用其他媒体自学的基础，无论是教学计划的制订还是文字教材的编写或者是多媒体课件的制作，必须考虑到学生的自学，必须有利于学生的自学。我们在调查中发现多数学生希望基层学习中心能够把他们组织起来共同开展教学活动。因此，在某种程度上说改革学生的学习观念比改变教师的教学观念还要难。有些学校设置了多媒体视听阅览室，利用率却不高，有些学校设置了答疑电话，却基本闲置，只有在期末复习时才有个别学生打电话进行咨询，而且这种咨询也只是极为偶然的。这一问题的存在绝不是个别现象，其主要原因除了传统的学习观念作祟外，是由于我们的管理存在一定的问题。解决这一问题的关键除了在教学中指导学生掌握自学方法，指导学生自学外，更重要的是在管理上应采取些必要的、行之有效的措施来督促学生。其中可否在学分上做些文章。把每一学科的学分分为两部分，一是要求学生撰写自学的读书笔记，读书笔记的要求由市级电大制定，报省电大备案；自学笔记撰写情况由班任或任课教师检查，省电大在巡教、教学检查时进行验收。二是把平时作业的成绩和自学结合在一起也能促进学生自学。

第二，编制优秀的教学课件。由于我们的音像教材的主讲教师是专业领域内的知名专家和学者，因此，学生视听音像课不仅是教学过程中的重要环节，而且是确保教学质量并使课程具有权威性的体现。多年的教学实践证明，制作 VCD 光盘和录音带并使两者有机地结合起来，在教学中的效果比卫星电视播送更好些。在调查中，学生告诉我们，音像教材比卫星电视播送课程更为灵活和方便，真正体现了不受时间和地点控制的现代教育思想，在学习中有疑难问题可以停止播送课程而进行讨论，可以咨询辅导教师，可以反复播放，使学生在听课时有思考问题的空间，学生学习的主动性得到了充分的体现。实际上一些发达的国家也采取这种方式开展教学活动，英国每年制作这方面的资料达20 吨，这充分说明了音像教材的生命力。当然，教材的质量必须是上乘之作，不仅要杜绝传统课堂搬家，更要拒绝一般的读讲义，而是成为文字教材不能代替、学生学习必备、有助于提高学生学习质量的辅助教材。教学课件的制作一定要有现代教育理念和先进的教学设计思想，对于教学中的难点、重点问题能够通过现代化的手段表现出来。

第三，呼唤高质量的辅导课。必要的辅导是网络教学过程的重要环节，是学生提高学习质量、学校提高教学质量的重要途径之一。我们之所以提倡进行教学辅导并强调其重要是因为：一是学生并没能达到这样的水平和能力：所有的课程都可以通过自学就能解决问题。教师对课程难点的分析、对重点的讲述、对学习方法的总结、对学习方法的指导都是必要的。二是某些学科的教材编写具有滞后性，通过教师辅导可以弥补这方面的不足，同时可以进行知识的扩展。在管理上应有一些硬性的规定，如规定学生参加面授学习是获得学分的必要条件等。当然，面授辅导并不是要回到组班教学的老路上去，课时要有明确的规定，教学内容也要有明确的规定，绝对不能重复主讲教师的讲课内容。所以要求教师在进行辅导教学时必须突出重点，讲解难点，归纳线索，介绍前沿。

第四，精心组织考试。所谓精心组织考试是指：一是精心设计考题。我们认为在教学中强调培养学生的分析问题的能力和解决问题的能力，那么在考试中就必须有所体现。二是必须考虑到教育对象。我们在教学中提倡培养学生的各种能力，其中记忆力是人的能力的一种，网络教育的学生多数为在职人员，年龄偏大，单纯的记忆力的考试效果并不被现代教育所提倡，我们的考试为什么不在这个问题上进行研究呢？同时，考试手段也有一个现代化问题，要充分利用计算机，把教学的主要内容编成题库，当学生完成学习任务后就可以随时通过计算机进行考试。无纸化考试的实施绝不是单纯地从根本上解决网络教育的考风问题，更重要的是还有一个如何利用先进教育技术的问题。

参考文献

[1] 牛鉴. 谁是远程教育的学习者 [J]. 现代远距离教育，2003（4）.

第一章　系统建设论

第一节　中国广播电视大学系统

一、中国远程教育发展概述

中国广播电视大学是中国远程教育重要的组成部分。回顾中国广播电视大学的创建和发展，分析它的现状和前景，探讨它的地位、作用和自身建设问题，不能脱离一定的历史条件和教育整体发展状况，特别是远程教育的发展进程，这是我们获得正确和全面认识的基础。

（一）中国远程教育创办的历史背景和发展简况

经济发展、政治改革和科技进步是社会前进的动力，也是推动教育前进的动力。世界各国都是这样。

19 世纪，欧洲已进入工业化社会，资本主义处于兴盛时期，科学空前发展，先进技术广泛应用，人文思想影响深刻。在这种情况下，教育需求迅速扩大。英国是当时经济最发达的国家，人才需求尤其迫切，扩展大学教育的呼声很高。于是在 19 世纪中叶，一种突破普通大学面授教育"围墙"的新教育形式——远程教育应运而生。1836 年成立的英国伦敦大学率先为校外学生注册，开办高等学历教育，主要通过邮寄文字教材和相关资料为学生授课，师生时空分离，以学生自学为主，达到毕业要求，授予相应学历和学位。这就是函授教育的发端。由于这种教育具有普通大学所没有的优势，所以发展很快，十几年后即扩展到英联邦各国。随后欧美一些发达国家相继效仿，远程教育在世界更大范围蓬勃发展起来了。远程教育最先在这些国家得以发展起来，是因为：首先，这些国家工业化程度高，经济发达，需要大量受过良好教育的高素质劳动者。社会进步呼唤把大学办到校外去，以便为经济和社会发展提供人才和智力支持。其次，这些国家当时的邮政、交通、印刷出版等相关行业的发达程度，完全可以保证实施远程教育所需要的条件。第三，这些国家和地区普通教育的普及和发展达到相当程度，社会上具有接受这种教育能力的充足生源。

中国的远程教育起步于20世纪50年代，新中国成立后，经过三年恢复时期，开始实施第一个五年计划。当时经济建设迅猛展开，向科学进军的号角响彻神州大地，教育事业的发展出现了第一个高峰期。在高等学校数量急剧增加的同时，函授教育也茁壮发展起来，师范院校通过这种远程教育形式培养了大批中、小学骨干教师。一些高校还在地方设置了函授点、辅导站，远程教育初步形成一定规模。但同当时世界远程教育发展情况相比，中国远程教育起步晚一个世纪，同时受"一穷二白"的国情制约，教育手段比较单一，人力、物力投入明显不足，计划经济体制也在一定程度上限制了远程教育的开放程度和发展速度。

20世纪50年代末60年代初，中国有几个大城市开办了广播电视教育。这种与国际第二代远程教育接轨的努力，在方兴未艾之时就被"文化大革命"的十年动乱阻断了。

粉碎"四人帮"，特别是党的十一届三中全会后，在"一个中心、两个基本点"蹬基本路线指引下，中国现代化建设如火如荼开展起来。中华大地经济腾飞、万象更新，"科学技术是第一生产力""科教兴国"等理念深入人心。全球经济一体化的趋势和激烈的综合国力竞争，促使各国积极发展教育。我国把优先发展教育摆上了战略地位。在这种形势下，远程教育重新崛起并获得迅速发展，呈现出一派空前繁荣的景象。其最突出的标志是中国广播电视大学的创建和取得的辉煌成绩，相继又确定了国家高等教育自学考试制度和中等教育自学考试制度。国家部委主办的农业广播学校、交通电视学校等，也达到了相当规模。从1998年教育部批准清华大学等 4 所高校为现代远程教育第一批试点院校以来，不到 3 年的时间，获准开展现代远程教育的高等学校已近 70 所，现在更进一步扩大。普通高校名牌效应突出，师资力量雄厚，教育技术手段先进，其所办教育网络学院成为中国现代远程教育中的新生力量。现在中国远程教育就其招生人数之众、系统之庞大、效益之突出，堪列世界远程教育之前茅。

（二）中国远程教育的构成和功效

就当前看，中国远程教育由四部分构成：

——函授教育；

——广播电视教育；

——高、中等教育自学考试；

——普通高校网络教育学院举办的远程教育（开放教育）。

函授教育由于所用媒体简单，投入少，成本低，在经济不甚发达，甚至电力设施短缺的地方也可以开展，所以在我国远程教育中最先发展起来。现在虽然选择函授学习的人相对少了，但函授教育中积累的远程教育经验和教育方法，仍有现实意义。例如，要重视文字教材建设，教材编写要方便学生自学，服务学生自学；教师采取多种灵活形式给学生以必要的课程辅导和学习指导；通过作业等方式监控学生学习过程和实行学生自我检测等经验都广泛被后来出现的其他远程教育模式所吸纳。

广播电视具有传输信息迅捷，信号覆盖面广，具有声音、文字、画面、图像可同时呈现等特点，用作教育传媒，适合开放教育要求，所传教育信息也可做到更生动、丰富、形象。但其受制约因素也比函授教育多，诸如电力供应、收听收看设备的配置、地形天气及环境条件对电信讯号的干扰等，同时它们所传达的信息如不进行收录和复制，转瞬即逝，不利于学生反复咀嚼和理解，必须配以文字印刷媒体。

我国的广播电视教育从 1978 年中央广播电视大学建立以来获得了令世人瞩目的发展。作为实施现代远程教育的学校，广播电视大学传递教学信息的手段在广播、电视之外又广泛应用了其他电子设备和信息技术，使自己的教育技术水平进一步提高。

自学考试制度为更多有学习要求的人接受高、中等教育提供了广阔空间。自 1981 年起，全国各地各行各业有大批求知者涌入这个教育领域。就其开放性而言，其他远程教育均略逊一筹。自学考试实行学员自学，社会各界助学，各省主考机构代表国家委托高校主持考试，由国家（政府）和主考院校共同颁发文凭。由于学员数量大，且多为在职人员，各界的助学水平也不尽一致，所以考试的通过率相对比较低。

普通高校设置网络教育学院举办远程开放教育，虽是教育部分期分批审定的试点项目，几年来在扩大办学规模、增添基础设施、开发教育资源等方面取得了长足发展，有赫然突起之势。网络教育前期投入大，师生必须有网络应用能力。其优势明显，可以把教师讲课录像以视频的形式放到网上，实现网上点播，学生学习可以有更大的自由度；利用视频会议可以实现师生实时交互，这是广播电视单向传输难以做到的；学生可以方便地下载网上课件，以光盘为载体的课件形式生动，界面感觉更加千姿百态；网上讨论和答疑，可以通过讨论区和公告板等，用文本方式满足师生间的非实时交流。总之，利用网络实施远程教育，更有利于体现其开放性、协作性、交互性和自主性等原则。从使用的教育技术说，比其他远程教育形式更先进。

中国远程教育经过半个世纪，特别是近几十年的发展，已成为中国教育特别是高等教育不可或缺的组成部分。它以勃发的姿态在实践着"教育要面向现代化、面向世界、面向未来",显示出多方面功效,做出了重大贡献。

——扩大了高等教育规模,改善了它的学科层次、专业结构和地理布局。

——培养了适应社会主义现代化需要的数以百万计的高级人才,使数千万计人获得了专业、职业或实用技术教育。

——开创了实现高等教育大众化和终身教育的新途径。

——促进了教育观念的变革、最新教育技术的应用和教育资源的丰富,开辟了国际教育合作的新领域。

(三) 中国远程教育的基本特点

事物的特点只能在比较中去认识和确定。

同普通高等学校有围墙的面授教育相比较,远程教育有突出的特点:

——办学和教育的开放性。远程教育接收学生条件宽松,这与"宽进严出"的办学指导思想有关。远程教学是开放的,不受时空限制。

——学生学习的自主性。这表现在学习时间、地点、方式、学习进度、教学资源媒体的选择和修业年限都可以自主决定。

——媒体地位的突出性。远程教育教师的主导作用弱化,教学的组织、实施,主要通过各种媒体进行,媒体的先进性与提高学习效率密切相关。

——政府行为的主导性。我国远程教育学校隶属关系明确,办学项目、招生规模、开设专业、教学计划、人员编制等均需报政府相关部门审批或备案,一般来说政府拨款是学校经费来源的主渠道,在其发展运作中,政府行为的作用十分突出。

二、中国广播电视大学的产生和发展

十年"文化大革命"造成的动乱,使中国的经济、政治遭到严重破坏，教育更是重灾区。这十年中国的滞后和世界一些国家和地区的快速发展形成强烈反差。如何改变这种局面，振兴中华，实现社会主义现代化，是党和国家面临的首要问题。邓小平1977年5月明确地指出："我们要实现现代化，关键是科学技术要能上去。发展科学技术，不抓教育不行。靠空讲不能实现现代化，必须有知识，有人才。"他复出之后自告奋勇抓科技和教育，就是因为"科学技术是第一生产力"，教育是社会主义现代化的基础。中国要赶上世界先进水平，保持社会与经济快速发展的劲头，首先须从科学和教育抓起。发展科技，教育是先决条件，因此优先发展教育就成为必然的战略选择。

我国人口众多，经济比较落后，教育资源匮乏，要办大教育必须找到投资少，见效快，招生规模大，可以在全国迅速发展起来的新途径。

1977年10月邓小平会见来访的英国前首相爱德华·希思，交谈中从英国开放大学利用电视等现代化手段实行开放办学，就读学生20万人之多的情况得到启示，当即表示中国也要利用电视手段来加快发展我国的教育事业。1978年2月6日邓小平亲自批准了教育部和中央广播事业局《关于筹办电视大学请示报告》，同意成立"面向全国的广播电视大学"。同年4月在全国教育工作会议上又明确指出："要制定加速发展电视、广播等现代化教育手段的措施，这是多快好省发展教育事业的重要途径，必须引起充分的重视。"此后，经过一年筹办，于1979年2月6日，中央广播电视大学和全国（除西藏、台湾）28所省、自治区、直辖市广播电视大学同时开学，2天后，中央电视台通过微波通信网正式向全国播出电大课程。中国广播电视大学的崛起，表明中国远程教育大规模地开始向第二代跨越。

回顾中国广播电视大学25年前进的足迹，有两个突出发展令人瞩目，即前15年的规模发展和后10年走以内涵发展为主的道路，加强自身现代远程教育系统建设。

1979年全国电大开学时，不仅各省市电大，就是中央电大也处在十分困难的境地：租房办公，借地办学；一个市（地）电大只有几个人，省级电大也只有几十个人；设备简陋，经费无正常来源；社会对电大生疏，办电大的人缺乏远程教育经验。但这并没能阻挡住电大发展的步伐。电大人发扬艰苦奋斗精神，靠国家有关政策，争取当地政府支持，白手起家，走边办学、边建设、边发展的路子，经过从中央到地方十几年的不懈努力，终于使中国广播电视大学发展成了世界上规模最大的远距离教育系统。

根据教育部统计，截至1993年，全国电大系统有教职工43 035人，其中专任教师18 009人，另有兼职教师12 875人；固定资产22.7亿元，其中有4.3亿元的教学设备。招收理工、农、医、文、经、政法、艺术、体育、师范类359个专业的大专学历教育学生232万多人，其中已经毕业167万多人，当时在校生有45万余人。电大办学覆盖了全国。中国广播电视大学在十几年内能取得如此之大的规模化发展，是充分发挥自身优势的结果。

——有从中央到地方实行统筹规划、分级办学、分级管理、分工合作的远距离教育系统。在这个系统中各省、市（地）、县电大属于当地高教事业，可充分发挥地方办学的积极性；办学网络系统覆盖全国，所以规模化发展迅速。

——坚持按需办学，不断增加专业，满足多方面需要。刚开办时只有理工科机械、电气工程两个专业和师范类的数学、物理、化学、英语单科教育，到1993年时，全国电大已开设出理工、文科、财经、师范、农林、医药等类别的数百个专业，其专业增长速度之快是任何一所综合大学都难以做到的。

——坚持学历教育和非学历教育并举，不断开拓新项目，实行多层次、多形式、多规模办学。电大以专科学历教育为主，专科除在职成人班外，自 1986 年起，增加了从参加全国普通高校统一入学考试录取的普通专科班。还开办了本科后的继续教育、中专教育、专业证书教育，以及各种实用技术培训。充分发挥电大办学的多功能优势。

——积极探索开放途径，广泛发展综合办学。电大创办时国家有两项有利于开放的规定：一是自学视听生制度；一是招收单科生学习，单科学习如累计学分达到教学计划要求可发专科学历证书；1986 年以前，各地电大招收了大量的这类学生。1986 年国家撤销了自学视听生制度，单科学习也规定了科目限制，但单科生仍是电大通过全国成人高校统一考试录取的主要生源之一。因为他们已修过的课程符合教学计划要求，考入电大后承认其成绩可以免修。以黑龙江电大为例，参加单科学习的学生数 1986 年为 1 588 人，1987 年为 2 273 人，1988 年为 3 896 人，均占当年招生很大比例。各地电大根据本地实际情况办高等教育自学考试助学班，与普通高校联办开设新专业，都取得了较好的社会效益和经济效益。

这个阶段实现的规模化发展，创造了中国广播电视大学的第一次辉煌，各级电大的办学场所、人员队伍、教学设施、资源建设基本可以适应需要，自行创收的经费也有了一定积累。不少地方电大成为当地教育系统中"日子好过"的部门。黑龙江电大自 1986 年开始收普专班，学费比省内普通高校都低，但仅此一项 7 年中就为全省各级电大增加毛收入 5 000 多万元，超过了财政拨款。

在电大规模化发展取得显著成绩的同时，有一些关系到电大性质地位和作用的问题也日益突显出来。"电大不电，远教不远，开放不开"的现象已严重影响到电大在中国整个教育系统中的定位和继续朝什么方向发展的问题。

1992 年邓小平南方讲话使全国人民进一步解放思想，加大了改革开放步伐。同年 8 月全国首次成人高等教育工作会议召开，恢复电大招收自学视听生的制度，决定在电大开设专科起点的本科教育和举办专科层次的大学基础课程教育试点。这几项决定再次明确了电大开放办学的性质。1994 年原国家教委发布了《关于广播电视大学贯彻"中国教育改革和发展纲要"的意见》，确定中国广播电视大学在 21 世纪初的发展目标是初步建成有中国特色的远程教育开放大学。邓小平讲话和上述重要决定（意见）指明了电大实现第二步发展的努力方向。这以后的 10 年，电大紧紧围绕推进"开放性"和"现代化"两大命题，从转变观念到更新设备，培训队伍，实施"开放教育"，迈出了增强自身现代远程教育实力的新步伐。

1999 年，教育部为贯彻落实国务院批转的《面向 21 世纪教育振兴行动计划》，推动实施"现代远程教育工程"，决定开展"中央广播电视大学人才培养模式改革和开放教育试点"项目研究工作。这是促进电大开放教育大发展，实现把电大建成具有中国特色的现代远程教育开放大学目标的重要举措，为保证试点工程扎实有效如期取得成果，教育部决定在为期 6 年的课题研究中，对各参与试点的电大进行分阶段评估。

这个试点项目极大调动了各地教育主管部门和电大的积极性，试点目的明确，指标要求具体。为做好试点工作各电大增加常年经费的几倍投入，完善网络，增加设备，开发教学软件，创新教学模式，完善质量保障和服务体系，开展课程研究，探索现代远距离教育教学规律，开创了中国广播电视大学新的发展阶段。

三、中国广播电视大学系统建设现状

建校 25 年来，中国广播电视大学的系统建设不断进步，成绩斐然。

（1）统筹规划，分级办学，分级管理的网络系统基本覆盖了全国。这个系统包括一所中央电大和全国44所省、自治区、直辖市、计划单列市及独立设置的广播电视大学（简称"省级电大"），930所地（市）级电大分校及省校直接管理的工作站，2 021个县级工作站，22 237个教学点组成的统筹规划、分级办学、分级管理的远程教育教学系统。截至2002年底，中央电大及地方电大高等学历教育毕业生累计333.7万人，占同期各类高校毕业生总数的12.7%、成人高校毕业生总数的26.6%；岗位培训等各类非学历教育超过4 000万人次，为数以千万计的农民提供了农村实用技术培训服务；高等师范专科和中等师范毕业生累计128万人，培训中小学教师和校长300多万人次。全国电大现有本科、专科高等学历教育在校生200万人，其中近150万人为中央电大开放教育专业学生。

（2）各级电大职责分明，上下级工作协调，充分发挥了系统功能。中央电大是教育部直属高等学校，负责对电大系统全国统设专业的教学和教学管理进行统筹规划、指导、管理和服务，其主要职责是，负责举办面向全国的高等、中等学历教育专业科类和中小学教师继续教育，校长培训及其他非学历教育项目，统一开设适用的专业，制定人才培养方案（包括教学计划、教学大纲、考核说明、专业教学实施方案、课程教学设计方案等），颁发高等学历教育毕业证书；组织开展全国电大教学改革；组织编制、出版、发行统设课程的多种媒体教材，负责统设课程统一命题考试和制定评分标准，为全国电大提供教学服务，并对教学业务和教学管理工作进行指导、检查、监督与评估；负责全国电大教师、技术和管理人员的培训；开展远程教育科学研究；负责全国电大信息网络的建设和管理等。

省级电大是同级人民政府领导的地方高等学校，其主要职责是对所辖地区的电大分校、教学工作站提供教学服务，对教学工作进行指导、管理、检查、监督与评估；根据中央电大统设专业科类教育计划及非学历教育项目，开设本地区统设或派生专业〔这些派生专业选用中央电大统设专业中必修课程（称为"统设课程"）的学分不低于总学分的 60%〕；举办面向本地统一开设的专业和各类非学历教育项目，制订相关的教学计划，并组织实施；制定自开课程的教学大纲，选用或编制自开课程的多种媒体教材；参与全国电大统设课程教材的共建；进行中央电大统开课程的考试组织及评卷工作，负责自开课程的命题、考试与评卷工作；负责新生录取、注册、学籍管理和颁发毕业证书工作；开展远程教育、教学研究并可设置教学实验性的直属教学点等。

地（市）级电大分校和县（市）级电大教学工作站的主要职责是，按照中央和省级电大的教学计划和教学、教学管理等规章制度组织实施教学和教学管理工作，收集并沟通教学信息，聘请兼职辅导教师，搞好对学生学习的服务，负责学生的思想政治教育及全面管理，颁发自办非学历教育证书，开展远程教学研究。

（3）现代化教学设施和多媒体教学资源的建设水平不断提升。校园网、多媒体教室、视听教室、电子阅览室、语音室、电视会议系统，可以接收中央电大和各地电大的课程，实现实时或非实时交互。在教学资源建设上，上网的统设课程有几百门，各省的上网课件数量更为庞大。通过各种传媒学生可以自主选择时间、地点、进度和选修课程。中央电大面向全国开设理、工、农、医、文、法、经济、管理、教育、历史 10 大学科统设专业，地方电大根据中央电大统设专业科类教育计划及非学历教育项目，开设本地区统设或派生专业（这些派生专业选用中央电大统设专业中必修课程的学分不低于总学分的 60%），目前开设专业总数超过 580 个。

（4）四支队伍建设取得显著成绩。全国电大教职工总数已达 43 000 多人。专兼职教师均逾万，管理、技术、理论研究队伍已具规模。经过 20 多年的锻炼，这四支队伍不仅积累了丰富的经验，而且在现代远距离教育建设方面已有相当素养，远距离教育专家群体正茁壮成长。中央电大现有教职工 424 人，其中专业技术人员 312 人（具有高级专业技术职务人员 116 人）。中央电大先后从清华大学、北京大学、中国人民大学等 100 多所高校和科研院所聘请了 1 300 多位教授、专家担任课程主讲教师和教材主编，数以千计的教授、专家参与了中央电大的专业建设和课程建设工作。

（5）质量保障体系和教学支持服务体系初步确定。系统内反馈迅速，管理工作进一步科学化、制度化、规范化。电信技术的应用，提高了管理工作效率。科学的教学管理和严格的考试管理，对保证电大培养规格和质量发挥了越来越大的作用。

（6）理论研究和建设取得可喜成果。中央电大设有远距离教育研究所，很多省电大设有远距离教育研究室（或中心），围绕现代远程教育和电大办学，在系统内外开展了广泛而有生气的研究活动。列入国家科研项目的几个课题研究成果已通过专家鉴定。《中国远程教育》《现代远距离教育》及许多电大的学报、刊物，已广有影响，大批远程教育文章结集出版。学术交流已走出国门。特别是开展人才培养模式改革和开放教育试点后，研究工作空前活跃，涌现出一批有建树的新成果。

（7）教学点覆盖全国，在校生人数全国第一。中央电大是教育部批准的现代远程开放教育试点高校之一。1999 年，教育部组织实施"中央广播电视大学人才培养模式改革和开放教育试点"项目，旨在探索并构建现代远程教育条件下人才培养的模式以及相应的教学模式、管理模式和运行机制。全国 44 所省级电大及中央电大西藏学院已全部参与试点，试点教学网络已覆盖大陆所有省区。截至 2003 年秋，试点累计开设专业 36 个（其中本科 15 个，专科 21 个），累计注册学生 146.7 万人（本科

65.9万人，专科80.8万人）。试点毕业生累计16万人。

（8）独特的资源网络。中央电大最早提出基于卫星电视网络、计算机网络和教学管理网络，即天网、地网、人网"三网合一"开展现代远程教育的模式。中央电大和各地电大近年来教学设施建设及基本建设投入达30亿元，教育信息化基础设施建设取得了突破性进展，以"天网地网结合，三级平台互动"为突出特点的网络教学环境初步形成。中央电大建设的多种媒体教学资源，除通过中央电大远程教育出版集团以物流方式向地方电大提供外，还通过计算机网络、卫星电视网络进行传输。中央电大和TCL集团合作建设的"电大在线"学习网于2001年4月开通，为电大的远程开放教育提供了功能齐备的网络教学平台，开展多种形式的网上教学活动，并实现了与省级电大及其分校教学平台的互动；实现了与中国教育卫星宽带多媒体传输平台的对接，采用数字信号通过专用频道全天播出电视课程，利用VBI和IP传输教学资源和信息，通过直播课堂以及双向视频会议系统进行交互式电视教学，网上视频教学通过教育卫星进行同步电视直播，直播课堂也实现了网上同步传输。

中央电大是亚洲开放大学协会（AAOU）和国际远程开放教育理事会（ICDE）的成员，与美国、加拿大、英国、法国、德国、日本、韩国、泰国、印度、新加坡、澳大利亚、新西兰、埃及、南非等许多国家以及港、澳、台地区的远程教育机构建立了良好的交流与合作关系。

第二节　现代远程教育系统建设

一、现代远程开放教育系统建设的基本要求

一个国家有国家的现代远程开放教育系统，一所学校有学校

的现代远程开放教育系统，两者的内涵有广狭之分。这里讨论的是实施远程教育的学校——如中国广播电视大学——现代远程开放教育系统建设的基本要求。

优质高效地培养人才是各类教育追求的共同目标。现代远程教育特殊在"远程"上，因此，它的系统建设必须围绕保证质量、提高效率、解决"远程"这个特殊矛盾所带来的一系列问题来进行。离开这两方面依据，系统建设就失去了正确方向。

就广播电视大学的经验看，现代远程开放教育系统建设要特别注重以下几个方面。

（一）网络系统建设的整体性

任何系统只有通过相互联系形成整体结构才能发挥整体功能。因此，系统建设首先必须重视整体性。广播电视大学整体是一个系统网络，这个整体系统内还包含很多子系统，这里说的网络系统是指从中央到地方建立的各级电大所构成的系统。它是依据全国的行政区划建立起来的，实行属地领导，系统内上级电大对下级电大有业务指导关系。全国电大在招生注册、学制、专业设置、教学计划、教学大纲、教材、考试等方面执行统一规定。同教育学院或党校系统比较，电大网络系统的整体性十分显著。向心力和凝聚力是维系一个系统整体性的基础，共同的工作任务和目标以及由此而发生的各种内部联系是系统整体性的维系纽带。广播电视大学只有上下密切合作，各级电大均完成自己所分担的工作，才能形成一个完整的教育过程，实现培养人才的功效。经过20多年的建设，中国广播电视大学的网络系统的整体性不断得到加强。今后除继续在坚持实践证明有效的"几统一"要求之外，应注意利益分配的调整。各省电大应对薄弱市（地）、县电大予以适当照顾，帮助他们摆脱困境，对有发展潜力的市（地）、县电大予以支持，使其尽快壮大起来，以维系、保护好这个系统。

近些年，在一些地方，电大系统的整体性被削弱。有些市（地）、县电大与其他学校合并，出现办学萎缩，级别降格，人员流失。还有的电大热心与其他学校联合，替别人"打工"，为眼前的经济利益而放弃开拓电大办学项目，虽然还挂着电大牌子，已没有电大教育可言。黑龙江省有市（地）级16所电大，已与教育学院或地方大学合并的就有8所。县级电大与职教中心、职业高中、教师进修学校等合并的占80%。这种状况给电大加强网络系统建设带来许多新问题，应予以重视、研究和解决。其次是教学设施与"天网"（卫星微波电视频道）、地网（电信"光缆通信"）相接的整体性。忽视这方面建设，会使远程教育的效益受到损失。前些年一度出现"天上卫星转，地上无人看"现象，这就告诫我们，播放与收听收看必须组成完整的系统才能实现预期目的。电大网络系统建设整体化的要求涉及面很广，招生、注册、数据统计、信息反馈，都需要上下一致，密切协作。忽视整体的统一要求标准就会贻误工作，关系不畅。

（二）教学设施和传输手段的先进性

教学设施完善和传输手段水平的提升必须与时俱进，这是电大系统建设的主要要求。当代科学技术发展突飞猛进、日新月异，数字化正向各信息领域挺进。使用先进的设施和手段不仅可以提高教学质量和效率，也是电大落实教育"三个面向"和参与竞争的需要。对此，各级领导要予以充分重视，并尽可能不断加大财力投入，保证把最好的先进设备用到教学上。强调教学手段先进性，并不排斥恰当应用已被实践证明可以继续发挥作用的其他手段。比如，在经济不发达的地区，远程教育最早应用的函授手段仍可根据具体情况加以使用。在重视教学设施配套和更新教学手段的同时，还要最大限度地提高利用率，充分发挥其作用。从以往看，许多电大在这两方面都存在不足。许多设施不是用坏了，而是闲置过时了。应加强对教师和学生使用技能和习惯的培训，制定必要管理维护制度，始终保持设备的一流水平。

（三）教学信息的丰富性

实施现代远程教育需要向学生提供丰富的多媒体教学资源。文字教材和资料是不可缺少的。此外，电视、录音带、录像带、光盘、软盘都应成为教学信息的载体。这样，学生方可在学习上做到充分的自主，也才能及时得到教师的指导，先进的设施和手段才能充分发挥作用。自从中央电大把工作转移到以教学为中心，以教材建设为重点的轨道上来以后，调动地方电大参与教材建设、教学资源建设的步伐迅速加快。尤其是开展人才培养模式改革和开放教育试点后，教学资源和教学信息空前丰富，可供使用的教学资源日渐增多。但同教学需求相比仍没达到应有尽有的程度，校际间的资源共享也有待进一步加强。

（四）运行机制的高效性

机制的作用在于调整系统内各构成部分之间的关系和联系，使其满足整体运行的需要，并充分发挥各构成部分的功能，机制的作用是制约、调整和驱动。广播电视大学这个大系统中，包含层次不同的许多子系统，因此机制的作用也必定反映在不同的层面上。办学要建立和完善按需办学的机制，教学管理要有运行机制，队伍建设要有激励机制等。系统各构成部分是建立机制的要件，各部分之间的关系和联系是运行机制发挥功效的空间。要形成高效的运行机制，既要改善系统各构成部分的质量和功能，又要强化它们之间的关系和联系。事物总处在变动发展过程中，机制也必然随之变化，因此运行机制的高效性必然是一个动态概念。

社会有社会风气，党有党风，同样中国广播电视大学作为实施现代远程开放教育的一所学校，在系统建设中还必须重视校风、学风、教风建设。风气的力量是不可低估的，良好风气的建立需要做长期、细致、艰苦的工作，好的风气是优化育人环境的重要因素。在党的历史上，曾进行过全党整风运动，改革开放以来，党风廉政建设的工作力度不断加大，这都表明，作为一个系统，良好风气的建设是不容忽视的。

二、现代远程开放教育系统建设的管理

（一）政府管理

现代远程开放教育是国家整个教育架构的重要组成部分，必须置于国家统一管理之下，才能更好地发挥作用，并与其他教育共同协调发展。

国家实施宏观管理，这种管理主要是通过制定相关政策法规和依靠政府职能部门监督实施以及委任学校领导人来实现的。如中国广播电视大学，在成立时，国家就为其做了明确定位，对学校的性质、任务做出规定。这是电大办学必须遵循的方向，也是电大实施现代远程开放教育和系统建设的根本依据。各级政府按照国家制定的计划和发展目标，加强对电大的管理，充实学校领导力量，关心支持电大的建设和发展，筹集经费，进行财务的审计监督，从多方面发挥政府的管理作用。正因为如此，电大才在20多年中取得了包括系统建设在内的辉煌成绩。

政府在实施管理中，制定正确的方针政策是十分重要的，它关系到办什么样的学校，实施什么样的教育，培养什么人的大问题。同样，选派学校领导人也是十分重要的。一个热爱并熟悉现代远程开放教育事业，有使命感和责任心，具有开拓创新锐意进取精神的领导班子能够带领群众艰苦创业，克服困难，把学校办得生机勃勃；相反，如果领导级班子软弱涣散，关心个人私利比关心事业更重，学校工作就很难有新起色，系统建设必定受到影响。

除教育行政部门代表政府进行办学方面的管理之外，政府财政、审计、物价等部门也对学校负有相关管理责任，这些管理不

能仅停留在是否有违规行为，有否贪污受贿的范围内，这当然要管，但更主要的应深入到办学领域和教学领域，审计检查经费是否用到最该用的地方，是否保证了学校中心工作。要通过审计监督和财务物价检查，促进党和国家有关政策和法规的落实，推动教育的事业发展，帮助学校树立起节俭办事的风气，发扬两个"务必"的精神。

（二）系统内部管理

现代远程开放教育是个大系统，其子系统很多，子系统下面还有子系统。因此，其系统建设和内部管理呈现出交错、复杂状态。这里只能就几个主要方面列出要点，或举一两个例子做些说明。

——建立相应机构，配置人员，明确工作职责；

——制定规章制度，工作规范；

——确立工作目标、项目、进程、进行适时检查，总结经验，发现问题，及时解决；

——通过各种形式，沟通情况，研讨问题，表彰先进，推动系统建设不断向前发展。

例如，电大的考务工作管理。各级电大除有分工主管这项工作的领导外，中央电大设有考试处，省级电大设立考务科，县工作站有具体负责考务工作的专职人员，形成了垂直的组织系统。各级职能部门和工作人员承担不同环节的考务工作任务，职责要求明确。中央电大关于考试工作有明确的制度规定，并建立有逐级巡考制度，巡考过程中既检查考试工作实施情况，也检查考试工作系统建设进展。考试结束后，各级电大要逐级上报考试工作总结，中央电大对全国各科考试成绩在经过汇总统计后下发到各省电大。全部考试工作形成完整流程。再如，"中央广播电视大学人才培养模式改革和开放教育试点"，是教育部下达的试点项目，教育部对申请试点的单位的评审办法做了明文规定，中央电大制定了开放教育学籍管理办法和试点专业的教学实施方案，各试点单位成立了试点工作领导小组并同中央电大签订协议，提出保证条件，经考核合格，才批准参与试点。开始试点后，又下发了试点项目的评估指标体系，于中期和试点工作完成后进行两次评估。每次评估都按自下而上的顺序进行。参与试点的单位先进行自评，之后再接受上级电大评估，最后上报国家验收。整个项目试点体现了政府管理与电大内部管理的统一，体现了管理对促进电大加强自身的系统建设的作用，使电大朝着建设现代远程开放大学迈出了具有重要实质意义的一大步。

要实现对现代远程开放教育系统建设的有关管理，必须重视树立先进的管理理念。一是坚持以人为本，使系统建设能最大限度调动电大一切工作人员的积极性，特别是教师的积极性，充分发挥系统内所有人的作用；能最大限度地促进培养目标的实现，有利于受教育者的全面发展。二是增强服务意识。管理的目的是协调各方面的关系，创造适宜环境，使被管理对象能够健康、规范、有序地工作和发展。就这个意义说，管理就是服务，增强服务意识，才能使管理更有成效。

要充分发挥管理的作用，还必须重视信息反馈，使管理跟上情况变化，采取的管理措施得到落实。要实现管理手段现代化，重视现代技术在管理工作中的应用。在实施管理中，调查研究、数据统计、情况分析、信息传输、指令下达，都要求科学、准确、快速。手工作业只能误事，只有充分应用计算机和现代通信网络技术才能建立起有效的反馈系统，才能确保管理的有效性。

三、现代远程开放教育系统建设的效果分析

我国现代远程开放教育系统的效果十分显著。首先，经过几十年的建设，它已成为和普通高校面授教育并行发展的新的教育模式，成为我国高等教育的重要组成部分，开辟了穷国办大教育

的有效途径，成功地实践了教育的跨越式发展。其次，我国现代远程教育已经为我国各行各业培养造就了数百万高级人才，使大量在岗职工的知识水平、专业技能、职业道德得到提高；远程教育伸向农村，传播实用技术，几千万农民受益，有力地发挥了"科技兴农"的作用。从现代远程教育的发展前景和所蕴藏的潜力看，它对我国未来实现高等教育大众化，实施终身教育，提高全民族科学文化素质将做出重大贡献。再次，现代远程开放教育的发展已引起了从教育观念到教学内容、教学方法、教学手段、人才培养模式等一系列深刻变化，开拓了国际教育交流的新领域，推进了教育的现代化和国际化。丰富的现代远程教育实践催生了新的教育理论门类，使教育理论的光辉更加夺目。

现代远程开放教育的效果，在世界其他许多国家同样十分显著，充分显示了现代远程开放教育系统建设的重大意义。

以往的经验表明，现代远程开放教育系统建设要取得最佳效果，必须从国情出发，坚持正确方向，用科学发展观作指导，解决好影响全局发展的根本问题。否则就容易错位，影响系统建设的进展速度。

第一，现代远程开放教育系统建设要以社会经济发展需求为导向，找准发展空间，才会更有成效。电大创办前，我国高等教育的层次和专业结构及学校布局很不均衡，本、专科学生比例失调，经济管理和法律专业毕业生很少。电大根据国家对电大的定位，坚持学历教育以大专为主，实行按需办学，1983年开办经济类专业，1985年又增设了法律专业。到1986年经济类毕业生达23万多人，有效地扭转了经济人才短缺情况。1988年大批法律专业毕业生充实到公检法部门，为"依法治国"提供了有力的人才支持。全国各地电大也在这个过程中扩大了系统建设，经济、法律类的教师队伍组建起来了，相关的实验室、实习基地已初具规模，教学资源开发基本可以满足要求，实现了边办学边发展。与此不同的是电大开办普通专科班中出现的问题。全国电大在8年中培养了10多万普通大专毕业生，成绩应该肯定，但由于开办了普通专科班，影响了一些地方电大对成人教育领域的开拓，引发向普通高校面授教学看齐，使远程教育出现"异化"，相关的远程开放教育设施也放慢了建设步伐，因此当普专班办不下去的时候，感到茫然失落，面对电大人才培养模式改革和开放教育试点反映不积极，有畏难情绪。这里很多经验值得系统建设汲取。

第二，系统建设要注重发挥优势，办出特色。中国广播电视大学只有优势鲜明、办学特色突出才能越办越兴旺。因此，系统建设必须注重发挥优势，办出特色。电大有系统整体办学效益高的优势，一所电大能办的事情很少，依靠全国电大系统就可以为千万人提供高质量的接受高等教育的机会。《广播电视大学暂行规定》明确了各级电大的职责，系统建设要根据履行职责需要进行，才有助于系统的办学优势发挥。电大有多媒体教学、管理严格的优势，各地电大就应注重必要的教学设施建设，使丰富的教学资源得以充分利用。要认真贯彻中央电大要求，保持上下一致，使严格管理收到预期成效。电大还有其他优势，都要在系统建设中使之得到充分发挥。电大把教育目标定在培养德、智、体全面发展的，重点是面向基层的应用型高级专门人才上，各地电大就应在系统建设时加强实验实习基地的建设。还要建立相对稳定的反馈渠道，及时了解基层人才急缺状况，使办学切中需要。

第三，系统建设要与办学规模相适应。系统建设发展快，招生数量少，效益必定下滑。例如，广播电视大学1985年后，因为国家取消了一些开放办学项目等原因，高等专科招生数量锐减，从1985年的273 100名下降到1998年的103 500名，年度毕业生从1988年的275 000名下降到1993年的98 000名。显然这种"吃不饱"的状况既不能充分发挥现有系统的办学潜力，反过来又因为规模萎缩，人力财力投放减少，影响系统建设的进展。同样，不顾条件，招生数量超出办学能力，保证不了培养质量，也会造成损失。

第四，系统建设必须重视配套和可充分利用原则。电大一创办，就通过中央电视台的微波通信网正式向全国播课了，由于传输线路和教学班电视机数量过少等问题，收听收看效果不尽如人意，地方电大教师在辅导时不得不"炒冷饭"，质量得不到保证。后来，国家出资购置卫星频道的使用权，为中央电大提供了每年2 100多小时的播出能力，扩大了全国收视面。由于与先前同样的原因，新增加的投入没得到相应的回报。现在网上的教学资源空前丰富了，由于一些地方为学员提供的上网条件不充分，有些设备不配套，坚持利用现代远程教育手段学习的学生数量并不很多。远距离教育面向基层，面向边远地区最有优势，但越是边远地区、越是基层，利用多媒体教学资源的能力和条件越差。

第五，系统建设要坚持资源共享。高等教育自学考试是资源共享的最大受益者，自学考试机构不办任何学校，也不向学生提供任何学习设施。学生学习，一靠自学，二靠助学单位。投入回报最高的大概就算这种教育形式了。广播电视大学在资源共享方面也获益匪浅，自电大开办到1999年，电大聘请的兼职教师就有20 389人，各地电大各专业的实验，基本都是借助校外的实验设施完成的。充分利用系统外资源，实施现代远程开放教育，在世界各国也是比较普遍的做法。

质量是电大的生命线，检验系统建设效果最重要的依据是人才培养的质量。评估电大几十年的办学实践表明，电大的培养质量是可靠的。这从根本上证明了电大系统建设的效果。

第三节　中国远程教育系统发展趋势

一、社会经济发展对现代远程开放教育的需求

世界发达国家的进步证明，教育不是像过去人们认为的那样是消费事业，而是对社会经济和科技进步具有推动或先导作用的产业。教育的重大经济效益早已被苏联学者所证明。据统计分析，苏联 1960 年国民收入增加部分的 30%，是由教育投资增加而取得的。美国经济学家分析 1929～1957 年间，教育与经济增长关系得出教育投资增长的收益在劳动收入增长中的比例约为70%；教育投资增长的收益在国民收入增长中的比例约为 33%。同样，从教育与科技关系看，世界科技几次革命性的发展都以教育的发展为先导，就是说教育发达在先，科技兴旺在后。社会经济发展和科技进步的后劲是由教育决定的，今天的教育就是明天的生产力。因此，当今世界各国有远见的领导人都十分关注和重视教育。

我国在参与激烈的国际竞争和实现全面建设小康社会目标的进程中，把优先发展教育摆在战略地位，这是从中国的实际国情出发的。有关资料表明，1990 年我国各类从业人口中，具有大学文化程度的仅占 1.87%；现有农业劳动者中，具有大学文化程度的只占 0.01%。1991 年，各类高等学校在校生总计 360 万，约占同龄人口的 3.7%；专业技术人员占从业人员总数的 5.3%；科技成果在实际中推广应用的仅占 35% 左右；在中国经济增长中来自科技进步的总量也仅有 30%；全国还有数千万文盲。为了迅速改变教育落后和劳动者素质偏低的状况，党和政府采取了一系列的重大措施：大力扫除文盲，普及九年义务教育，深化教育体制改革，推进素质教育，高等学校连年扩招，广泛发展各层

次的成人教育、职业技术和技能培训。提倡尊师重教，实施"希望工程""燎原计划"，加强教育立法，在全社会形成了加大教育投资的共识。提出"以人为本"，通过提升教育把我国沉重的人口负担转化为推进社会经济发展和科技进步的巨大人力资源和人才优势。现在整个教育事业在社会需求的推动下正日益发展繁荣，作为教育重要组成部分的现代远程开放教育，必将凭其特有的优势继续不断地兴旺发达。

二、中国现代远程教育发展的特点

（1）规模大。中国广播电视大学创办当年招生就超过 10万，以后在校生一直长期保持在 30～50 万之间。高、中等学历教育，自学考试等远程开放教育的规模也绝非哪所著名大学可比。这是各国远程教育共有的特点。英国开放大学在校生有 20万，其规模之大也是英国学校中绝无仅有的。

（2）发展速度快。中国广播电视大学一建校即遍布全国 28个省区。几年内开设的科类和专业数量超过了任何一所国内综合大学。普通高校参与开放教育设置网络学院的进展，即使在国家审批控制下，也发展迅速。发展速度快是远程教育具有的一般规律。美国用几百年才建立起强大的普通高等教育体系，而它同样强大的远程高等教育系统在几十年内就得以基本完善。

（3）多层次、多功能。中国广播电视大学在以专科学历教育为主的时候，就开展了本科后的继续教育，以后又设立电视中专、燎原广播电视学校，合并电视师范学院，试办开放教育本科，同时为高等教育自学考试、职业技术教育、岗位培训、推广农村实用技术提供服务。其层次之多，服务面之广，几乎包括了除普通九年义务教育以外的各种教育。

（4）投入少、效益高。这从前面的叙述中，可以清楚地得到证实，不再赘述。

三、现代远程教育系统发展的基本趋势

研究、掌握现代远程开放教育系统发展趋势，可以增强工作的预见性，明确工作方向，充分发挥我们的主观能动作用，推动现代远程教育系统建设顺利健康向前发展。

探索现代远程教育系统未来的发展，要坚持实事求是的科学态度。既要看到与一般教育系统的共性，又要看到它独有的特性，肯定它的优势、长处的同时，也要研究它的不足或弱点。要客观地观察分析它在相关的系统中的地位、作用，它与其他事物的各种关系和联系，进行若干定性、定量分析。这样做了，我们才可能比较准确清楚地预见未来。

从实际情况看，由于我国现代远程教育起步较晚，从事远程教育的人把更多的精力投向了开拓办学，远程教育研究工作在较长时间内徘徊于分散自发的描述性的经验总结阶段。对外国的经验、理论也以简单介绍分析为主。真正深入系统的理论研究刚刚开始。对现代远程教育的发展趋势只能做出粗略的认识。这些认识是否正确全面，也有待用远程教育实践的进一步发展来检验。

现在看到的现代远程教育的系统发展趋势有以下几点：

（1）实施现代远程教育的主体多元化。我国实施现代远程开放教育的机构从最初的函授学院，增加到广播电视大学、政府设立的高等教育自学考试委员会以及国家的一些部委，现在又有大量的普通高等学校设立的网络教育学院进入这个领域。办学主体迅速增加的原因：其一是国家发展需要大量人才；其二是社会转型、经济转轨和电子信息技术发展，正迅速改变着社会的生产方式、工作方式和生活方式，在这种压力下，人们接受教育的愿望和要求持续高涨；其三是教育自身发展提高的需要。同国外比，我国企业的参与程度还很小，随着大型现代化企业的发展壮大，办学主体还会有进一步的变化。

（2）现代化水平迅速提高。现代远程教育系统现代化的内涵十分丰富，包括教育观念、教学内容、教育技术使用、教师作用变化、学生自主学习意识和运用现代技术学习技能的提高以及学习支持服务系统和现代教学设施的不断更新、完善等各办学和教学环节。由于教育必须发挥先导作用，教育的现代化必然应当保持在最先进的水平上。此外，办学主体多元化产生的竞争也将成为推进远程教育现代化发展的动力之一。

（3）现代教育技术充分应用，教学形态更加多样化。教育技术的核心思想是系统的方法，它不仅是个理论体系，还要深入到教学中对技术的应用、措施的采用、信息资源的利用与管理以及解决教学过程中师生遇到的各种问题，采取分析、设计等种种方法加以解决，以改善教学效果，提高培养质量，扩大教育规模和降低教育成本。现代远程教育由于所用现代教育手段的不断进步，特别是在现代教育技术理论指导下，审视不同教学形态的长处和短处，通过优化组合、系统建设的方法，大大丰富了远程教学形态。函授教育学生仅能凭印刷文字教材学习；广播电视教育增加了声音和图像，拉近了师生距离；利用现代电子通信技术提供计算机和多媒体交互式服务，特别是通过教育技术实现了优化设计和系统资源整合，远程教育不利于师生情感交流，缺乏大学文化氛围，难于对学生做到及时个别指导等问题都得到了某种程度的解决。普通高等学校面授教学形态的优势与远程教学形态的长处正在融合，教学形态较先前的明显多样化了。随着虚拟空间的扩大和科技的进一步发展，不同教育形式的教学形态正在彼此接近，相互渗透，这种趋势会越来越明显。

（4）办学的开放性不断扩大。受经济社会发展水平制约和以往计划经济体制影响，我国远程教育过去的开放程度是有限的，现代远程教育系统的办学潜力没能得到充分利用，当然这也和远程教育系统的建设层次较低、实力还不够强大、在发展中没完全处理好开放与保证质量的关系有关。电大招生计划由政府决定，缺少办学自主权；国家对电大招收"自学视听生""单科生""注册视听生"的规定几次变动，电大高等专科学历教育的大门基本没打开。自从开展人才模式改革和开放教育试点后，电大的开放性有所增强。今后开放性将会进一步扩大，这种趋势已为国外远程教育的实践所证实。

（5）国际合作进一步发展，国际化趋势日益显著。中国广播电视大学开办以来，除开展广泛的国际交流之外，还从美国引进课程，同日本合作制作培训包。地方电大与国外远程教育大学建立关系的活动也有进展。在全球经济一体化的推动下，我国改革开放的步伐越来越快，许多领域都在努力实现与国际接轨。毫无疑问，教育，特别是现代远程开放教育，一定会超越一般大学接受外国留学生的做法，像世界有些远程教育大学那样，把现代远程教育办出国门。

参考文献

［1］　高利明. 现代教育技术——通向未来教育之桥［M］. 北京：中央广播电视大学出版社，1979.

［2］　谢新观. 论开放教育——中国电大建设的实践与理论探索［M］. 北京：中央广播电视大学出版社，1995.

［3］　查有梁. 系统科学与教育［M］. 北京：人民教育出版社，1993.

第二章　队伍建设论

第一节　概　　述

一、队伍建设的概念

从广义方面来认识，队伍是一个组织的编制单位，具有某种性质和任务的组织机构，如军队、生产队、球队等。所谓队伍建设，一般来说，是依照某种特质、任务、结构、功能与社会需求而构建的机构或团体。

为了建设一支优质高效、一流的现代远程开放教育队伍，本章将遵循"开放、创新、精干、优化、高效"的原则，围绕现代远程开放教育的理念、价值观、创新力、凝聚力、发散力、结构体系和运行机制进行探索和论述，以期进一步确立人力资源的开发、利用、合理配置和优秀人才成长的有效机制。逐步地塑造一支素质优良、结构优化、精干高效、富有活力的高水平的远程开放教育队伍。

二、队伍建设的基本思路

远程开放教育的开放性、多样性和高效性，决定了队伍建设的开放性和特殊性。远程开放教育队伍建设与其他教育队伍建设有一定的共性，更有其特性，属于教育系统的特种部队。

那么，如何进行远程开放教育队伍的建设呢？下面提出有关远程开放教育队伍建设的基本思路，供讨论探索。

（一）改造提高现有队伍

我国远程开放教育的历史较短，队伍比较年轻。现有队伍数量不足、人员素质差异较大、结构不尽合理、管理水平相对较低，与社会、经济、科技的迅速发展不相适应，与广大求学者的需求不相适应。因此，应采取有效措施大力强化队伍建设，推进远程开放教育队伍的发展壮大。但是现有的远程开放教育队伍存在的弱点和缺陷不是一朝一夕能够解决的，需要有计划、有针对性地加大改造力度，以期加快提高现有队伍的素质和工作效率。

在人员的选拔、培养、培训和现有队伍的改造上要有周密的规划，分步实施，不断地提高以远程开放教育工作人员的思想素质、业务素质、文化素质、管理素质和服务素质为内容的远程开放教育队伍的整体素质。

在加强选拔、培养、培训的基础上，一方面鼓励优秀人才脱颖而出，一方面要有计划地调整难以改造提高的冗员，确保远程开放教育队伍的精干高效，以优质高效的工作推进远程开放教育事业的发展。

（二）广开渠道，加大学科和学术骨干力量的培养

学科和学术骨干，是学校教育教学的主导力量，是学校办学水平的支柱，既不可缺少，也不可削弱，必须日益强化、日益提高、日益有新的创见，以适应现代社会和现代科学技术迅速发展之需要。为此，要以学科梯队建设为中心，有计划地选拔思想素质好、工作表现好、有事业心、业务有发展前途的人员，通过在职攻读学位、联合培养、异地异校进修等多种途径提高学历层次、提高学科学术水平、提高教学和科研能力。

创造条件，积极鼓励教师、科研、技术人员参加全省性、全国性和国际性学术交流、学术访问、学术合作活动，以期不断地扩大本校人员的视野和信息吞吐量，逐步地向一流水平的远程开放教育迈进。

（三）建立一支高水平的管理队伍

远程开放教育的管理比其他类教育的管理更为重要，管理育人和服务育人尤为突出，需要有一支高水平管理队伍与之相适应。因此，通过选拔、培训和岗位实践使管理人员达到懂业务、会管理、熟悉学校的工作流程、教学科研工作流程和学生学习流程，使管理队伍建设为教学、科研服务，为学生服务，为实现远程开放教育总体发展战略目标服务。

（四）深化人事制度改革，充分调动全员的积极性和创造性

为了充分开发人力资源，发挥远程开放教育各级各类人员的作用，要正确地实施岗位聘任制和激励机制。把队伍建设、用人制度、分配制度改革紧密结合起来，建立科学有效的人才选拔制度和人才激励机制，鼓励优秀人才脱颖而出，调动全员的积极性和创造性，为远程开放教育事业的发展尽心尽力。

（五）优化队伍结构，提高办学效率和效益

一般来说，任何一支队伍都是一个多层次、多类型、多功能的开放系统，由各级各类各有专长的人员构成。庞大而多序列、多功能的现代远程开放教育尤需一支多层次、多科类、多专业的人员队伍为之服务，为之献力。

实践表明，只有构建一支由高中初级职称和多科类的教学、科研、技术、管理人员队伍，才能不断地提高办学效率和效益。

（六）加强品德建设，提高全员的思想境界

远程开放教育面对多层次、多类型、多年龄段的学员，同社会各界联系密切，影响面广大，因而远程开放教育工作人员的品德形象尤为重要。所有从事远程开放教育的人员均应具有敬业爱岗和教书育人、管理育人、服务育人的理念和行为品质，忠诚于远程开放教育事业，全身心地为广大学习者服务。

具有良好的品德形象和行为实践，才会有强大的凝聚力、影响力和吸引力，才能吸引着、激励着千家万户、亿万大众走进远

程开放教育领域，师生共创我国现代远程开放教育的繁荣，推动我国远程开放教育走向世界。

三、塑造远程开放教育的团队精神

"团队"（team）是近年来在企业界广为运用的具有战斗性的概念，几乎成了现代组织和现代管理高效运作的理想状态的代名词。通常所说的"组织""队伍"这个概念，自20世纪90年代以来，被"团队"取而代之，赋予其丰富的内涵和强大的活力。

实践表明，近些年来按照现代团队的性质、任务、规范和要求建立起来的团队，具有巨大的潜力。团队精神激活了僵化的组织，强化了原有组织的活力，使之能够得心应手地工作，以团队精神为导向的工作方式取得了超出人们预想的成果和社会反响。

作为具有高智力、高技术、高效率特点的现代远程开放教育队伍，塑造优良的团队精神既是自身发展的需要，也是时代发展的必然。

（一）远程开放教育团队精神的基本内涵

远程开放教育团队，是一个开放的有机系统，作为这个系统内的每一个人都渴望能够独立完成所赋予的工作，同时富有和他人共同完成工作的能力和条件。事实上，在现代日益激烈的竞争环境中，任何一级组织或团队根本不可能只凭个人的力量大幅度地提高工作效率，团队力量的全面发挥已成为竞争制胜的必要条件和保证。

既然远程开放教育队伍是一个高智力群的现代教育的特种部队，国家和人民赋予它的历史使命是伟大、艰巨而光荣的。这个团队里应该有一种不可抗拒的精神氛围：为了一个统一的发展目标，每个人都能自觉地认同所担负的责任，情愿为此而共同奉献。这种精神具体表现为：

（1）每个人在这个团队里能够不断地释放潜在的才能和技

巧。通过岗位、项目、任务找到自己最佳的工作方式和最大的献力点，不断地取得新成果。

（2）团队的领导和团队的环境能够让每个人感受到被重视、被尊重、被爱护的团队集体氛围和温暖。

（3）团队里鼓励坦诚交流、同心协力、避免和抵制不良性竞争和恶意的角斗。

（4）每个人的期望和团队的共同期望协调地发挥和发展。团队领导和团队成员都清楚地认识到：没有个人的期望就没有共同期望的基础，没有共同的期望就没有个人期望实现的条件，两者相辅相成。众多的实践表明，没有期望就没有动力，没有个性就没有创造。社会大家庭总是千人千面，差异很大。也正是这个千人千面的个性和期望蕴涵着无限的生机和活力。如果引导有方，培养得法，则是无穷的财富和无限的创造力。期望出希望，希望出力量，已成为当今时代的不争之实，产生着强大的拉动力和顽强的战斗力。

（5）团队里的学习之风、研究探索之风、刻苦攻关之风盛行。人们的思想主流是学习、再学习，工作、再工作，攻关、再攻关。为创一流的工作、一流的业绩而万马奔腾。

在这样的团队里，人们能够快乐地工作、快乐地学习、快乐地生活、快乐地奉献。从而，快乐的一生，从事着快乐的事业。这就是我们说的远程开放教育团队所要塑造的快乐工作精神。有了这种精神，必然是战无不胜，攻无不克，无往而不胜！

团队、员工也是一种资源，不过它不是一般的物质资源，是一种具有活力的特殊资源，是事业发展的关键资源或关键资本。一切潜能和活力就在员工的头脑中和行动中。团队领导唯有切实了解员工的期望和需求，积极地引导和挖掘员工的潜能，才能使团队和事业茁壮成长，从一个胜利走向另一个更大的胜利。

（二）提高团队的创新力

创新是时代的特征，又是发展的要求，也是人们自身成长的需要。一个团队、一项事业不创新就没有生命力，就没有发展前景的辉煌。然而，长期以来存在的"成功之后的衰败，创新之后的怠惰"和"创新难，创新无路而维持现状"成为一种世俗通病。若想拥有由于创新而导致的成功，就必须改革陈腐的守旧观念，树立起时代的创新意识，走进时代的创新世界。那么，怎样才能塑造和提高现代远程开放教育团队的创新力呢？

（1）进一步提高对远程开放教育历史意义的认识，努力增强创新意识。时代在前进，社会在发展，科学技术日新月异突飞猛进，大有迅雷不及掩耳之势。竞争是必然的，也是无情的，谁领先一步谁就能赢得竞争的优势。那种总是比别人慢"半拍"、慢腾腾的赶不上"行情"的人是无法适应信息时代的快捷性。犹豫没有出路，踌躇将失去机遇，无知则自取灭亡。这就是当今与未来时代给人们摆下的战场。一切有识之士已经日益认识到知识的贫困、理念的陈旧、创新之乏力是一切贫困落后之根源。如不认识、不改变，长此下去必然导致精神贫困、思想空虚和工作乏力，导致难以深入学习而无力追求。若是一个国家就要受穷、落后、软弱，甚至挨打；若是一项事业则难以发展壮大；若是一个人则难以前进成长。可见，提高创新意识，增强创新能力多么重要，多么迫切。

"创新是一个民族进步的灵魂，是国家兴旺发达的不竭动力。"无论是一个国家、一个企事业单位，还是个人，无论是哪行哪业创新都是第一位的。提高创新意识和创新能力，向科学进军，向新领域进军，走向世界是我国各行各业和广大科技、教育工作者面临的紧迫、艰巨而光荣的历史使命。

（2）深入地了解社会、分析社会、分析各行各业和各类学习者对远程开放教育的需求与评价；分析远程开放教育的专业

（学科）、课程、教学方式、组织形式和以学生为中心的支持服务系统的适应性、时效性和信誉度。通过各种分析从中找出差异和问题。问题，就是创新的起点和目标。找出解决问题的方法，就是创新的开始，问题的成功解决就是有效的创新。

（3）现代远程开放教育的创新内容非常丰富，含义十分深远。不仅是一种特殊的教育事业，也是一种精神、一种行为、一种社会的事业和成果。需要深入地进行创新项目的探索，创新方法的研究，创新成果的塑造。

团队的每个人，首先要立足于本岗位工作的创新，使从事的工作月月年年有新起色、新进步和新绩效。每当周末、月末、期末和年末都要自我检查、自我总结、自我提问：

一问这段工作都做了些什么？

二问这段工作有新的起色吗？

三问这段工作有创新性工作起步吗？

四问这段时间有创新性思维和创新性设想吗？

五问这段工作和他人比有什么异同吗？

六问这段工作存在哪些问题和失误？

七问下一段工作应如何进行呢？有哪些打算和预见？

（4）确立创造力人皆有之的创新观。对于那些存在创新难、难创新思想的人，应在"金玉良言"中吸收营养，吸取力量，战胜自我。

中国创造先哲陶行知早在20世纪40年代就提出"人人是创造之人，天天是创造之时，处处是创造之地"的科学论断，已被国内外众多创造实践所证明。

美国创造学之父亚历斯·奥斯本首创了系统的创造学原理和创造技法。他所倡导的"一日一创"（一日一设想）为世界各国所重视、所运用。日本开展了全国性的"一日一案国民运动"在日本经济起飞中发挥了巨大的作用，为被誉为世界第一专利大国做出了贡献。

"创造力人皆有之，创造力是一种潜力，创造力潜力无穷"的科学论断，是20世纪心理学的重大成果之一，打破了过去对创造力的天才论和神秘论。陶行知关于"人人是创造之人"的论断是我国教育家对创造学原理的重大贡献。现代科学和社会实践表明，在每个人的大脑里都有一名沉睡的创造大师，只要把他唤醒，必将威力无穷。

（三）塑造团队的学习精神，构建学习型团队

学习，是人们从阅读、听讲、研究、实践中获得知识和技能的活动，是人类生活中不可缺少的内容。一个人对学习的态度和他具有的学习条件，常常决定他的前途和命运。

学习，对人的发展来说犹如吃饭、喝水关系到人的生存一样重要。许多有识之士把学习看得比吃饭还重要。凡是在事业上有成就的人，都是勤奋学习、刻苦钻研的人。古今中外有许多的劝学名言警句给后人以很大的启迪。诸如"钟不敲不鸣，人不学不灵""黑发不知勤学早，白头方悔读书迟""不吃饭则饥，不学习则愚"等都是在忠告人们认识学习的重要性，抓紧时间学习，随时随地学习，零时整用挤时间学习。

人从不知到知，创新从无到有，是一种突破、一种超越，也是一种成功。这种成功，离不开创造性的学习和创造性的工作。向知识要职业，向技术要发展，向创造要财富已成为时代的潮流，世人强烈的心声！促使更多的人为激烈竞争而学习，为超越而创新。事实上，每个人都希望有自己的事业、有自己的财富、有自己的天地、有自己的成功，成为世纪的强人。那么靠什么成为职业高手？靠什么成为世纪强人呢？靠通过学习激发起来的大脑活力，靠走学习创新之路。

现代远程开放教育，面对的是新的技术问题、新的管理问题、层出不穷的各类学习者的教与学及其管理与服务的种种问

题。其中，既有未解决的老问题，也有发生和可能发生的新问题。可是，我们所学过的知识和掌握的工作方法有些已陈旧无力，如不进行知识更新和智力再开发，不仅不能解决老问题，更不能适应新形势解决新问题。可见，学习、再学习之重要了。那么，怎样才能把学习积极性激发出来，形成良好的学习风气呢？

这就要下决心、花力气解决学习积极性问题，解决学习风气问题，解决学习组织问题，解决学习制度和领导问题。把我们这支队伍建设成一个学习型组织——快乐学习的大家庭。

"学习型组织"（LD）是 20 世纪 90 年代管理学界从众多的成功企业案例中总结提炼出来的管理战略，成果累累，令人耳目一新。但是，它的一些策略做法我们并不陌生，只是没有真正有意识地、系统地、科学地运用。"一知半解就足已""一瓶不满半瓶晃"已是一些人的老"俗习"，就是这个"俗习"害了自己，害了国家和事业。今天，通过塑造学习组织，可以扫除顽疾，树立新风。那么，从哪些方面来构建学习型的远程开放教育团队呢？

（1）领导示范、人人向上。团队的所有人都有学习计划、学习方向、学习积累，形成良好的学习风气。

（2）全员参加学校的规划、计划目标、发展策略和规章制度的建设，取得同力奋斗的思想基础和行为要求。

（3）通过各种形式的学习、培训促进人人达到"一专多能""一岗多职"，掌握既专又广的知识和技能。

（4）尊重个人的自我意愿选择学习题目，发挥学习者的学习个性和学习创造性。促进人们在原有基础上不断地上新台阶，出新成果。

（5）协调和发展有组织的学习和个体自主学习，鼓励相互启发、相互促进的学习，表彰优秀的学习者，奖励有创见性的学习成果。

（6）提倡通过团队的或岗位上的工作程序、工作方法与工作预见进行讨论交流式的学习。切实改变以简单的说教、灌输式的教导方式和领导作风，实行同议、同学、同理解的以理服人为主的教育方式和领导方法，为同心奋进奠定有力的基础。

（7）以任务、项目、学科乃至问题组织专题性学习小组，开展设想性地建议活动，把人们的精力、思维引向积极思考、不断求索中来，把全员的大脑机器开动起来。

（8）向服务对象学习，向周围的人和事学习。"三人之行，必有我师"，以诚挚的心态和求知若渴的心情树立起相互学习、相互尊重、相互支持、协同共进的"同志＋友情"的关系。如果是这样的集体，有这样的氛围，必然是一个朝气蓬勃的、团结奋进的集体。也必然一扫那种不布置就不干，布置也不好好干或不能干的不良局面。长期遗留下来的"玩风""呆风""贪风"将被"学风""竞风""干风"所代替。人们的思想主流是学习和干事。

上面所概述的学习型组织，其核心问题，就是在这样的组织里人人真诚地共学、共议，一切事情都让人明了。也就是说遵循"开放、民主、平等、参与、互尊、互惠"的原则塑造这支队伍，管理这支队伍。如果是这样，还有什么矛盾不能解决，还有什么任务不能完成，还有什么难关不能攻克呢？

当今的学习已不是简单的读书认字，而是一种精神，一种潮流，一种提高认识统一行动的途径。一个集体，有这样的精神和氛围，必然是刻苦学习，深入钻研，友好竞争，协同奋进成风。常言说："风气正，事业兴"，这样的团队，这样的事业才能兴旺发达。

第二节　远程开放教育的队伍建设

一、教师队伍建设

（一）全面认识远程开放教育师资队伍建设的时代意义

教师是人类文化科学知识和思想品德观念的继承者、传播者和新知识、新文化的创造者，是塑造人们灵魂的工程师。"学校的性质和方向并不是由地方组织的良好愿望决定的，不是由学校委员会决定的，也不是《教学大纲》等决定的，而是由教学人员决定的。"教师的这种特殊地位和作用，决定了教师必须具有为人师表的品德和精神境界，具有比较渊博的科学知识和比较强的科研能力，认真学习和掌握教育科学理论与教学艺术，担负起教书育人的历史使命，努力为国家和民族的振兴和发展贡献力量。

邓小平深刻地告诫我们："一个学校能不能为社会主义建设培养合格的人才，关键在教师。"这说明了我们办教育的目的是培养合格的人才，而培养合格的人才必须有合格的教师，教师必须德才兼备，为培养人才全心全意服务。也就是说忠诚地献身教育事业，忠诚地为学生服务。

现代远程开放教育是由现代科学技术武装起来的开放性大空间教育。从事这种教育的教师不仅具有上述教师所共有的地位、作用和素质，还必须学习、探索和掌握远程开放教育理论、观念、规律、教学艺术、多媒体教学技能和教学方法。远程开放教育的教师应具有更高的教师素质和教学水平。

现代远程开放教育是一种开放性的多层次、多形式、多规格、多功能的教育体系。它涵盖着成人教育和青少年教育，岗位培训与继续教育，城市教育和农村教育，文化科学知识教育和职业技术教育，研究生教育、本专科教育、中专教育和各种非学历教育等。面对这样庞大多项的远程开放教育，需要建设一支集教学、科研、管理和服务于一身的"一专多能"的、有一定学术造诣的教师队伍。

（二）远程开放教育师资队伍建设的基本原则

根据前面的分析和论述，远程开放教育的师资队伍建设比普通教育师资队伍建设存在着更复杂的相关因素。既有普通教育师资队伍建设的共性，又有自己的特性和要求，既要遵循一般教育的原则，也要遵循远程开放教育的个性原则。具体来说，提出以下几条原则作为远程开放教育师资队伍建设的参考。

1. 适应性原则

远程开放教育师资队伍建设，既要适应现时远程教育教学、科研、管理的需要，有利于现时的教育、教学活动的实施，也要适应远程开放教育发展趋势的需要。根据需要和可能，参照发展战略目标构建适应现代远程开放教育发展需要的高质量、高效率的师资队伍。

2. 专兼职相结合的原则

远程开放教育最大的特点是"灵活多样""按需施教"。随着现代科学技术的迅速发展，新的生产部门不断增多，原有的产品、部门也不断地更新、转型、换代，新兴学科不断涌现。社会对人才、技术的需求不断变化，知识更新周期渐趋缩短。对此，远程开放教育必须具有一支多功能的教师队伍以适应时代发展的需要。只依靠专职教师是不可能胜任的，必须合理有效地借助普通教育、科研机构、企事业部门等社会力量才能保证社会对人才、知识、技术的需要。但是，如果没有一支数量相当、结构合理、能够深入掌握远程开放教育特点、规律和教学艺术的专职教师队伍为骨干力量，远程开放教育质量和任务将难以保证，远程开放教育的教学优势也难以发挥。因此，应遵循以专职教师为主干，兼职教师为依托的专兼职相结合的原则进行现代远程开放教育的师资队伍建设。

3．合理配置，精干效能原则

远程开放教育师资队伍建设在编制管理上要体现结构合理、质量第一的要求。

结构合理。教师队伍的构成要有合理的、适应需要的年龄结构、职称结构、学历结构、知识结构和学科结构，以期最大限度地发挥远程开放教育师资队伍的整体效应。

质量第一。师资配备的第一关就是把好入口，确保德才兼备的合格教师进入远程开放教育的教师队伍。对于已进入的教师，则要重视对他们的培养培训和在教学实践中的锻炼和考察，不断地提高教师的素质和教育教学水平以及科学研究水平，以确保远程开放教育师资队伍的质量。

4．稳定与调整相结合原则

保证和提高远程开放教育教学质量，发展远程开放教育事业，没有一支相对稳定的教师队伍就没有根本性的保证。对于远程开放教育来说，不仅需要有稳定的、精良的专职教师队伍。还应有计划、有组织地建立一支相对稳定的兼职教师队伍。把那些具有较高学术水平和教学经验、热爱和熟悉远程开放教育的各行各业的优秀人才聘请进来组成相对稳定的兼职教师队伍。

远程开放教育的师资队伍从总体上来看，是动态的、发展变化的，必须结合实际和发展趋势，以"需要和可能"的原则有计划地充实和更新，培养和培训，以确保远程开放教育师资队伍合理的梯队结构和教育教学活力。

（三）远程开放教育师资队伍的智能结构

智能，是人们运用知识、技能和正确思维开展活动的能力。所谓智能结构，是以知识、技能和思维能力所构成的多层次、多要素、多序列的动态知识系统，是知识、能力、思维综合作用的结果。也是人们的知识、技术、思维和实际能力的综合反映，是高级心理活动和操作技能的结合与统一。

任何事业的成功者，都有其合理的、优化的、独特的智能结构。教师的智能结构是由唯物辩证法基本知识、坚实的专业基础知识、熟练的基本技能（调查、实验、测量、数理统计、计算机操作能力和教学科研能力）、综合能力、自学能力、创新能力、表达能力和组织管理能力等方面构成。

教师的智能状况关系到教师队伍的能量大小、水平高低、教育效率与教育效益的提高。因此，必须充分重视并采取有效措施，切实优化教师的智能结构和教师队伍的整体智能结构。教师智能结构既是动态的又是多元的。具体表现在思维能力、创新能力、研究能力、表达能力、现代教育工具和设备的操作能力、组织管理能力。

1. 思维能力

思维是人脑对客观事物的反映，是人们认识活动的高级阶段。思维能力是对事物的分析与综合、抽象与概括、推理与判断的能力。其功能是在判断、推理中实现对外界事物发展变化的本质认识和把握。在认识问题、解决问题中，在创造发明和教学科研活动中起着核心作用。因此，思维能力是教师必有的基本能力。

2. 创新能力

创新能力是对已有知识和经验进行科学的加工和创造，从而产生新知识、新思想、新概念和新方法，建立新理论，提出新论断，做出新成绩的过程。作为育人育才的教师必须具备一定的创新能力，为塑造未来的教育，培养未来的人才，发展未来的教育事业服务。

3. 研究能力

教师的研究能力主要表现在具有学科研究、教学研究和教育教学工作流程研究的知识和技能。从事远程开放教育的教师，通过深入地教学研究、学科研究和远程开放教育活动的研究，以期更加全面地熟悉和掌握远程开放教育的特点、规律、方法和教学艺术，不断地提高教学水平和学术水平。

4．表达能力

教师的职业，要求教师具有较高水平的语言表达、文字表达和行为表达能力与表达的艺术。教师要不断地培养提高自己的语言知识修养和文字归纳、整理和书写技能。不断地培养提高编制文字教材和辅导资料、编制音像教材和教学课件乃至著书立说的能力。

5．现代教育工具设备的操作能力

当今时代，信息和通信技术发生着巨大的变革，已成为科技革命乃至社会革命的巨大力量，使社会经济、社会生活发生了很大的变化，人们的眼、手、脚在无限地延伸，视野无限地扩大。各行各业的学习、工作、生活环境正在发生着一场深刻的革命且越来越深化，很多以往不可想象的东西、事件已摆在我们的面前。这种变革也正在极大地推动着远程开放教育的变革和发展。不仅一般的计算机教学、计算机管理和无纸化办公正在日益普及，而且宽带网络、卫星技术、无线通信、模拟现实技术和课件设计技术等的发展和应用，使远程开放教育正在改变过去的平面性、单向性和非现实性的教学模式，以更大的灵活性、现实性、快捷性和先进性推进着远程教育事业的深入发展。因此，从事现代远程开放教育的教师，必须熟练地掌握现代教育工具的最佳操作技能，熟悉和掌握现代多媒体教学艺术，能够编制和运用教学软件和课件，不断地提高现代远程开放教育的质量和水平。

6．组织管理能力

远程开放教育是一项比较复杂、要求极高的育人育才系统工程，教师只有对这项远程开放教育工程全面认识、全面熟悉和掌握教学管理、学生管理、媒体管理及其教育教学流程管理，并不断地开拓创新才能充分发挥其育人育才的作用。

（四）做好远程开放教育师资队伍建设的规划发展工作

　　培养一名合格的远程开放教育的教师需要比较长的时间和相应的条件（教师自身条件和环境条件），不是短期内轻而易举的事。一般来说，大学本科生成长为一名合格教师需要 10 年左右的时间，而有的专业学科需要的时间可能更长，要求的条件可能更高。尤其，现代科技日新月异，知识更新速度日益加快，开放性的远程教育教师的培养更需要适度超前，根据需要和发展目标搞好师资队伍建设规划。那么，从哪些方面规划远程开放教育师资队伍建设呢？

　　（1）明确远程开放教育师资队伍建设的指导思想和发展目标。全面总结多年来教师队伍建设的经验和存在的问题，吸收和借鉴他人或国外远程教育师资队伍建设的有益经验。根据我们的实际需要和长远发展需要相结合的原则，确立远程开放教育师资队伍建设的指导思想和发展蓝图。

　　（2）教师队伍建设的编制规模。根据现代远程开放教育的特点、任务与合理定位，以所设置的专业学科的现时需要和发展需要定任务、定机构、定编制、定人员，以期有计划、有目的地配备、充实和更新教师力量。

　　（3）确立相应的职级结构和学科结构。一支理想的远程开放教育的师资队伍应有各层职级和掌握本专业学科知识的人才，形成合理匹配的学科梯队。

　　（4）制定学科带头人、学术骨干队伍建设计划。多年来，我国远程开放教育的学科带头人、学术骨干力量严重匮乏，选拔与培养也不够有力，已成为发展远程开放教育的一大弱点和阻力。长此下去，必然有碍于我国远程开放教育的深入发展，有碍于我国远程教育和国际接轨与交流，也阻碍我们尽快地走向世界。结合我国远程开放教育的现状和发展趋势，积极地加强学科带头人和学术骨干力量的选拔、培养和充实工作，逐步地建设一支专兼职相结合的学科带头人和学术骨干队伍已是当务之急。要全面总结学科带头人、学术骨干的成长经验，制定与实行表彰激励机制，促进他们坚定地前进，鼓励他们为远程开放教育贡献毕生力量。

重视与加强青年教师的选拔、培养、培训提高工作。把青年教师的选拔和培养作为远程开放教育师资队伍建设的重要环节和必要条件抓好抓实。

（5）制定有关教师队伍建设的政策性规定，改善教师的工作条件。远程开放教育师资队伍建设必须有相应的政策性规定和相关条件的改善作为保证。要注意改善教师的工作条件、学习条件和生活条件，充分发挥教师的作用，以确保师资队伍建设工作的顺利进行和健康发展。

制定远程开放教育的师资队伍建设规划，执行和实现规划的措施和目标是一项艰巨复杂的政策性、科学性和实战性很强的工作，不会一蹴而就。要在深入调查研究的基础上，对现状和发展趋势进行全面深透的分析预测，结合实际，根据需要和可能、当前与长远相结合的原则，周密组织，精心设计，制定出先进而可行的远程开放教育师资队伍建设的实施办法，师资队伍建设规划的目标才有实现的保证。

二、管理队伍建设

远程开放教育依托现代科学技术把教育教学信息送到千里之外，万里之遥，大有争夺普天下之势之力。这是其他教育难以比拟的，既有其高度的科学性和高效性，也有其复杂性和艰巨性。对从事远程开放教育的人员的要求也是其他教育难以比拟的，又高又严又活。这支队伍由四个方面来构成：教师、科研、技术和管理队伍。其中，起主导作用的是教师队伍和管理队伍的建设和发展。

管理是一门科学、一门艺术，是一门相对独立的管理科学。是中外各界和各行各业都特别重视的一门有关事业成败的关键环节和前沿阵地。若没有管理，整个世界都难以想象，何况一项事业、一个部门呢？可见，管理之重要。

为了适应和推进现代远程开放教育的普及和发展，必须建设一支精干高效的远程开放教育管理队伍。

（一）远程开放教育的活力在于持续开发人力资源

远程开放教育活力的根本意义在于持续不断地开发人力资源。这既是远程开放教育管理本身的职能要求，也是远程开放教育生命活力之所在。所谓远程开放教育人力资源开发，是指以政策为导向，以学习启迪为基础，以创新为动力，持续不断地发掘和增强全员的能力，进而形成群体合力，提高整体效能的管理活动。

一所学校人力资源是否得到全面开发，每个人的潜能是否得到发掘和发挥，不仅关系到个体的发挥和发展，也必然影响到学校整体效能的大小和学校未来的发展状况。因此，管理的核心任务就是持续不断地开发人力资源，增强整体的活力。

人力资源开发与管理要从战略的高度思考，做出科学的目标定位，绘制人力资源开发的蓝图。那么，从哪些方面规划远程开放教育人力资源的开发呢？

（1）根据发展定位、规模、任务确定人员编制和岗位职数。根据发展趋势保持一定的超前性和弹性，使人员编制使用有一定的余地。

（2）人力资源现状分析与需求分析。

（3）人力资源开发管理的政策、经费和保障条件。

（4）人力资源开发培训的计划与实施。

（5）人力资源开发管理的评估体系。

（6）提高对开发人力资源意义的认识，制定和实施开发人力资源的激励机制和奖励办法，运用各种有效措施调动全员积极性。

（二）远程开放教育管理队伍专业化的思考

近些年来，我国远程开放教育管理水平有了很大的提高，取得了一些良好成果，也成长起来一些有造就的远程开放教育管理者。但是，还必须清醒地认识到目前远程开放教育管理队伍尚存在一些急需解决的问题。

（1）有些管理者还没有掌握现代管理科学知识和远程开放教育管理的知识和技能。远程开放教育管理队伍的专业化水平较低。

（2）以行政领导干部和行政管理方式管理远程开放教育的状况尚未完全改变。

（3）管理者的现代科学知识程度偏低而自主自觉学习又不够努力，或陷于事务中难以自拔，难以尽快地掌握现代管理科学知识、远程开放教育理论和现代科学技术知识。

（4）不能深入地熟悉管理对象，对自己管理的对象只是肤浅地了解，再加上"发号施令式"的管理，很难管到点子上，更谈不到管理创新了。

（5）管理人员的素质和管理水平较低，管理效率和效益较差。

造成上述种种现象的原因很多，其中的一个重要原因是对管理重要意义缺乏认识，认为管理是谁都能干的事。教学不称职的干啥？去搞管理吧。干专业技术工作不行的干啥？转管理岗位吧。甚至出现让专科文化水平的人去管大学教师的状况。如不尽快扭转这些薄弱环节必将严重地影响现代远程开放教育的发展和壮大。那么，现代远程开放教育专业化管理队伍由什么样的人员组成呢？下面从知识结构、管理才能、品德素养方面论述他们的基本素质和应具备的条件。

1. 知识结构

管理者的知识结构由三部分组成：一是管理科学知识和管理艺术；二是有关方面的科学技术知识；三是现代化工具设备的操作技能。不同层次的管理人员的知识结构有不同的要求。但一般来说，远程开放教育管理者应具备以下几个方面的知识。

（1）熟悉、掌握国家有关教育的方针政策，有关教育管理的法令、规范和条例。

（2）熟悉现代远程开放教育的性质、特点、规律及其历史沿革。

（3）熟悉、掌握管理科学、系统科学、现代化管理手段和管理技能。

（4）了解有关社会科学知识。如社会学、经济学、法学、心理学和唯物辩证法等有关的知识。

（5）系统地了解和掌握本专业的科学知识、发展水平和动向。还应了解相近领域的知识以扩大知识面和思考问题的广度和深度。

一个优秀的管理者，只有既懂专业又懂管理，又有较宽厚的知识面和较大的信息吞吐量，才有可能做出正确的决策，进行有效管理，不断地提高管理水平。

2. 管理才能

远程开放教育管理者的管理才能表现为：计划能力、组织能力、决策能力、指挥能力、预见能力、创新能力、发现人才的能力和处理人际关系的能力。

（1）决策和判断能力。在远程开放教育管理中，常常接受来自各方面的信息和遇到各方面的问题。对此，管理者要有敏锐的感觉，善于对这些信息进行分析研究、加工整理、综合概括，形成新的见解和判断并及时做出决策，及时地引导人们健康有序地开展工作。

（2）组织协调能力。在实际工作中，要正确地解决专业分工和专业综合性之间的矛盾，解决人员之间由于思想观念、工作差异、个性差别和思维方式的不同而引发的矛盾。尤其是许多问题的分析判断与解决，需要多学科、多方面的力量协同攻关。管理者既要注重发挥个人的创新精神和积极性，又要重视能够围绕总体目标进行有效的协同工作。

管理者不仅要做好内部的组织协调工作，还要积极地做好外界相关部门、相关人员的协调工作，以确保内外工作的良性运转和顺利进行。

（3）开发人才的能力。远程开放教育人才，是远程开放教育发展的基础。远程开放教育管理领导人员应知人善任，善于发现人才、培养人才、应用人才，大力开发人才资源。善于用人之才，爱才惜才，使其下属心情舒畅地积极工作。支持和鼓励教职员工的创造性思维和创造性工作，以促进人才辈出，推动远程开放教育事业的发展。

（4）创新能力。现代远程开放教育是一种新兴的现代化教育事业，任重而道远。远程开放教育管理者应具有很强的创新精神、丰富的想象力和一定的创新能力。有了这种精神和能力，才有可能勇敢地扫除因循守旧的习气和管理过程中的种种障碍。

处于领导岗位的管理者，更需要养成顽强的创新精神和创新能力。这样不仅利于管理工作的创新，进行优质高效管理；也利于鉴别与赏识下属人员的创新才能，了解创新劳动中遇到或可能遇到的困难和问题，进而采取有力措施克服困难，解决遇到的问题，创造一个创新攻关的有利环境和氛围。

3. 品德素养

远程开放教育管理人员应具有高尚的思想境界和良好的品德素养。这种素养的核心内容可概括为五个方面。

（1）具有强烈的事业心和旺盛的工作活力。

（2）严于律己，处处以身作则。

（3）作风民主，善于协作共事。

（4）正直可信，忠厚待人。

（5）形象优良，具有强大的感召力。

如果我们的远程开放教育事业有这样的管理人员和组织领导者，必然对社会、对各行各业、对内外远程开放教育工作者有强大的吸引力和影响力，必将推动远程开放教育蓬勃发展。

（三）决策者的形象力量

一所学校的决策者是谁？是校长及其校长团队。今天的校长及其校长团队，已区别于长期以来的"校行政领导"的传统概念。他们之间具有一定的共性，其特性将日益突出。当今时代的学校决策者应懂得一条原则："同思维者才能共同决策，共同决策者才有共同责任，有责任心者才能奋力工作。"决策者的力量在于以自己的聪明才智把全员的积极性激发起来，激活他们的大脑，同自己共同思维、共同决策、共同行动。这样，才能产生巨大的力量，推动所从事的工作不断前进。

决策者要激活全员的大脑，首先要激活自己的大脑。把自己这条特大号"鲶鱼"投放到"沙丁"群里，发挥"鲶鱼效应"的作用，一改高高在上的长官为激活先锋。这种强大的活力就是决策者的聪明才智所产生的一种特定力量，也是一种令人置信的巨大力量。

有什么样的校长，就有什么样的学校。校长对于一所学校及其教职员工的影响是深刻而全面的。校长既是学校发展目标的决策者和总执行人，又是全校人员的带头人和示范者。因此，决策者的又一种巨大的特定力量，就是校长的形象力量。

现代企业特别重视企业家的人格形象和"形象效应"，已成为企业的财富和企业兴衰的关键。作为以育人育才为己任的校长，其人格形象尤为重要，是全校人员和全体学生的凝聚力之源，成为学校宝贵的无形资产。尤其，具有教育家精神和智能的远程开放教育的领导者更是一种稀缺的教育资源和人才。他不仅应受到全校人员的爱戴，也会受到广大社会公众的尊重。

就社会各界和广大公众来说，看一所学校看什么？主要看三条：一看校长的素质和水平；二看学生的质量和能力；三看学校的风气。这些，都与校长及其校长团队的人格形象、领导才能和文化科学水平分不开。现代远程开放教育的决策者，应该是知识、才能、人格形象和表率作用于一身的优秀者和远程教育家。对内具有强大的感召力，对外具有很强的影响力，把学校办成知名度和信誉度双优的人人爱来、人人爱学的教育乐园和学习乐园。

三、科研与技术队伍建设

（一）科研队伍建设

事业发展，科研先行，已成为时代的特点。任何工作系统的改革和发展，不进行该系统的研发、探索难以有效进行。要进一步改革和发展远程开放教育，就必须重视和深入地进行远程开放教育科研工作，加强科研队伍建设。因此，选拔、培养有学术造诣的、潜心进行远程开放教育研究的人员组成专兼职相结合的科研队伍是我国远程开放教育的一项迫切任务。

一般来说，队伍建设是由目标和任务决定的，远程开放教育的科研队伍建设要根据其发展目标和科研方向来组建。

根据远程开放教育队伍的现状和发展的需要，应建立一支专兼职相结合的科研队伍。在人员数量上专少兼多，以少量的专职人员为主干，以大量的兼职人员为依托开展远程开放教育的研究工作。

（1）选拔学科骨干力量，组建学术骨干队伍，大力培养和发挥学术带头人的作用。这部分人员具有较高的学术造诣和科研能力，能够设计、主持远程教育科研课题，能够统筹兼顾全校的科研工作，是远程教育科研的中坚力量。

（2）教学研究队伍。远程开放教育的教师具有教学、科研双重任务。一方面结合教学工作进行教学计划、课程设置、教学组织、教学媒体、教学方法、教学管理、学生学习等方面的研究探索工作。一方面结合本专业学科，进行学科的学术研究和探索，努力提高自己的学术水平。特别是一线教师开展实战研究，针对本专业、本课程的实际，研究教育技术的适用程度和适用方面对教与学的影响，乃至对管理的影响，提供优质服务。

（3）教育管理研究队伍。由热心于教育管理的专兼职人员组成。由于在管理队伍建设中对管理问题已做了较详尽的讨论，在此不再赘述。

（二）技术队伍建设

在远程开放教育领域里，对于技术人员的配备和技术队伍的建设比较薄弱，还没有引起高度重视。当然，有关教育技术方面的科研工作也没有全面展开，严重不适应信息技术、网络技术等现代教学手段发展的需要。如不加大力度加强技术人员的培养和技术队伍的建设，必将影响远程开放教育的深入发展。

为了更快更好地实施视听和多媒体教学、网络教学，加强网络设施和软件系统的建设和运用，除了由教学人员兼学、兼用和兼管外，还必须加强专职技术人员的选拔和培养，不断地提高教育技术的科研水平和操作水平，提高多媒体教学和网络教学、数字化学习的质量，以期更大地提高远程开放教育的效率和效益。

第三节　队伍建设现状和未来发展趋势

一、队伍建设现状简析

广播电视大学、网络学院、网络学校是我国现代远程开放教育的核心区域。多年来，有了一定的发展，取得了很大的成绩，建设了一支从中央到地方的多层次、多形式的远程教育队伍，做了很多有关远程教育建设和开创性的工作。但是，由于我国远程开放教育起步较晚，仍处于初建时期，从事远程开放教育的队伍还比较年轻，数量较少，质量较差，效率较低，严重地不适应现代远程开放教育的发展。因此，应参照下列弱点分析如何进一步强化队伍建设。

（1）队伍的纵向结构不尽合理。主要表现在高、中、初级职称人员的合理配置较差。在已配备的现存人员中有相当数量的人员学术水平、管理水平、技术水平与相应的要求差距较大，甚至存在"有职无术"的状况。

（2）队伍的横向结构不完善。表现在教学人员、管理人员、科研人员、技术人员的构成与配置不够合理，缺口较多，存在一些薄弱环节。

（3）学科学术梯队尚未形成。从事远程开放教育的科研力量、技术人员相当薄弱，以学科带头人为骨干的学术梯队尚未形成。不适应远程开放教育科研、学科建设、技术手段发展的需要。

（4）行政领导式的管理方式没有彻底改变。远程开放教育队伍管理工作还停留在传统行政式的领导方式和管理方法上，与现代教育的科学管理要求相差较远，双低状态（低效率、低效益）在短期内还难以改变，应引起高度重视。

（5）基层教学点的队伍力量薄弱。基层教学点的队伍力量相当薄弱，管理较差，影响远程开放教育教学体系的建设和学生的学习质量。

二、研判远程开放教育队伍发展趋势的参照系

远程开放教育队伍的发展，受社会发展、科学技术发展和远程教育事业发展所制约、所决定。脱离社会发展和教育整体发展，研讨远程开放教育队伍的发展，则成为"无源之水，无本之木"。因此，在探索和研判未来远程开放教育队伍的发展趋势和发展目标时，要首先明了社会发展和未来远程教育事业发展的关键点，以此为参照系来探索和判断未来远程开放教育队伍建设和发展。

社会、科技、教育发展是一个多方面、多层次、全方位发展系统。拟选出其中的关键因素作为研判远程开放教育队伍发展的依据与参照。

（一）社会和科技的发展对教育的影响

日益鲜明的全球一体化对教育改革和发展的影响越来越大。信息技术、通信技术、航天技术的迅速发展而出现的"地球村"现象，使人们的视觉、听觉和思维正在无限地扩大和延伸，不断地促进教育改革和发展的深化。

（1）信息文化、网络文化、大众文化的渗入直接导致打破学科界限，加强学科的兼容性和互补性。同时交叉科学、边缘科学已形成了一个庞大的科学体系。寻找新的生长点，向无人区进军已形成了时代的声音。

（2）科学精神和人文精神的日益统一，进一步认识到以人为本，强调人的主体性与人的价值、尊严，弘扬维护人性的真、善、美的重要性。

（3）进一步注重民族传统文化知识的传播，培养民族文化

的自信心，保持民族文化的继承和发展。

（4）"虚拟化现实"和"数字化学习"对教育理念和学生学习产生了深刻的影响。教师的角色由原来的讲台面授发生了变化。教师不仅是文化的选择者、传播者和创造者，还是课程的设计者、潜能意识的发现者、创造者和行动研究者。这样，对教师的要求不是低了，而是高了。责任不是小了，而是更大了。这就必然促进传统队伍建设的理念发生巨大的转变。

（二）远程开放教育事业的发展对远程开放教育队伍建设的影响

远程开放教育发展趋势不是本书讨论的重点，只是作为讨论远程开放教育队伍建设的铺垫和参照，现拟从几个主要方面阐述对远程开放教育队伍建设的影响。

（1）远程开放教育办学的多元化。

（2）远程开放教育、企业、社会团体的合作化。

（3）远程开放教育资源的开发、共享和有偿使用。

（4）普通教育与远程开放教育的逐步融合，共同推进现代教育事业的发展和繁荣，共创远程开放教育学习时代的未来。

（5）远程开放教育的混合式的学习形式对教与学双方提出了更新更高的要求。

（6）"三个服务，一个目的"日益鲜明。远程开放教育学校一切工作为了服务于学生、服务于学习中心、服务于校内各职能部门。其目的是为学生提供最及时、最便捷、最有效的学习条件。

（7）远程开放教育与现代科技的结合日益紧密。远程开放教育将不断完善网络设施和软件系统，不断改善教育教学平台的功能，逐步建立健全远程开放教育公共服务体系大平台，为全社会、为一切求学者服务。

（8）一个优质高效的，具有中国特色的远程开放教育的学习大乐园将日益展现在广大公众的面前，中国远程教育的新面貌、新时代必将到来。

诚然，现代远程开放教育特色鲜明、资源雄厚、内容丰富，将随着历史潮流迅速地向前发展。其发展趋势不是上述几点就能概括的。但是，对于上述的深入认识仍不失为远程开放教育队伍建设与发展的依据和参照。

三、远程开放教育队伍发展趋势与模式的思考

远程开放教育需要进一步繁荣和发展，已是人们的共识，时代发展的必然。实践表明，任何事物、任何行业的生存和发展都要有一支优良的人员队伍及其善于经营管理的指挥者和决策层。那么，未来远程开放教育队伍将如何发展？是什么样的构建模式呢？我们依据前面阐述的"研判未来远程开放教育队伍发展趋势的参照系"将远程开放教育队伍的发展趋势与模式概括为适应市场化和"五会"式的队伍模式。

（一）建立适应市场化的远程开放教育队伍

市场，是买卖双方进行商品交易的场所。市场化，是按市场的特点、规则和机制进行运转。人们在知识经济和市场经济日益发展的情况下，已经认识到市场和市场化的重要性。认识到谁占领市场，谁就是赢家；谁失去市场，谁就要倒闭和灭亡。市场对于每个人来说，是公平、公正的，不偏向任何一方。市场又是无情的，永远没有恩赐，只有需求。谁满足了需求，谁就能赢得市场。谁能找到未满足的需要，谁就找到了市场机会，谁就可以抢占市场先机，走在他人的前面，赢得胜利。各行各业的一切都在这个有形又似无形的市场中进行博弈和奋斗。

诚然，时至今日市场化已是无处不在的声音和事实，各行各业特别关注市场和市场化。但是，教育市场化有别于物资产品市场化。因为，教育的产品是知识和人才，是有活力的时代主人，

不能单纯地以买卖关系而定。然而，教育市场化也是必需和必然的，它体现在理念、规则、体制和运行机制的更新和统一，绝不是只要收取学费，有了经济收益就市场化了。我们需要积极探索教育与市场的真正结合点和运行机制，为远程开放教育找到市场定位和市场机会，在这个市场化大潮中抢占市场制高点，占领远程开放教育的大市场。

我国的教育从计划经济的官本位教育到走市场化之路的教育是一个理念和体制上的大转变。这个转变导致从"官到服务"，从"学生到客户"使教育思想的核心都发生了变化。教育走下"学校老大"的阁楼，走进公共服务大平台，一切为了学生，一切为了服务，已成为今天教育的时代强音，成为教育由原来的卖方市场转向了买方市场，为广大公众和学习者创造了便捷灵活的高质量的学习场所。

远程开放教育市场化与其技术化、大众化和服务化紧密相连。这就要求远程开放教育队伍及其工作人员必须认识和适应这个发展趋势，建立健全适应市场化的远程开放教育队伍。

（二）构建"五会"式的远程开放教育队伍

一会学习，构建学习型队伍。关于建立学习型组织问题在第一节已有阐述。这里要讲的关键点，是人人爱学习，人人会学习，学习风气很盛。把远程开放教育队伍建设成学习的大乐园。使每个成员都感到在这个学习大乐园里有所学、有所获、有所前进与成长。人们的学习兴趣调动起来了，学习的创新成果产生出来了，学习的威力无穷无尽。

二会教学，建立创新型教师队伍。教师队伍，是学校队伍的龙头队伍，骨干队伍。教师的水平，是学校水平的标志，因此才有办好教育关键在教师的论断。有关教师队伍的问题在第二节里已做了专题讨论，在这里要讲的关键点是，教师队伍的建设必须是素质精良，结构优化，学科学术骨干突出，一切为了学生的理念鲜明，行为忠厚。

从广义方面来说，学校的各支队伍及其工作人员都是学生的老师，都是为了学生，实行着教书育人、管理育人、服务育人。都有其言传身教的问题，都是学校育人育才形象的代表。把各支队伍都建设好，不断地提高各支队伍育人的服务意识，才能获得广大公众和学习者的欢迎和尊重。

三会研发，开创远程开放教育的新天地。当今时代，任何行业的立项、立业必先行研发。立项和立业是研发的结果。也就是说，研究和开发是向新领域进军的先锋部队。就是旧领域、旧项目的改革发展，不进行研发也是难以进行的。面对远程开放教育这个新兴的大空间教育，不具有研发能力的人员队伍和管理者是不能胜任的，也不能推进远程开放教育深化和发展。因此，对于远程开放教育人员的选拔和队伍建设，必须注重其研发素质和研发能力。比如：

（1）是否具有学习精神和创新精神；

（2）是否具有敏锐地觉察旧事物缺陷和捕捉新事物萌芽的洞察力和思维能力；

（3）是否有善于从知识、经验中吸取营养、积累知识，探索问题的能力；

（4）是否具有课题设计和项目开发的知识和能力。

研发工作是一项高智力、高层次的思维活动和创造性劳动，所具有的条件和表征是深刻而丰富的，不是上述几点能够涵盖的。只是说明，未来远程开放教育队伍的建设及其人员的选配，应特别注重研发素质和研发能力。一个具有研发能力的远程开放教育队伍，才能推动远程开放教育步步上新台阶，不断地出新成果。

四会管理，提高远程开放教育的效率和效益。关于远程开放教育管理问题，在本章的管理队伍建设中已有论述。但是，对远程开放教育的管理不仅仅是管理队伍的责任和任务，而是从事远程开放教育全员的责任和任务。比如：远程开放教育的教师就要身兼教学、科研、管理三重任务，在搞好教学工作的同时，还要进行教学教务管理、课程管理、考试管理和学生管理等。技术人员不仅要做好计算机网络教学、软件系统、课件等远程教育技术的操作和运用，还要做好硬件设施、设备的管理和维护以及学生学习管理等方面的工作。

远程开放教育的管理既是全员的工作，又是管理队伍及其管理者的主要任务，是远程开放教育运行的关键环节。远程开放教育发展愈快，规模愈大，教学设施设备愈先进，管理愈艰巨愈重要。

今天，向管理要质量、要速度、要效益已是不争的事实。管理，也是提高远程开放教育质量、效率和效益的关键因素。那么，学会管理、做好管理工作的基本素质和主要条件都有哪些呢？也就是说，怎样才能学会管理，做好管理呢？

（1）熟悉现代管理科学的基本知识和方法，掌握现代管理艺术和技能。

（2）熟悉现代远程开放教育的特点、规律、管理现状和发展趋势。

（3）熟悉国内外管理科学发展现状和发展趋势。

（4）熟悉运用现代科学技术手段进行管理的技能和方法。

（5）熟悉远程开放教育的基本理论、规律、特点和运行过程及其发展趋势。

在远程开放教育的实践中，把管理对象的知识、特点、规律和方法同管理科学的知识、特点、规律和方法结合起来，在实际工作中不断地探索和提炼，才有可能学会管理、做好管理，在科学的管理过程中不断地提高工作效率和效益。

五会经营，抢占市场的制高点。经营，对于企业来说，是一种筹划和管理的手段。对教育来说，是指导教育全局的一项计划和策略的战略性经营。目的是寻找市场机会，经过周密的筹划在市场竞争中制胜。这既是推进教育，是远程开放教育发展的一种战略性的思路，也是远程开放教育发展的一种历史必然。

经营的原则和机制，是市场经济的关键环节。在市场经济条件下，谁经营得好谁就能占领市场，在市场经济竞争中获胜。然而，我国由于长期在计划经济的控制下，不仅不承认市场经济，就在认识了市场经济之后也特别忌讳这种公益性的教育市场化。随着市场经济和科学技术的深入发展，伴随着我们对计划经济的深入反省，对教育的市场化有了新的认识，而且日益深化和明朗。现在，到了把市场经济的经营理念和效益规则，结合教育的自身特点和运行规则创造性运用的时候了。

远程开放教育，不仅是一种公益性的事业，还是一种产业。虽然教育不是以营利为主的产业，也必须关注市场需求，关注学生需求，关注怎么服务才能赢得人心和人群。同时，要考虑教育的庞大投入是全社会性的，仅依靠政府官方的投入不可能办好今后的教育。发展教育还要靠社会资本的注入，社会资本进入教育领域，要求有一定回报。这些都是市场化的经营理念，是市场经济和商业化经济在教育领域的反映。

远程开放教育市场化的前景有两大特点，或者说有两大趋势。一是创新，通过不断的创新，寻找市场机会，走在竞争的前面，赢得市场；二是市场占有率，也就是市场覆盖面是不是足够大，增长率是不是很快。这两条是经营优劣的标志。远程开放教育队伍及其工作人员应在基本理念上承认和确立教育经营的理念，把远程开放教育的大众化、高效化同市场化及其服务化紧密地结合起来，推进我国宏大而先进的远程开放教育的快速发展，为抢占世界远程开放教育的制高点而努力。当今世界，我们比较清晰地看到：

（1）由于学科的高度分化与综合的发展趋势，不仅导致旧职业岗位不断地改造和更新，更导致新产业、新岗位不断地显现。学习新知识、新技能、新方法的需求日益增长，为教育不断地带来新的机会。

（2）随着信息技术、通信技术、计算机网络技术的迅速发展，经济、科技大协作的迅速发展，国际的交流与协作日益增多。我国的各行各业和国际接轨走上世界大舞台的呼声越来越大，将逐步变为不可忽视的现实。

（3）由于社会需求和人们学习积极性日益高涨、日益迫切，对远程开放教育的要求越来越高，越来越灵活。按需施教，定时施教，随时而学和全天候服务的要求日益强烈。这些将成为远程开放教育服务优劣的标志。

（4）就目前来看，中国远程开放教育的市场是窄小的，社会需求是广大的，教育机会多多，发展远程开放教育的潜力巨大，需要有识有力之士去捕捉、去占领，远程开放教育前景辉煌灿烂。

（5）兴办远程开放教育的资本投入已不再是政府官方一家，社会资本将不断地投入，由过去的官方教育逐渐转变为社会教育。学校同企业、社会团体的协作办学，借助社会力量发展教育已是必然的趋势。因此，必须重视远程开放教育的市场化。

综上所述，本书倡导的建设"五会"式远程开放教育队伍，就是为了在实践中不断磨炼、改进和提高，以适应现代社会、现代经济、现代科技之发展，适应广大求学者之需求，适应国际化远程开放教育之发展，迎接现代远程开放教育的大繁荣。

（三）广播电视大学队伍建设的几点设想

中国广播电视大学建校20多年来，取得了巨大的成绩。建立起从中央到地方的多层次、多形式、多功能的办学系统，建立了一支从事远程开放教育的队伍，积累了比较丰富的办学经验，培养了比较适应社会经济发展需要的人才，对于改变我国的人才结构，提高干部、科技等方面的人才质量起了很大的作用。20多年来的办学成绩毋庸置疑。但是，我们必须清醒地看到随着社会的进步、科技的发展、经济的繁荣、人们的知识水平的提高以及市场竞争日趋激烈的发展趋势，既给电大教育带来了机遇，也给电大教育带来巨大的压力和挑战。现时的广播电视大学的体制、结构、机制、理念和人员队伍如不改造更新，如不快速充实提高，就不可能适应社会、经济和科技的迅速发展，不可能适应远程开放教育的发展需要。摆在我国电大人面前的一项紧迫而艰巨的任务，就是加大广播电视大学的改革力度和改革的步伐，努力构建以远程开放教育为己任的，适应时代发展和社会需求的广播电视大学。

事业发展，队伍先行。办优质高效的广播电视大学，没有一支高水平的、精干高效的电大队伍是不可想象的，也是不可能办好的。本书就怎样改造提高现有队伍，培养充实新生力量，建立适应现代远程开放教育发展的队伍提出几点设想供参考。

（1）改造提高现有队伍已是当务之急，必须高度重视。对现有人员在全面分析的基础上，进行再培养、再提高，限期达到目标要求，对于那些难以达到要求的或难以培养提高的人员进行恰当的分流，委以相应的能够自食其力的工作，以便加快加大主干队伍的充实和提高，建设合格的高水平的电大队伍。

（2）优化队伍结构，提高队伍的整体素质和工作效率。现在有一种现象，从事教学、科研、技术工作的人少；完成工作量的和超工作量的人少。解决这些问题难度较大，又必须解决。对此，一要有决心；二要措施有力；三要有政策性规定。平等公正地对待每个人、每件事，逐步建立起以合格的教学、科研、技术和管理人员为主的素质优良，结构合理，富有活力的电大队伍。

（3）电视大学的三个定位，决定了电大队伍建设的方向和重点。一是远程开放教育；二是以行业岗位培训为目的的继续教育；三是网络教育公共服务体系，提供学习大平台。离开三个定位的要求进行电大队伍建设，将背道而驰，难有成效。

（4）建立与培养具有经营能力和服务能力的电大队伍，以适应远程开放教育市场化和大众化的需要。建立健全公共服务大平台，为一切所需之单位和一切求学者进行有效的服务。

（5）建立与培养具有创新意识和创新能力的电大队伍，不断地推进电大教育教学的改革和发展。走创新之路，创一流的工作，办一流的广播电视大学。

（6）建立与培养能够熟练地掌握和运用现代教育技术工具能力的电大队伍，不断地提高工作质量和工作效率。

（7）关注选拔培养能够适应国际接轨和国际交流的人才。了解世界远程教育动向，学习世界先进的现代教育技术和工具的操作技能和方法。促进电大教育逐步地走进世界远程教育的先进行列，加快我国广播电视大学走向世界的步伐。

（8）建立治学严谨，办学灵活，校风优良的电大队伍。广播电视大学多年来，办学灵活尚可，严谨治学较差，校风不够优良。这是在进行电大队伍的改造、充实与提高的过程中，需要特别注意解决的三大关键问题。

电大的领导层及其领导的队伍加快培养治学严谨和一切为了学生的优良校风。校风是学校的师生员工在共同目标的指引下，经过长期努力和锤炼而形成的一种学校特有的风尚。它是学校办学的指导思想、培养目标、教师的教风、学生的学风、干部的作风等一系列行为习惯的反映，是一种高尚的精神状态和无形的力量；是衡量学校精神面貌、教育质量、学术水平高低和管理状态优劣的重要标志；是繁荣和发展电大教育，办大办强广播电视大学的基本保证。

参考文献

［1］ 肖新生. 远程开放教育综论［M］. 北京：中央广播电视大学出版社，1999.

［2］ 朱延才. 现代化与中国电大教育［M］. 北京：中央广播电视大学出版社，1998.

［3］ 陈金龙. 现代远程教育概论［M］. 北京：科学出版社，2003.

［4］ 陈培瑞. 教育大视野［M］. 青岛：青岛海洋大学出版社，1999.

［5］ 程振响，刘五驹. 学校管理新视野［M］. 南京：南京师范大学出版社，2003.

［6］ 王永友. 创业学概论［M］. 哈尔滨：哈尔滨工程大学出版社，2003.

［7］ 甘华鸣. 创新的策略［M］. 北京：红旗出版社，1999.

［8］ 周峰. 素质教育：理论·操作·经验［M］. 广州：广东人民出版社，1999.

［9］ 傅道春. 教师的成长与发展［M］. 北京：教育科学出版社，2002.

［10］ 姜晓辉. 智力全书［M］. 北京：中国城市出版社，1998.

第三章　设施建设论

100 多年前，伴随远程教育形式的出现，开始了教育信息传输的革命性变化，这就是远程教育设施的产生。在处于信息技术和教育技术尚不发达的时候，远程教育设施对远程教育的支撑力是有限的。随着信息化时代的到来，计算机网络在全球启用，各种新技术、新设备层出不穷地涌现，人们对远程教育设施的关注，已提升到了前所未有的高度，它已不仅限于远程教育自身的运用，而是成为国家信息化和现代化的一个重要组成部分。

现代远程教育设施建设，从理论和实践相结合来探讨还是一个新课题。但它毕竟出现了，以其不可阻挡的气势改变着人们的理念，改变着师生的教学方式，改变着远程教育的面貌。对此我们应该站在时代的高度，重新审视远程教育设施的特点，重新认识设施建设的意义，并在实施中积极稳妥地做好建设规划，选择正确的建设策略，掌握好建设的适用原则，处理好设施建设和设施应用的关系，以求获得效益最大化。

第一节　现代远程教育设施建设的一般概念

一、远程教育设施的特点

（1）远程教育设施是远程教育教学、管理信息传输的工具，集硬件、软件和相关建筑为一体，构成一个交互式、多媒体、多功能的系统。

远程教育是相对传统学校面授教育的一种新的教育形式，以教师和学生的教学活动处于时空上相对分离状况为基本特征。远程教育信息传输模式是接近申农－韦佛信息传输模式的，其模式如图3－1所示。

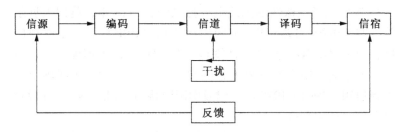

图3－1　申农－韦佛信息传输模式

如图，教师和教学内容可称之为信源，学生和学习内容可称之为信宿，设施可称之为信道，师生的交互称之为反馈，这些都仅是一种类比，实际情况要比这复杂得多。

远程教育设施首先产生在英国，他们称之为 Media，译名叫"媒体"，词义是"中间"或"中介"。19世纪中叶，英国印刷业已经机械化，邮政通信十分发达，当时他们建设的唯一设施就是用工业方式设计制作函授教材，采用邮政通信传输，合起来构成邮政通信/函授教材的信息传输系统。尽管这是一个十分单一的设施，却为之后的设施建设模式构筑了一个雏形，时至今日，无不表现为通信模式/通信媒体。

（2）远程教育设施是科学技术发展的结晶，随科学技术的发展而不断更新和完善。

具有现代意义的信息传输技术源于19世纪电气技术的产生：1800年，意大利人伏打发明了第一组电池；1820年丹麦人奥斯特发现了电流的磁效应；1835～1843年，美国人莫尔斯发明了电磁式电报机和有线电报；1894～1896年，意大利的马可尼和俄国的波波夫分别实现了无线电的传播和接收，开创了无线电通信；1876 年美国人贝尔发明了电话。进入 20 世纪之后，信息传输技术产生了划时代的飞跃，即电子技术的广泛应用和计算机技术的兴起：1916 年美国人昆拉德建立了第一个无线电台，到 1930 年形成了全球性的无线电广播系统；1926 年，英国人贝尔德发明了电视；1935 年，英国广播公司（BBC）开始了电视广播；1946 年，第一台电子计算机（ENIAC）在美国诞生；1957 年，苏联向太空发射世界上第一颗人造卫星；1984 年我国卫星电视启用；1994～1999 年，建成中国因特网（ChinaNet）和教育科研网（CERNet）。

上述信息技术发展的历程，都可以在远程教育设施的演进中找到踪迹。正是一代代新技术的武装，才有远程教育设施功能的更新和完善。

（3）远程教育设施不能仅仅视为信息技术，也融入了教育技术的应用。

教育技术产生于 20 世纪 60 年代，美国教育部的定义是："教育技术是这样的一个领域，它通过所有学习资源的鉴别、开发、组织和利用，以及通过对鉴别、开发、组织和利用学习资源过程的管理来便利学习。"在远程教育中，相当于教育工艺。在英国开放大学，它以系统工程学和心理学的理论为指导，进行课程设计制作、媒体的选择和应用，以及远程教学评估等方面的科研和实践。

教育技术受到当今教育界的普遍重视，在我国对它的定义尚未完全统一，从各种见解中可以分析得出，它的实质是以系统工程学和学习心理学为理论基础，对教育中所有可操作的领域或因素进行分析、选择、组合、控制和应用，以取得最大教学效果的一门技术科学。在远程教育中，教育设施是最富于操作性的，因而同教育技术的联系应是最直接的，只有自觉引入教育技术，使之与信息技术相结合，才有可能有效地进行远程教育设施建设，最大地发挥好远程教育设施的作用。

（4）远程教育设施的效能，是在设施系统的优化组合中发挥的；远程教育设施的价值，是在其有效应用中实现的。

任何单个的设施，都是既有长处又有短处，一个设施的短处，可以由另一个设施的长处来替代和弥补。优化组合的设施系统，其发挥的效能总是大于全部单个设施的效能之和。

（5）远程教育设施可以改变教师面授的形式，但不能取代教师。

二、远程教育设施建设的意义

（一）远程教育设施建设是远程教育的物质基础和技术支撑

远程教育设施建设不是一般意义的设备建设，而是采用了富有高生产力的科学技术即用先进的科学技术武装了远程教育，使远程教育的教学和管理得以有效地运行。

邓小平早在1978年就提出了利用广播、电视设施解决穷国办大教育的问题。他在全国教育工作会议上的讲话中谈道："教育战线任务愈来愈重，各级教育部门不能不努力提高现有教师队伍的教学能力和教学质量。教育部和各地教育行政部门，要采取切实有效的措施，比如充分利用广播、电视，举办各种训练班、进修班，编印教学参考资料等，大力培训师资。"随后，由邓小平亲自批准，于1979年成立了我国广播电视大学，并从世界银行贷款，配置了当时档次最高的全套广播电视装备，继而又利用我国自行发射的通信卫星，开播了卫星广播电视，使我国的远程教育能延伸到国土的每个角落。

总结我国广播电视大学的教育实践，证明了邓小平的设想是符合国情，是完全正确的。采用远程教育设施具有传统学校教育模式难以达到的许多优势：第一，它可以超越时空的限制，扩大教育规模，使教育惠及更多的人群；第二，可以使师生方便快捷地获取更多、更好、更新的教育资源；第三，可以使学习方式变得多种多样，丰富多彩，学生有更多的自我控制和调节，能够发挥自主性和实现学习个性化；第四，可以使知识和技术的传授更直观、更具体、更富有动态感和可比性，便于掌握、记忆和促进思维的发展，从而取得更好的教学效果；第五，投入的成本低，经济效果好。究其原因，是由于远程教育设施潜伏着的科技力量和科技作用在远程教育过程中获得了有效的释放。这也就是邓小平同志所一再强调的：科学技术是第一生产力。

（二）远程教育设施建设是推动远程教育改革和发展的制高点和突破口

远程教育设施建设对远程教育改革和发展的影响，犹如生产工具对生产力的发展水平具有标志性作用一样。马克思曾经指出："各种经济时代的区别，不在于生产什么，而在于怎样生产，用什么劳动资料生产。"远程教育发展时代演变如表 3-1 所示。

表 3-1 远程教育发展时代演变

代别	第一代	第二代	第三代
时期	19 世纪中叶 ~ 20 世纪中叶	20 世纪中叶 ~ 20 世纪 90 年代	20 世纪 90 年代以来
标志性设施	函授教材	广播电视	计算机网络

上述一、二代标志性设施，其历史性作用是功不可没的，直到现在它们仍未被废弃，只是不占主导位置，在经新技术改进后，配合新的标志性设施继续发挥其技术长处。

第三代也就是当代远程教育设施建设的意义，是基于计算机网络的高功能显露出来的。计算机网络是计算机技术和通信技术的结合。几乎世界上所有的通信技术都可利用来组成计算机网络，使计算机之间通过通信工具进行信息和服务共享。计算机网络最大的特点之一是网络通信，最基本的功能是在传输的源计算机和目标计算机之间，实现无差错的数据传输，并能结合多媒体的"声、图、文"表现能力，处理语音、音响、静止图像、电视图像、动画和三维图形，等等。网络通信的传输速度是不断提升的，如第二代国际互联网（Internet2）建成后，可达到每秒9.6 GB。因特网的主要信息服务有万维网（WWW）、电子邮件（E - mail）、文件传输（FTP）、远程登录（Telnet）、电子公告牌（BBS）、信息浏览（Gopber）、自动搜索（WAIS），等等。综合服务数字网络（ISDN）可以提供足够的带宽，实现快速全球浏览，可以通过电话线开视频会议。特别是随着语音、数据、视频的压缩编码技术及网络传输技术的不断提高，通过网络传输可以随时随地获得远端的视频、音频、数据信号，可以随时随地获取教育资源，使实时的、可视的、交互式的远程教学成为可能。

在远程教育信息传输中，如果只有直播式设施，而未有交互式设施，只有共同性的设施，而未有个性化设施（指设施能适应个体学习水平、个人爱好、个体认知风格等），只有再现的设施，而未有虚拟化的设施（虚拟现实技术 VR），就会形成制约远程教育改革和发展的瓶颈，并很难摆脱传统学校教学模式的束缚，难以在远程教学中开设工科专业和进行职业技术的培训，从而丧失掉远程教育的核心竞争力。

当今世界，基于 web 的新的教学模式层出不穷的涌现，如美国圣地亚哥州立大学教育技术系伯尼和汤姆博士于 1995 年创建了 webquest（学习者在一定的目标任务驱动下，对每个问题或某类课题自主地进行建构、探索和研究的学习平台），德国 Guzdial 博士指导创立了 Camile 系统（协作和多媒体交互学习环境），英国 JIAP 资助的 COMmentor 系统（提供一个协作性虚拟环境，学生们可以参与同社会科学和人类学相关的理论主题同步或异步讨论，同时提供一系列学习工具支持辩论和协作工作）等。当我们能够从国情出发，开发出基于 web 的适用远程教学的新的学习模式，上述难题都是可以迎刃而解的，从而能够开创出远程教育改革和发展的新局面。

正是因为如此，1999 年 4 月教育部办公厅下达了《关于开展"中央广播电视大学人才培养模式改革和开展开放教育试点"项目研究工作的通知》，在其附件二中提出了"能够利用计算机网络及其他现代化手段开展教学和管理"的要求。从此，以计算机网络为核心的远程教育设施建设，就成为促进电大改革和发展的必需的基础条件之一。

（三）我国加速信息化进程，为远程教育设施建设带来了新机遇

大力推进信息化，以信息化带动工业化，以工业化促进信息化，是党中央认真总结和汲取国内外工业化进程中的经验教训、充分考虑我国基本国情、顺应世界已进入信息时代在十六大做出的重大决定。

根据党的十六大的要求，陈至立在《切实落实教育优先发展战略地位》一文中，将"以教育信息化为龙头，带动教育现代化"作为新世纪初教育发展的目标和任务之一。其具体内容是：

——在全国初中以上学校开设信息技术必修课，在每所中小学设立计算机教室，全部高等学校、高中阶段和部分初中、小学与计算机网络连接。大力提高教师的信息技术能力。

——加强教育化基础设施建设。建设 CERNET 宽带网，建立国家公共网络教育平台和国家现代远程教育中心，形成教育信息化的"天罗地网"，促进教育资源共享，形成多层次、多功能、交互式的具有中国特色的现代远程教育体系。

——建立国家教育软件开发中心，通过市场机制的引导，积极发展教育信息产业，大力开发和推广优质教育光盘，提高教育质量。

实际上，我国加快信息化进程，早在 20 世纪 90 年代初当万维网（WWW）开发成功，国际互联网络达到大一体的因特网的时候就开始了。这可以从中国因特网的历史证实：

——1990 年 4 月，世界银行贷款项目，中关村地区教育与科研示范网（NCPC）启动。

——1994 年 6 月，国务院三金工程，金桥前期工程启动（ChinaGBN）。

——1994 年 9 月，中国电信与美国商务部合作，中国公用计算机互联网（ChinaNet）建设启动。

——1994 年 10 月，由原国家计委投资，原国家教委主持，中国教育和科研计算机（CERNET）建设启动，示范工程于 1995 年提前一年完成，并通过国家级鉴定验收。

——1996 年 1 月，中国公用计算机互联网（ChinaNet）全国骨干网建成并正式开通，全国范围的中国公用计算机互联网开始提供服务。

——1997 年，中国公用计算机互联网实现了与中国教育和科研网（CERNET）、中国科技网（CSTNET）、金桥信息网（ChinaGBN）三个互联网络的互联互通。

——1999 年 1 月，中国教育和科研计算机网的卫星主干网全线开通。

从上可见，我国信息化的基础设施建设早已有了一定基础。从教育信息化上来看，中国教育科研网从 1995 年开始建设，现已成为我国第二大互联网络。到目前为止，全国高等院校 70% 左右建立了校园网，教育部已批准 67 所高等院校进行现代远程教育试点工作；我国已经建立起远程教育的卫星宽带多媒体传输平台，为实现优质教育资源的共享创造了条件。我国现在正处于工业化中期阶段，到 2020 年，可基本实现工业化。基本实现工业化，大力推进信息化，也就是加快了建设现代化。这一切，都为远程教育以信息化带动现代化创造了条件，铺平了道路。因而，现阶段是远程教育设施建设最佳机遇期。在利用这一前所未有的机遇上，对远程教育来说，也面临着严峻的挑战。在全国高等学校、中小学校都实现信息化时，远程教育与学校教育原有概念上的区分将逐渐淡化，专业远程教育因丧失核心竞争力而受市场的淘汰，也不是危言耸听的了。

三、远程教育设施建设的适用原则和达标要求

（一）远程教育设施建设的误区

在处于信息化的时代里，计算机网络是信息传输的主干，具有数字化、多媒体化、信息共享和交互式等技术和数字特征，现代远程教育设施建设必须把网络建设放在首位，并置于核心地位。但由于对现代远程教育还缺乏全面认识，出现"网络唯一"论，将网络视为现代远程教育设施的唯一形式，并将现代远程教育等同于网络教育。从远程教育实践来看，没有万能的超媒体，所有的媒体都有其长处和短处，多种媒体的优化组合，是远程教育设施建设的一条基本经验，仅有网络而缺少多种媒体设施的配合，不可能达到既高效又适用的教学效果。与此相联系的，是"一步到位"论，在远程教育设施改造初期，巨资购置高档计算机网络设施，设专线进行教学点间的互联，以为有了网络，就可以一劳永逸了，但由于师资培训工作跟不上去，网络形同虚设，而且由于计算机技术和通信技术不断更新，一般在不到5年时间内，既有的设施就有可能面临淘汰，结果事与愿违，造成不应有的浪费。此外还有"网络无用"论，认为网络建设花钱多，教师也不会用，原有的广播电视也够用了。岂不知广播电视也将数字化，在电话网、电视网、计算机网三网合一时，传统的广播电视也就难以发挥它原本的作用。

（二）远程教育设施建设的适用原则

适用一词的意思是适合使用，从经济学的角度来讲，是要讲究建设的性价比和投入产出比。把它作为远程教育设施建设的一条原则是从教育技术的理论和远程教育设施建设实践经验、我国基本国情、远程教育的体制特征等几方面来考虑的。

教育技术的理论认为，教育媒体的本质意义在于使教学能更有效。随着信息技术的发展，媒体的可选择性愈来愈突出，因而要特别注重媒体选择。英国开放大学在媒体选择上有以下准则：

（1）易获得性（即是否容易被学生收到）；

（2）成本；

（3）方便学生的原则；

（4）组织（是在家里使用还是在学校使用）；

（5）教学准备时间；

（6）教学目标；

（7）信息的表达方式。

这些准则的核心就是本文所说的"适用"。

远程教育设施建设对于教育机构来说是一项大数额的投资。目前我国尚处于工业化中期阶段，到 2020 年才能实现小康目标，经济底子较薄，而各地经济发展又极不平衡，贫富悬殊较大，作为经济较发达的地区，可能投资容易解决，而经济较薄弱的地区（往往又是更需要远程教育的地区），投资就很艰难，因而远程教育设施建设要因地制宜，讲究实效。

电大是我国规模最大的远程教育实体，管理体制实行中央与地方（其中地方又分为省、市、县等）多级管理，各有分工，构成一个完整系统。在远程教育设施建设上，需要实行统筹规划、系统组合、分级建设、因地制宜。

为了落实好适用原则，应该鼓励教育创新，开拓建设思路，开创多种既经济又适用、形式多样的现代远程教育设施建设模式，在实践比较中丰富我国远程教育设施建设理论。

（三）现代远程开放教育设施建设的达标要求

根据教育部 2001 年和 2004 年两次下达的对"中央广播电视大学人才培养模式改革和开放教育试点"项目评估指标中有关"适用的现代远程开放教育设施和手段"的评估标准，中央电大、省电大和试点分校现阶段现代远程教育设施建设达标的基本要求如表 3 - 2 至表 3 - 5 所示。

表 3 - 2　互联网站的建设

中央电大	省电大	试点分校
建有功能适用的互联网站，能与试点电大实行教学、管理信息的实时和非实时沟通，并对试点电大互联网站的建设作了相应的指导	建有独立域名、网址和服务器的互联网站，并在实际教学中，有效实现与中央电大之间的双向视频系统及在中央电大和试点分校间的信息沟通，能查询、浏览、下载和储存网上教育资源，及时接收网上教学辅导、学习指导，具有网上发布信息和提供网上讨论等功能	

表 3 - 3　校园网建设

中央电大	省电大	试点分校
建有主干千兆，出口千兆校园网，并具有功能完善的教学平台，校内各部门能便捷地上网浏览信息，资源共享，进行教学、管理和办公，实现 VOD 点播	根据当地情况建设百兆以上校园网，通过多种途径实现互联，并在实际教学中充分发挥其实施多种媒体教学资源共享作用和试点专业网上教学、网上教学管理、图书馆的网上服务，以及进行交互式学习服务等功能	同省电大

表 3 – 4 卫星电视及 VBI、IP 数据广播设施的建设

中央电大	省电大	试点分校
具有卫星电视课程、IP 和 VBI 课程的存储及服务的设备与条件，并与中国教育卫星宽带多媒体传输平台正常对接，能及时有效地传输教育资源和信息	具有功能完备的广播电视、卫星和 VBI、IP 接收装置，并能及时接收传播的课程、辅导及信息	同省电大

表 3 – 5 多种媒体教学设施的建设

中央电大	省电大	试点分校
1. 配备网络管理中心、多媒体网络教室和课程直播教室并能正常使用；能与试点电大进行实时交互的远程教学视频会议系统；有电话、传真机、计算机等咨询答题教学设施；满足远程教学需要的多种媒体教学设施对试点电大起到示范作用。 2. 有多种媒体资源开发室、音像节目制作中心，有相应的教学开发平台	1. 配置适应试点专业教学需要的网上阅览室、视听阅览室、多媒体教室、语音实验室、闭路电视系统和答疑电话等教学设施，并能充分发挥其功能，为学生自主学习和个别化教育提供必要的网络环境。 2. 图书馆实行计算机管理、能基本满足试点专业对图书资料和音像电子资料的需求	

第二节 现代远程教育设施系统的组建

我国现代远程教育设施建设，是顺应当今信息技术迅猛发展的形势，在加快计算机网络建设的同时，对卫星电视教育网络进行改造，实现天地网结合，从而在数字化、网络化、多媒体等新层面上构建了一个既适应国情又适应现代远程教育需要的新系统。

地方电大是我国远程教育系统中侧重远程教学及管理实施的实体部分，在其现代远程教育设施建设上，既要与国家教育基础设施建设相承接，又要适应本地情况和远程教学及管理的需要，具有多层次、多模式和双向交互、实时非实时的特点。其主要建设内容有：校园网和互联网站的建设；卫星接收设施建设；网络教室及多媒体教学设施建设等。根据黑龙江电大历时 5 年的建设实践，分以下三个方面进行阐述。

一、多途径开通信息传输通道，营造网络条件下现代远程教育大环境

（一）从校园网建设起步

校园网是在校园范围内建立的计算机网络系统，它可在校园内将许多台计算机或其他设备连接进行数据通信和资源共享。校园网的建设是组建现代远程教育设施系统的基础，可应用中央电大要求的教学及管理平台，可进行网上教学和网上教学管理，可通过多种途径实现系统间的网络互联。

受黑龙江省经济欠发达和网络技术发展相对滞后的限制，校园网的建设采用了先上马、再升级和逐步完善的分步到位的建设策略。黑龙江电大在 1998 年只建成了一个与 CERNET 黑龙江地区总节点以 2M 带宽微波相连的简易以太网，仅能给教师提供上网的条件和一些简单的应用，但在综合布线工程上使用 5 类双绞线，具有一定前瞻性，可节省后期升级的费用。2001 年之后，随着黑龙江省 ADSL 宽带网的开通和 ChinaNet 在黑龙江省覆盖面的逐步扩大，学校先后对校园网进行了两次较大的升级改造。到目前为止，校园网以 100M 光纤接入 ChinaNet，由 6802 作主干交换机，经 100M 交换到桌面，校内共设 320 个信息节点，接入计算机 280 台，配有各种服务器 16 台。可提供 WWW 服务、E‑mail 服务，能满足网上教学、网上教学管理和进行交互式学习服务等方面的需要。

校园网拓扑图如图 3‑2 所示。

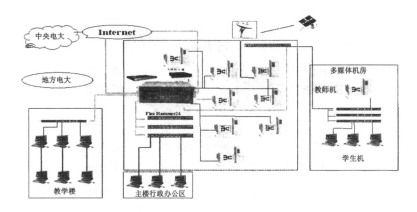

图 3 - 2 黑龙江广播电视大学校园网拓扑图

（二）建立功能适用的互联网站，开通双向视频系统，实现远程教育系统间的互联

互联网站是相距较远的局域网，通过路由器与广域网相连组成互联网站时的一个结点。结点之间都是点到点的连接，其结构如图 3 - 3 所示。

黑龙江电大已建有独立域名、公有 IP 地址的互联网站，通过 ChinaNet 与省内分校实现互联，形成了一个地域性互联互通的大网络。学校与中央电大和部分分校之间还可实现双向视频系统的信息沟通。这种系统间的网络互联，能保证网上信息资源及时传输、储存，能保证及时接受网上教学辅导、学习指导，能满足系统管理的需要。

（三）增添 VBI、IP 接收装备，实现天地网结合

中国教育卫星宽带传输网（CEBsat）已于 2000 年 10 月 31 日正式建成播出，是集电视、语音、IP 数据广播于一体的卫星宽带多媒体广播网，使用鑫诺 1 号卫星的 2 个 ku 波段转发器向全国播出多套电视及 IP 节目。

电大系统原有的卫星教育信息接收装备，只能接收 c 波段播

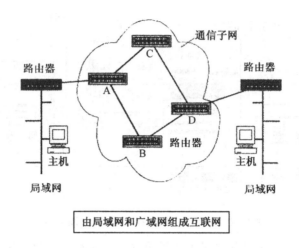

由局域网和广域网组成互联网

图 3 - 3 局域网通过广域网实现互联

出的广播、电视节目，要接收 ku 波段播出的 VBI、IP 节目，就需要进行数字化改造。

卫星数字广播接收终端软硬件的工作流程一般是：

卫星信号接收──→驱动程序──→解包软件──→接收软件──→广播数据

下面分别叙述 VBI、IP 节目的接收。

VBI（Vertical Blanking Interval）即场消隐插入，它是在电视信号的场逆程中分段插入计算机文件，在不影响电视节目正常播出的情况下，将各种格式的计算机信息与电视信号一起播出，传输到广大的卫星电视覆盖区。目前可通过三种方式接收：①c 波段卫星接收天线 + c 波段卫星接收机 + VBI 卡；②ku 波段数字卫星接收天线 + 数字接收机 + VBI 卡；③当地有线电视网（同时转发了中国教育电视台一频道的电视节目）+ VBI 卡。卫星接收 VBI 信号的输出有视频或射频两种方式。要分别将接收机的视频线或射频线按所选择的方式与 VBI 卡的视频插口或射频插口连接。根据卡的不同型号，有时还需在 VBI 卡上设置跳线。VBI 数据广播信息既可在电视中播出，也可存入 VBI 服务器，供师生在网上浏览，从而实现天地网结合。

IP 数据广播是基于 DVB 标准来传输 Internet 数据流；即采用 IP 协议，以卫星传输为媒介，利用多播技术进行数据的单向推送式播出。IP 数据广播接收速率快，可达到 1 Mbps，循环播出，平均每天播出量在 1.2G 左右。目前电大的流媒体课件都通过 IP 播出。

接收 IP 数据广播如接收 VBI 一样，要有 ku 波段卫星接收天线，在计算机中安插 IP 数据接收卡，按接收程序启动计算机，即可收看 IP 节目。

广播电视大学卫星接收结构如图 3 - 4 所示。

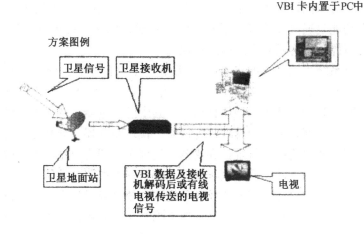

图 3 - 4 黑龙江广播电视大学卫星接收结构图

二、合力建设实时双向远程教学系统，构筑系统内共用的现代远程教学大课堂

实时双向远程教学系统的建设，是基于学校已具有了足以支撑其建设的网络环境，如需要 100 M 光纤接入，独立带宽，30 个静态实 IP 地址，各分校也必须有公有 IP 地址，上行带宽至少256 K 等；同时基于电大人才培养模式改革和开放教育试点的需要。学校为了向基层电大提供优质教学资源，由最优秀教师与地处偏远的学生"面对面"地实行交互式教学辅导，使教学质量获得大面积提高。在经过系统内上下酝酿论证，并得到上级教育主管部门支持后，采用劲拓公司研发的软件产品，于 2003 年 11 月启动本工程，2004 年 7 月竣工，可投入使用。

（一）系统功能和体系结构

实时双向远程教学系统是一个开放的分布式系统。该系统的基本功能是通过计算机网络及软件，实现异地交互式实时教学，并可对课程内容及教学过程进行控制。

该系采用了总服务器、授课端、代理服务器、分站（传输终端）等四个层次结构和视频、音频、电子白板、教案、文字交互、教学管理等六种信息构件。其中总服务器主要实现对学生、教师、课程资料的管理，为授课、代理服务器、分站之间建立连接，并对连接进行维护和管理。代理服务器为分站与授课端进行连接，向下转发授课端音视频，缓解授课端服务器压力。授课端主要是把课程内容转化成各种指令向分站及学生发送，提供视频、音频、白板、教案、交互等方面教学内容和进行管理。分站主要接收授课端音频、视频、白板、教案、交互等教学信息和与授课端双向交互。该系统的体系结构示意图如图 3 –5 所示。

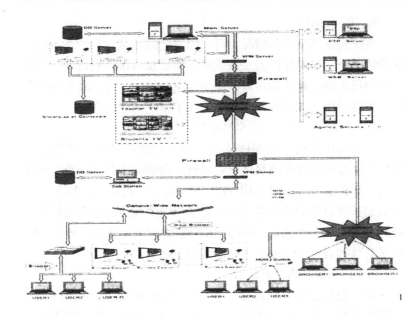

图3-5 实时双向远程教学系统体系结构示意图

（二）系统的技术特点

1. 适用性强，能满足通信条件较差地区的需要

系统采用的压缩标准具有压缩比例高、质量好的优点，视频、音频同步性好，网络延时在0.2s以下，适合于带宽较小的广域网传输和长时间、大容量的视频图像存储，即使在拨号上网的地区也能进行音、视频交流。

2. 具有先进性，能适应技术发展的需要

系统采用总服务器和代理服务器方式，使得分站没有点数限制，此技术达到国际领先水平。系统采用音频、视频的接口技术，在软件中通过标准接口，既可达到音频、视频交流功能，又可在国际上音频、视频编码技术发展后，可利用此接口进行自动更新，以确保领先水平。

3. 高可靠性

系统根据网络实际情况，可采用双链路连接，在一条线路不通的情况下，可以使用另一条线路，使信息可以顺利传输。系统直接提供音频、视频的接口，而不是重新编码，可以减少程序代码，不容易出现死机现象，从而增加了系统的稳定性。

4. 数据二次加密，安全性能好

系统在传送指令和媒体流的同时，对指令和媒体流进行加密，分站接收到指令或媒体流后进行解密转换成具体的指令和媒体流。在传输到网络时利用 VPN 技术进行二次加密。VPN 是一个被加密或封装的通信过程，两个节点之间发生的所有通信都是经过加密的，只有特定的接收器才能完成解密过程。利用 VPN 技术对数据进行二次加密，能确保信息的安全性。

（三）实时授课执行过程

系统为控制实时授课内容及过程，在授课端与分站之间设有代理服务器，由总服务器管理。当实时授课时，首先授课端启动，与服务器连接，同时连接代理服务器，当服务器允许后即可进行授课。在授课过程中，授课端的教师和分站的学生都可以进行实时音频、视频交流，学生可以看到教师的容貌举动，听到教师的声音，反之教师也可看清学生学习情况。分站可以收到来自授课端的图像、电子白板、文字交互信号，可以载入授课端的教案文件。教师可以对文字格式化（加粗、下划线、斜体、加色等）和加入表情图标使交互更加生动。在课件教学中，分站学生可下载授课端教案，教案具有翻页功能，教师端翻页时，分站教案同时翻页。分站的学生可以申请发言，在得到教师允许后，学生可以提问或进行讨论。其他分站上此门课程的其他学生都可实时看到该生的视频和听到该生的发言。

该系统除主要用于实时授课外，还可用于在线讨论、在线点播、教学管理等。

在线讨论如同在教室内进行的讨论一样，学生和教师之间可以进行一对一讨论，也可分组讨论，在讨论时可使用音频、白板、文字交互实现实时讨论、交流、在线答疑等。

实时双向远程教学系统是一套典型的网络教学设施。它具有多方面的优点：

第一，它可以一对一（即一个授课端对一个分站），也可以一对多（即一个授课端对多个分站）。目前学校开辟了6个授课端，能同时上6门不同课程，可同时对200个分站授课，完全能满足目前基层教学需要，实现了低成本、大规模、质量高的多重效益。

第二，它第一次实现了远程教育教学方式的双向性和交互式，攻克了直播式的瓶颈，使远程教学如同面授教学一样的真切。

第三，它可以由教师远程组织学生分组协作学习和开展讨论、实验等多类型的学习活动，也可远程指导学生个性化的自主学习，能有力促进教学方式改革。

第四，由于服务器能存储大量教学资源，教学程序全由计算机控制，电子白板可用电子笔书写，也可手触摸书写，因而教师授课极为灵活方便。授课端配有空调，光线明亮柔和，授课环境也十分舒适。

第五，该系统有自动录像设备，教学全过程可实录存入服务器中，可提供分站学生非实时点播收看。

第六，该系统除用于远程教学外，还具有作业处理、远程考试、成绩管理、教学管理等多方面功能。

该系统在应用中可能显露出来的问题和缺欠地方，将随时进行解决或在一定阶段进行完善。

三、完善多种媒体教学设施建设，为课程教学方式改革和自主学习提供多方面的适用条件

媒体一般是指信息的物理载体，有时也指信息的表现形式。在远程教育中，它是作为教育信息沟通、传播、展示、存储的工具而被广泛应用的。由于人体感知信息的多元性和教育信息需求的多样性，远程教育在采用主流媒体的同时，也需要有多种媒体相配合。

目前，地方电大在网络建设基础上，都建有网上阅览室、视听阅览室、多媒体教室、语音实验室、闭路电视系统和答疑电话等教学设施。学校图书馆大都增添了专业教学需要的图书资料和音像电子资料，并实行计算机管理，可网上查询。随着数字技术的发展，一些采用模拟技术的音像媒体正面临着被数字音像媒体所取代；随着教学改革的深入，课件制作和资源存储的软件设施的需求正日益扩大。从完善的角度，对这几方面的建设作如下探讨。

（一）闭路电视系统和语言实验室的数字化改造

现有闭路电视系统和语言实验室都是采用传统模拟技术，除图像的清晰度和音质较差外，由于不能实现上网，其功能受到很大限制，影响教学效果，满足不了自主学习的需要。目前国内生产企业均转向数字化，在这种情况下，闭路电视系统和语言实验室的数字化改造可以说是大势所趋。

在对闭路电视系统和语言实验室进行数字化改造后，闭路电视系统就可以成为与校园网连接的数字电视系统，既可上网看电视教学节目，也可用电视观看网上教学内容。由于电视图文声色并茂，能为学生创造良好感知环境，对优化教学十分有利，对学生自主学习可提供直观便捷的条件。同样，在网络条件下，传统的语言实验室改造为数字语言实验室系统后，它结合了传统语言实验室的功能和网络教室的功能。与传统语言实验室相比，功能强大、音质好、故障率低、操作简单，顺应了视、听、说外语教学的发展需要。

目前，国内已生产有多种各具特色的数字语言实验系统。该系统主要由教师部分、网络部分、学生部分三个部分构成。教师部分由教师机兼服务器及语音卡组成，其中教师机兼服务器是具有普通计算机功能与网络服务器功能的计算机，它不但能完成教师对语言教学各种功能的操作，还可与校园网、互联网相通，并实现信息资源的存储与传输。语音卡是 200 路以上大容量、高速、低成本的语言处理卡。网络部分主要由交换机、分交换机、网络线路组成。主交换机主要完成教师机与学生终端之间的高速数据交换，分交换机主要用于局部用户与教师机及其他学生终端的数据交换。学生部分主要是数字学生终端，它是一个由液晶显示器等组成的微型电脑，可以完成学生需要的各种教学功能的操作，进行数据信号处理和中、英文字显示。该系统能符合教师授课的要求和习惯，适合学生自主学习。

（二）建立多媒体课件制作工作室

课件是课程教学中使用率最高的一种媒体，也是直接体现教学思想而在市场上难以购买的一种软件设施。课件在课程教学中能明晰地展示课程内容的逻辑结构，揭示复杂概念的实质，比较事物间的交叉异同关系，演绎事物的发展趋向和矛盾的解决方案，表现事物的形态和结构，还可假设场景，虚拟现实，激发学习兴趣，从而使教学内容由繁化简，由难化易，变静为动，变抽象为具体，变枯燥为生动，起到优化教学过程、提高教学效率等多方面的作用。

多媒体课件是多媒体技术在课件制作上的应用。由于多媒体技术是由计算机对文字、图形、声音、音乐、图像、动画等多种信息表现形式进行综合处理的一种技术，具有直观性、交互性、集成性、可控制性、可编辑性、非线性等特点，不仅操作简便，而且可以使制作内容符合教师的教学要求和学生的认知特点，以更加灵活、更具变化的方式呈现出来。

多媒体课件最为理想的是由教师自己制作，但现实中多数教师多媒体计算机应用能力很低，课件制作设计水平不高，课件制作素材也不丰富，再加上承担一定教学任务，急需制作时，也只能勉为所难地作一个并不理想的 PowerPoint。如果学校能建立一个多媒体课件制作工作室，这些矛盾就都好解决了。

多媒体课件工作室应配置专用的多媒体计算机和适用的多种软件制作工具以及各种素材资料，承担公共课和运用量大且有一定技术要求的课件制作。对教师能够制作的课件给予指导和必要的技术加工。其成员由学科教学专家、教学设计专家和制作专家等方面人员联合组成，除制作人员专职外，其他人员可专职也可兼职。

多媒体课件制作的一般过程是：

——项目定义：教学内容的选择，课件设计可行性分析，课件需求分析。

——教学设计：围绕教学目标要求，合理选择和设计媒体，采用适当的教学模式和教学策略。

——结构设计：安排目录主题的显示方式，建立信息间的层次结构和浏览顺序，确定信息间的交叉跳转关系。

——多媒体素材的准备与制作。

——课件的编辑合成。

——课件的试用与测试。

——评价。

——课件产品的成型。

在上述过程中，应多听取任课教师的意见，或邀请任课教师参与。

（三）数字教育资源库建设

数字教育资源库建设是基于教育资源重要性的提升和具有数字化存储条件而提出来的。教育资源传统的存储方式，一是分散存储，二是无备份存储，造成资源利用率低，可管理性差，甚至导致资源的损坏和丢失。采用现代磁盘、磁带存储技术，建设数字教育资源，可实现存储集中化，高速提升存储资源的利用率，增强资源安全性。

学校教育资源从公共需要、教育应用价值高的角度选择，至少有下列 10 种应实行集中化存储：

——专业文字教材；

——专业音像教材；

——课件、教案；

——教学参考资料；

——练习、测试题、考试题；

——教育文选；

——教育技术；

——教育调研；

——教育评估；

——教育文档。

集中化存储的方式有：

近线存储：其特点是适用低输入输出，简化设备配置，成本低廉。

联线存储：是磁盘阵列产品的革新，能以其低价满足大容量的固定内容存储的需要。

网络存储：是一种将磁盘阵列或磁带与相关服务器连接起来的高速专用子网，其结构允许服务器连接任何磁盘阵列或磁带，这样不管数据放置在哪里，服务器都可以直接存取所需的数据。

第三节　现代远程教育设施的管理和应用

一、高度重视设施的管理和应用，促进管理规范化和应用制度化

设施的管理和应用是设施建设的有机组成部分。管理是为了保障设施的正常运行和有效使用，应用是为了实现建设目的。如果管理不善，设施就极易遭到损坏，如果只建设不应用，就等于白建。为了加强设施的管理和应用，仅仅停留在理论认识和口头应允上是远远不够的，必须有严格规章制度的约束作保障。

在管理规章制度上，要体现预防为主，建立事故预警系统和应急措施，同时要以国家有关法规为准绳，建立责任追究制度和损失赔偿制度。对有关管理人员，要健全岗位责任制，并定期培训，不断提高管理责任心和故障检测排除能力。设施管理的各种规章制度要向全体师生员工公布，动员学校全员爱惜设施，保护设施，按规定使用设施。

设施应用是一个渐进的过程，要分阶段推进，一般来说，可分为如下三个阶段：

第一阶段，师生操作技能培训，认识设施，会使用设施。

第二阶段，师生在教学中能够一般性地应用设施，但不一定很熟练。

第三阶段，师生能熟练应用设施，并富有创造性。

为保障设施应用，应分别制定"师生技能培训制度""教师技能考核制度""课程教学应用制度""优秀课件奖励制度"等。设施的管理和应用，关键是领导和教师，领导的重视有利于推动教师的重视，而教师的重视则可直接带动学生的重视，并可将管理和应用落到实处。

二、建立设施应用考核机制，有针对性地解决设施应用中的问题

（1）将《计算机信息技术基础》作为本科学生一门必修课，其考试成绩纳入总学分。如该课程不及格，不得获取学士学位。

其他学员也应掌握计算机应用和上网的基本技能，纳入课堂教学，进行考试，发放技能合格证书，作为素质教育必修学科。

（2）教师考核可从两方面考虑：一是计算机基本技能培训后的考核，二是教学课件制作和应用的考核。在培训后考核不及格者，要再培训，直至合格。如教师无客观原因不会使用计算机，或在教学中拒绝使用本该应用的设施，在年度考评中不能评优，奖金不能拿一等。如由此造成教学质量降低，就要考虑是否再聘任的问题。

（3）加强设施应用调研，从数据分析中掌握设施应用趋向。设施应用调研，可采用观察访问、发问卷、开调查会、统计等方式，既调研群体，也不忽略个案。

有两种调查表，可经常使用，如表3-6、表3-7所示。

表3-6 学校教学设施学习者应用情况调查表

人数·设施 情况	网上 教学	CAI 课件	VBI/IP	电视	语言 实验室	多媒体 教室	网上 浏览
A 参加人数	A（ ）人	A（ ）人	A（ ）人	A（ ）人	A（ ）人	A（ ）人	A（ ）人
B 未参加人数	B（ ）人	B（ ）人	B（ ）人	B（ ）人	B（ ）人	B（ ）人	B（ ）人
A 经常使用	A（ ）人	A（ ）人	A（ ）人	A（ ）人	A（ ）人	A（ ）人	A（ ）人
B 偶尔使用	B（ ）人	B（ ）人	B（ ）人	B（ ）人	B（ ）人	B（ ）人	B（ ）人
C 根本不用	C（ ）人	C（ ）人	C（ ）人	C（ ）人	C（ ）人	C（ ）人	C（ ）人

续表 3－6

情况　人数　设施	网上教学	CAI课件	VBI/IP	电视	语言实验室	多媒体教室	网上浏览
A 条件不足	A( )人	A( )人	A( )人	A( )人	A( )人	A( )人	A( )人
B 没帮助	B( )人	B( )人	B( )人	B( )人	B( )人	B( )人	B( )人
C 没时间	C( )人	C( )人	C( )人	C( )人	C( )人	C( )人	C( )人
D 其他	D( )人	D( )人	D( )人	D( )人	D( )人	D( )人	D( )人
A 内容好	A( )人	A( )人	A( )人	A( )人	A( )人	A( )人	A( )人
B 内容一般	B( )人	B( )人	B( )人	B( )人	B( )人	B( )人	B( )人
C 内容较差	C( )人	C( )人	C( )人	C( )人	C( )人	C( )人	C( )人
A 质量好	A( )人	A( )人	A( )人	A( )人	A( )人	A( )人	A( )人
B 质量一般	B( )人	B( )人	B( )人	B( )人	B( )人	B( )人	B( )人
C 质量差	C( )人	C( )人	C( )人	C( )人	C( )人	C( )人	C( )人

调查时间　　年　　月　　日

表 3－7　学校设施学习者时效调查

（每门课程平均实际学习时数）

填表人数：　　　　　　人　　　　专业

项　　　目	时间/小时	项　　　目	时间/小时
上网学习		网上讨论	
电视学习		电子邮件	
收听录音		电话答疑	
课件学习		面　　授	
VBI/IP		自　　学	

三、采取多种防范措施，确保网络安全

（一）网络的安全性及其安全目标

网络的安全问题是指信息系统方面的问题，它与其他硬件设施的损坏丢失有着性质上的区分。人们常将"网络安全"的反

义词称作"信息灾难"就是这个意思。

一般情况下，人们经常看重军事、经济、政务、科研等领域的网络安全，而忽略教育领域的网络安全。实际上，由于教育领域是精神文明建设的基地，有着丰富优质的教育资源，网络安全出现问题，轻则影响教学的正常运行，重则造成精神污染，因此网络安全丝毫不能忽视。

网络的安全性是要求网络保证其信息系统资源的完整性、准确性和有限的传播范围，并要求网络能向所有用户有选择地及时提供各自应得的网络服务。

基于网络的安全性，国际标准化组织（ISO）在其 ISO7498 -2 中，就网络安全目标提出如下建议：

（1）实体认证。实体认证安全服务是防止主动攻击的重要防御措施，对于开放系统环境中的各种信息安全有着重要作用。所谓认证就是辨别一个实体的身份，并证明该实体身份的真实性。

（2）访问控制。访问控制服务是针对越权使用资源的防御措施。它大体可分为自主访问控制和强制访问控制两类，其实现机制可以是基于访问控制属性的访问控制表，或基于"安全标签"、用户分类和资源分档的各级访问控制等。

（3）数据保密性。数据保密性安全服务是针对信息泄漏的防御措施，可细分为信息保密、选择数据段保密和业务流保密等。

（4）数据完整性。数据完整性安全服务是针对非法篡改信息、文件和业务流而设置防范措施，以保证资源的完整和正确。

（5）防抵赖。防抵赖安全服务是针对对方进行抵赖的防范措施，可用来证实发生过的操作。其细分有对发送防抵赖、对递交防抵赖和公证等。

上述安全目标具有通用性，远程教育网络安全目标还应有其特殊性，如防精神污染应是一个十分重要的问题。

（二）网络安全的常规技术

（1）防火墙技术。防火墙是防止外部网络的危害在内部网络上蔓延，在网络间加强访问控制，以保护网络免受攻击的一种常用技术。它的组成可以表示为：防火墙＝过滤器＋安全策略。它的设置就等于给网络安装了一个大门，严格执行"未经许可，不得入内"。防火墙除了具有访问控制和抗攻击的功能外，还可以根据安全策略，能对网络访问进行记录，建立完备的日志，并可以产生报表、报警和入侵检测等。但由于防火墙是一种被动技术，也存在一定局限性，如不能防范内部攻击，很难防止病毒的传输，因而还需其他的安全措施。

（2）加密技术。网络加密常用的方法有链路加密、端点加密和节点加密等。链路加密是保护网络节点之间的链路信息安全；端点加密是对源端用户到目的端用户的数据予以保护；节点加密是对源节点到目的节点之间的传输链路提供安全保护。

加密技术是网络安全最有效的技术之一。一个加密网络，不但可以防止非授权用户的搭线窃听和入网，而且也是对付病毒的有效方法之一。

（3）身份验证技术。它包括身份验证和身份认证。身份验证是用户向系统出示自己身份证明的过程；身份认证是系统查核用户身份证明的过程。人们有时也把身份验证技术称作身份鉴别技术。

（4）防病毒技术。当今，计算机病毒具有巨大的威胁性和破坏力，因而在网络安全中备受重视。网络防病毒技术发展很快，可分为预防病毒技术、检测病毒技术和消除病毒技术三类。

（三）净化校园网络环境，杜绝精神污染

当今世界，网络以其开放性、交互性、个性化、虚拟性的特点，已经形成了一种独特文化。它在教育中的运用，使师生的教育观念、教学内容、方法和教学模式都发生了变化，并且影响着师生的教学、生活和思维方式。这些变化和影响总体上是积极的、健康的，但是也存在负面的消极影响。其主要是：

意识形态的全盘西化的影响。据有的人估计，现在网上的信息90％来自于西方。我国要进行现代化建设，无疑要多向西方发达国家学习，要吸取世界上一切优秀的文化，但对其腐朽的东西，那是一定要摒弃的。由于学生缺少辨识能力，无形中就会视腐朽为"先进"，认为西方一切都比我们好，产生对自身优秀文化的不尊重。

其次是网上色情、暴力的渲染和腐朽生活方式的泛滥，这些对学生造成的毒害是十分危险的。

针对这些问题，党和国家有关领导人已多次发表谈话，要求坚决取缔黑网吧，要求校园网房产和设备不得出租开网吧，要求有关部门对校园网电子公告栏、留言板、聊天室、个人主页和文件传输服务等进行全面的摸底调查和清理。

学校除应坚决做到上述要求外，最为关键的是要在思想上对学生做好引导。在网络管理上要从技术上做些限制，经常进行内容过滤，适当限制上网时间，促使学生把相对宝贵的时间用在更有价值的求知活动中去。

参考文献

［1］　丁学儒. 电化教育知识手册［M］. 沈阳：辽宁科学技术出版社，1988.

［2］　丁兴富. 远距离教育工艺学引论［M］. 北京：中央广播电视大学出版社，1987.

［3］　邓小平文选：第二卷［M］. 北京：人民出版社，1983.

［4］　邓小平文选：第三卷［M］. 北京：人民出版社，1993.

［5］　马克思恩格斯全集：第22卷［M］. 北京：人民出版社，1972.

［6］　吴企渊. 计算机网络［M］. 北京：清华大学出版社，2002.

［7］　汤姆. 基于Web的教学模式［J］. 电化教育研究，2004（2）.

［8］　十六大报告辅导读本 ［M］. 北京：人民出版社，2002.

［9］　吴企渊. 计算机网络 ［M］. 北京：清华大学出版社，1987.

［10］　李绍明. 浅谈数字语言实验室在外语教学中的应用 ［J］. 电化教学研究，2004（4）.

［11］　王秀亭. 数据存储及容灾系统 ［J］. 中国教育网络，2004（6）.

第四章 资源建设论

第一节 资源建设概述

教学资源建设是我国"现代远程教育工程"的核心任务，教学资源的数量和质量直接影响和制约着我国远程开放教育的教学质量和人才培养质量，因此，这项工作得到政府和举办远程开放教育的高等学校的普遍高度重视，它正在从远程教育的边缘走向核心地位。

一、远程开放教育的教学资源建设

（一）资源建设

现代远程教育的教学资源是指能满足远程学习和教学需要的教学内容、教育技术（二者有机结合所产生的教学媒体）、教学支持服务体系以及教学资源建设评价体系和管理体系的总和。从不同的认识角度出发，远程教育界对教学资源建设的界定有着不同的理解。从狭义上理解，以媒体类型划分，教学资源建设主要包括：文字教材（含辅助性教材）建设、音像教材（含光盘）建设、IP课件建设、网络课程和课件建设（中央广播电视大学分类法）。从广义上理解，国家教育部《CELTS－31：教育资源建设技术规范》中所指教学资源建设包括了素材类教育资源建设、网络课程建设、资源建设的评价和教育资源管理系统的开发四个层面的内容（国家教育部的划分标准主要指基于计算机网络的教学资源）。本章讨论的教学资源建设，是基于对以上两种

划分法的综合分析后作者的认识和理解，本章讨论的范围是基于
网络教育的远程开放高等教育的教学资源建设。

（二）资源建设的指导思想

《教育部现代远程教育工程资源建设实施意见》中指出，资
源建设的指导思想是"统筹规划、分工合作、重在应用、机制
创新、优质高效"。资源建设以自主开发和积极引进相结合，高
质量、大批量、快速开发和大范围推广使用，尽快形成较大的规
模，实现规模效益。现代远程教育资源建设的管理体制与运行机
制要体现开放、竞争、创新的原则，借鉴基金制、项目法人制、
会员制、股份制等多种管理模式的运作经验，充分发挥社会各方
面的积极性，创造出适合现代远程教育资源建设需要的管理体制
与运行机制。

（三）资源建设的目标

《教育部现代远程教育工程资源建设实施意见》确定的现代
远程教育资源建设的目标是：开发出风格多样、内容丰富、全国
大部分地区可以共享的网上教育资源；建立较为完善的教学、指
导、服务、管理体系；形成一支现代远程教育教学、技术和管理
队伍；制定比较完善的现代远程教育政策、法规和管理办法；建
立起适应信息化社会的教学模式。到 2010 年，基本形成高等教
育、职业教育、基础教育及继续教育等方面的现代远程教育资源
系统和服务体系，为构建终身教育体系奠定基础。

（四）资源建设的分类

教育部《远程教育资源建设技术规范》规定了教育资源建
设的四个层次的含义，一是素材类教育资源建设，主要分八大
类：即试题库、试卷素材、媒体素材、文献素材、课件素材、案
例素材、常见问题素材和教育资源索引；二是网络课程建设，它
是按照学科知识体系以及网络教学的要求对各种教育资源的综合
集成；三是资源建设的评价，通过评价筛选优秀的教育资源；四

是教育资源管理系统的开发。在这四个层次中，网络课程和素材类教育资源建设是基础，第三个层次是对资源的评价与筛选，需要对评价的标准规范化；第四个层次是工具层次的建设，网络课程和素材类资源的具体内容千变万化，形式各具特色，对应的管理系统必须适应这种形式的变化，充分利用它们的特色。

（1）媒体素材：媒体素材是传播教学信息的基本单元，可分为五大类：文本类素材、图形（图像）类素材、音频类素材、视频类素材、动画类素材。

（2）题库：题库是按照一定的教育测量理论在计算机系统中实现的某个学科题目的集合，是在数学模型基础上建立的教育测量工具。

（3）试卷素材：试卷素材是各个学科有典型意义的试卷集合。

（4）课件与网络课件，课件与网络课件是对一个或几个知识点实施相对完整教学的用于教育、教学的软件，根据运行平台划分，可分为网络版的课件和单机运行的课件，网络版的课件需要能在标准浏览器中运行，并且能通过网络教学环境被大家共享。单机运行的课件可通过网络下载后在本地计算机上运行。

（5）案例：案例是指有现实指导意义和教学意义的代表性的事件或现象。

（6）文献资料：文献资料是指有关教育方面的政策、法规、条例、规章制度，对重大事件的记录、重要文章、书籍等。

（7）常见问题解答：常见问题解答是针对某一具体领域最常出现的问题给出全面的解答。

（8）资源目录索引：资源目录索引是列出某一领域中相关的网络资源地址链接和网络资源的索引。

（9）网络课程：网络课程是通过网络表现的某门学科的教学内容及实施的教学活动的总和，它包括两个组成部分：按一定的教学目标、教学策略组织起来的教学内容和网络教学支撑环境。

二、远程教育理论的发展对教学资源建设的影响

远程教育起源于 19 世纪中叶英国的函授教育，经历了以印刷材料为主要媒体的函授教育、以广播电视为主要传媒的广播电视教育和以计算机多媒体技术为主要媒体的数字化网络教育三个不同的历史发展阶段。伴随着三代远程教育实践的深入发展，自 20 世纪 50~60 年代以来，首先从西方开始了对远程教育理论的早期研究，至今，已是学派林立，成就斐然。期间，众多远程教育的理论先驱和积极实践者不但肯定了"远程教育"和"开放学习"两个关键性概念，而且完成了远程教育基本原理和基本理论的清晰阐释到创建远程教育学科的伟大历史使命。

从内容和层次上，可以将远程教育的基本原理和基本理论划分为宏观理论、微观理论和哲学理论三个部分。远程教育的宏观理论主要阐述远程教育与其所处社会环境的相互作用关系及其规律和特征。远程教育的微观理论主要阐述远程教育和远程学习的本质、规律和特征。远程教育的哲学理论则是对远程教育的合理性、远程教育的本质属性的理论论证和哲学阐述。不同的远程教育理论对教学资源建设产生了不同的影响，或者说，远程教育教学资源建设是伴随着远程教育理论的逐渐成熟而不断发展变化的。

人们普遍认为，远程教育的本质特征是教师和学生的教学行为和学习行为的时空分离。因此，远程教育面临的最大挑战就是通过非连续通信克服时空间隔重新产生、重新组合、再度构建或再度综合教—学过程。远程教育的微观理论认为，上述挑战可以通过教和学两方面的努力来解决。在教的方面，教师和学习支助组织的功能有两类：由预先设计制作的多媒体课程材料提供的单向通信（包括模拟的人际交流）和由各种技术媒体手段，包括

面授辅导（代表真实的人际交流）实现的师生间的双向通信学习支助服务。在学的方面，学生的职能以独立学习和学生自治为特征。学生应该革新其在新的学习环境中的学习方法，通过非连续通信和与学习支助组织的相互作用重新产生和控制教学过程。在各种理论论证中，慢慢形成了远程教育学生自治和双向通信的理论以及远程教育教与学重组的理论，它们成为远程教育哲学理论的主要代表，对远程教育教学资源建设产生了重要而深远的影响。

学生自治和双向通信的理论学说是远程教育理论界论述最多、也是对远程教育实践和决策影响最大的。各国探讨远程教育学生自治和双向通信理论的学者众多，学派林立，其主要理论倾向有三种。

（一）注重和强调远程教育中学生自治的理论

认为理解和实施学生自治、自主学习、自我控制是开展远程教学和远程学习的灵魂。最有代表性的是被尊为"美国远程教育之父"的魏德迈（Wedemeyer）的独立学习理论和穆尔的交互距离和学生自治的理论。

魏德迈认为，克服教育的"时空屏障"的唯一途径是将教和学分离。这就要求将教和学设计、规划为一系列分离进行的活动。根据魏德迈的独立学习理论设计的远程学习系统应具备六个特征：

（1）学生和教师分离；

（2）教学过程是通过印刷的、书写的和其他各种媒体手段进行的；

（3）教学是个别进行的；

（4）学习是通过学生自身的活动实现的；

（5）学习是在学生自身环境条件中进行的；

（6）学生控制自己的学习进度。

穆尔理论是一个二维的理论体系，其核心是交互距离和学生自治。穆尔提出了一个由交互距离和学生自治两个维度构成的独立学习理论模型。在他的模型中，如果学生进行个别化学习，没有师生双向通信，课程设计结构灵活，学生拥有决定教育目标、学习方法和考核方法的自主权，即属于高度独立学习的模式。穆尔理论的中心课题是，针对不同需要、能力、个性和心理特征的学生对象，设计和建立适合他们的双向交流通信机制和教育计划课程设计自治结构模式，从而使学生有可能获得最优的选择和最大限度的发展。

学生自治和双向通信理论对远程教育的教学资源建设产生了深远的影响，在这一理论的指导和影响下，教学资源建设的原则和指导思想是完全建立在师生时空分离，学生个别化自主学习，并对学习目标、学习方法和学习进度有高度的自主权的基础之上的。因此，教学资源建设更注重结构的灵活性和课程内容的独立性和可选择性，无论是文字教材、音像教材还是电子教材，都时刻考虑适合不同学生自学的特点以及学习模块的自由组合。

（二）远程教育双向交流通信理论

它也对教学资源建设产生了重要影响。这一理论较有代表性的是霍姆伯格的有指导的教学会谈的理论和西沃特的对远程学生的持续关心的理论。

霍姆伯格的理论致力于揭示远程教学过程的本质。他将在时空上分离的师生间的交流描述为"非连续通信"。霍姆伯格认为，建立师生间的人际交流关系是增强学习动机、从而是实施远程学习的先决条件。在远程教育中，师生交流是通过非连续通信手段实现的。在远程学生和学习支助组织（教材作者，辅导教师和咨询人员）间存在经常的相互作用（教学会谈），有通过学生与事先设计好的课程材料相互作用进行的模拟会谈，还有通过学生与辅导教师和咨询人员利用函件和电话进行的真正的教学会谈。1995 年，霍姆伯格又进一步将他的理论概括为：远程教育是建立在学生个体学习活动基础上的。学习是在非连续对话手段的指导和支持下进行的。就是说，以事先设计好的课程材料为基础，伴有媒体通信。这些构成了由学习支助组织执行的远程教育的教育功能。

霍姆伯格的有指导的教学会谈的理论不仅揭示和强调了教师和学生间的双向通信和交流在远程教学中的重要地位，而且使远程教育领域的实践工作受益匪浅，对远程教育的教材建设做出了重大贡献。在霍姆伯格有指导的教学会谈理论指导下的教学资源建设更注重教师的导学作用和教学资源的交互性，出现了网上求解练习题、问答或文字教材和辅助教材、网上交互式电子课件、网上辅导、电子教案以及有效的学习支持服务措施等。霍姆伯格的有指导的教学会谈理论至今仍然是远程教育教学资源建设所遵循的一般性原则。

西沃特提出了对远程学生持续关心的理论。他的理论要求远程教育院校和教师对学生有更多的持续关心，提供更好的学习支助服务和其他各类服务。西沃特认为，如果没有这种持续的关心和资助服务，远程学习系统的学生会遇到种种困难而引发问题，影响学习效果和教学质量并导致学生流失。由于远程教育系统学生的不均衡程度大于传统教育系统，更需要远程教育院校和教师关心学生。远程学习的学生不是天生就会自主学习的，学生的自学能力、自治能力、对信息资源的选择能力和对学习过程的控制能力都需要在院校和教师的指导和帮助下逐步培养和发展起来。学生自治是对学生持续关心和资助的结果，而不是起点。对学生的支助服务类型、方式、强度、频率等应因人而异，即使对同一个学生，也要随着学习进程而有所变化，要不断地培养学生的自学能力。

（三）以丹尼尔、史密斯和伽利森等人为代表的远程教育学生自治和双向通信相互均衡理论

丹尼尔自 20 世纪 70 年代末起提出并发展了独立学习和相互作用均衡发展的理论。他认为，教育是一个相互作用的过程，远程教育尤其要为教师和学生提供高质量的学生、教材、辅导教师和学习伙伴间的相互作用。同时，高等和成人教育的目标之一，是使学生成为更有效的独立学习者。丹尼尔强调独立学习者要有能力利用各种学习资源。

凯文·史密斯提出了相互依存的远程学习理论。他认为，校外学习的成人学生基本上处于独立学习的处境，因此，远程教育院校应该注重对校外学习系统的教学设计。一方面，要使校外学生在最少的外部帮助的情况下，能够独立策划并完成课程的学习。另一方面，不能只依靠学生个人的努力、毅力和智慧才能，教师应尽可能地给予学生更多的指导、辅导和帮助。在提供学习资源和教学服务上，对校外学生和校内学生要同等待遇。

加拿大学者伽利森则提出了通信和学生控制的理论。伽利森指出，技术和远程教育是不可分离的，在理论和实践中，远程教育随着教育技术的日益完善而演化。伽利森除了强调教育交互和建立在技术基础之上的双向通信外，还强调学生控制是关于影响和指导课程进度的机会和能力。他提出，控制应该建立在独立（作为自学者）、熟练（作为独立学习的能力）和支助（指用于指导和实现教育交互的资源）三者之间的相互关系之上。

远程教育教与学重组的理论是对远程教育本质进行的一种哲学论证。这一理论来自于对远程教育诸多学说的深思熟虑和综合加工，是一种更高层次的理论抽象。这一理论对教育的核心问题——教与学的本质、远程教育与传统教育的关系以及远程教育的特质做出了自己的哲学诠释。这一理论最具代表性的是爱尔兰学者基更的教和学再度综合理论以及加拿大学者亨利和凯依的教学

功能重组理论。

基更于 1990 年再版的《远程教育基础》一书中提出并发表了远程教和学的再度综合理论，并于 1993 年对这一理论进行了总结。基更认为，远程教育的弱点在于学生的学习行为通常与教师的教学行为在时空上是分离的。这种情形的满意的解决方案是在远程学生和远程教师间通过双向通信实现教—学的重新综合并使利用学习材料进行学习成为可能。

印刷材料和非印刷材料都要设计成包含尽可能多的人际交流的特征。建议尽可能采用易读的书写风格，学生参与解决问题，精心设计内容结构、自测问题、教学目标、插入问题、模拟答案，并精心做好排版、图表和美工设计。在印刷教材、视听教材、录像和计算机教学包以及实验箱的设计中，应尽可能模拟课堂讲授和辅导以及实验室教学的交互作用。其次，当课程开出后，教学活动的重新综合要通过各种双向通信来实现：函授、电话辅导、计算机通信、由辅导教师和计算机进行作业批改、电话会议、视频会议和计算机会议。

亨利和凯依在《远程教育学问题》（1985）一书中提出了与基更观点类似的理论体系：教学功能重组的理论。亨利和凯依认为，为了克服时空间隔和学生的孤立状态，有必要实现教育实践和方法的重大变革。这些变革给教育系统带来了完全的功能变换，它将学习材料的设计、制作和发送变成中心。学生变成了利用学习材料和其他学习支助服务的自学者。这样的教育结构改变了传统教育以教师为中心、由教师来控制教学过程、学生主要从教师面授中学习的模式。亨利和凯依指出："在远程教育中教和学分解为在不同时间发生在不同地点的分离的行为。"对远程教育的挑战就是重新产生教—学过程。

远程教育面对的挑战不是一般的教学关系，而是由于时空间隔而带来的特殊的教学关系。真正的挑战是：远程教育既要克服时空间隔产生的教—学关系，又要将教育情景设置在远离教师的学生日常的生活环境中；而且要在师生分离的状态下，在无法根据学生的需要做出修正的情况下，规划、开发和发送教学内容。

综上可以看出，远程教育的宏观理论、微观理论和哲学理论既相对独立存在，又互相联系和交融，共同成为远程教育理论体系和学科体系的强有力基础，在指导远程教育实践中发挥着极其重要的作用。远程教育的教学资源建设更是得益于这些重要理论的指导而不断获得新的进展。特别是远程教育的微观理论对远程教育的教学资源建设更具有现实的指导意义，它集中体现了远程教育的教学理论和学习理论，重点探讨了远程教育中教师的教的行为和学生的学的行为的相互关系及其特殊的规律和属性。其中，远程教与学的三种相互作用的理论更多地注重于探讨远程教育教与学基本相互作用的本质特征及其地位和功能，它对于远程教育的教学资源建设具有指示方向的重要作用。而远程教学的两大功能要素的理论则侧重于对远程教育中教师承担的课程材料的设计、开发和发送以及对学生的学习支助服务两大功能的论述上，它为远程教育中教师地位、作用和角色的转换，教师在教学资源设计、建设和传输方面的职责和任务以及建设远程接待中心，满足学生咨询和投诉需求，通过网上论坛、电子邮件等多种形式为师生提供教学、信息、管理等学习支持服务方面的任务和作用，特别是建设适应以学生自主学习为主、教师导学为辅的新型教学模式的新兴教学资源提供了重要理论依据。以学生为中心的远程学习理论则重点论证了远程教育中以学生为中心的思想和探讨学生如何应用远程教育院校及教师提供的学习资源和环境进行自主学习（个别化学习和集体协作学习）。这一理论成为树立以学生为中心的教学理念，注重教学资源的针对性和有效性，优化教学设计，大力整合各级各类教学资源，综合应用各种教学媒体，构建天网地网结合、三级平台互动的适合学生远程个别化学习环境的指导性思想。正是在这些远程教育理论的指导下，远程教育获得了迅猛发展，远程教育的教学资源建设也取得了明显的成效，在不断适应学生远程个别化学习方面获得了积极的成果。

三、信息技术的发展对资源建设的影响

信息技术的飞速发展给教育教学带来了革命性的影响，信息技术，特别是计算机技术在教育领域的广泛应用，催生了现代教育技术的新概念。随着人们对教育技术的理解的不断深入，极大地促进和推动了信息技术与教育的结合与融合，信息技术的发展，对教学资源的建设更是产生了深远的影响。

美国是教育技术产生最早、发展较快的国家。教育技术作为一个专业和领域的出现，最早可以追溯到20世纪20年代美国的"视听教育运动"。从1963～1994年，美国教育技术界对教育技术进行了多次定义。而我国学者在多年的研究和实践中，对教育技术也逐渐形成了自己的看法，并针对新兴技术和传统技术的结合提出了现代教育技术的概念。综合国内外学者对教育技术的理解和定义，大致可以分为以下三种意见。

（一）媒体—工具论

这种观点主要存在于教育技术发展的早期，认为教育技术是用于教学的各种媒体和工具。代表媒体——工具论的典型定义如：美国教育技术委员会（AECT）1970年定义和Lumsdaien. A. A的1964年定义。

（二）手段—方法论

这种观点认为，教育技术是教育手段和教育方法的总和，以系统方法为核心，更有效地发挥教育手段的作用，比较典型的定义如：AECT1972年定义、尹俊华的1996年定义和南国农的1997年定义。

　（三）理论—实践论

这种观点是伴随着教育技术的发展，尤其是美国教育协会1994 年定义的提出而逐渐为人们所接受和认可的。理论—实践论认为，教育技术由教育技术学理论和教育技术实践两个部分组成。关于这种理论和实践的范围以及它们之间的关系，目前在教育技术理论界还存在着不同的理解。虽然关于教育技术目前在国内还没有一个统一的定义或描述，但是，从各种定义可以分析得出：

　（1）教育技术支持和优化教学，最终促进学习者的学习；

　（2）教育技术围绕教学过程和教学资源展开理论研究和实践；

　（3）教育技术的基本要素包括方法、工具和技能。

信息技术在教育领域的广泛应用以及信息技术与教育的不断融合，为我们构筑了一个独特的信息空间和全新的教育形态。从理论上讲，信息技术在教学活动中体现出教学媒体的集成功能、教学信息的扩展功能、教学过程的交互功能、学生地位的主体功能、教师地位的主导功能、教学方法的多样化功能、教学手段的模拟化功能，从而彻底改变了教育的环境、教育的形态、教育的方式（学习方法）和教育的整体功能。一般认为，信息技术对教育和教学资源建设的影响大体分为三个阶段逐步深化，即：工具阶段、整合阶段和形态阶段。在工具阶段，信息技术作为教育和学习的手段，教育和技术仍然是两张皮，教育形态没有本质变化，体现在教学资源建设上，是课程＋技术的形态。在整合阶段，技术和课程开始融合，出现新的依托技术的教学模式和在技术支持下的课程间的整合——跨学科课程。此时的教学资源出现教育与技术高度整合与融合的现象。在形态阶段，信息技术与课程彻底融合，并形成新的教育理念、教育特质，从而引发知识组织、课程形式、学习方式、思维方式的全方位变革——出现新的教育形态。此时，信息技术对教育教学的影响将全部实现，教学资源建设则呈现出在现代教育思想观念指导下的知识高度整合，课程和教学方式适合不同受众和学习者的思维方式和学习方式，学习支持服务更加人性化，学习资源更加灵活、方便和有效，成为能够引起学习者兴趣、能满足不同学习者爱好和需求、完全实现个别化学习，实现个人学习目标的必要条件和手段。

第二节　远程开放教育的教学资源建设

在魏德迈、穆尔、霍姆伯格、西沃特、丹尼尔、史密斯、伽利森、基更、亨利和凯依等人现代远程教育理论的指导下，教学资源建设应着重体现以学生学习为中心、形式灵活、方便学生自学、便于交互、充分利用现代教育技术条件，尽可能为学生提供学习支持服务的思想。在这一思想指导下，对于不同的教学资源建设应提出不同的要求。

一、文字类教学资源建设

文字教材是最基本的教学资源，其中最重要的是文字主教材。除主教材外，还可以有教学辅导材料、实践性教学环节指导书、形成性考核练习册和期末复习指导等。它们与其他形式的教学资源均要纳入教学资源一体化设计的框架下统筹建设。

新编的主教材，除必须遵从大学教材编写的一般规范外，还要充分体现远程开放教育的特点。新编的开放教育试点文字主教材应注意与多种媒体教学资源的有机配合。教学辅导材料的编写必须紧扣主教材进行，要介绍该课程的预备知识，阐述重点难点，分析典型事例、例题，设计综合练习和复习指导等。实践性教学环节指导书主要指社会调查、实习、实验、大型作业、课程设计、毕业设计的指导等。形成性考核练习主要指统一安排的作业。形成性考核练习题要涵盖整个教学内容，要留有学生答题的空间和规范的评分记分要求，要达到使学生通过形成性考核练习消化所学知识的目的。

（一）文字教材的内容

文字教材的内容包括两个方面：课程教学内容和自学指导内容。课程教学内容指本课程教学大纲中规定的教学内容。自学指导内容指本课程教学要求的说明，学习方法的指导，重、难点分析，例题以及自我测试等。

（二）编写组的组成和分工

编写组由主编与参编人员组成，主编任编写组组长。主教材编制组应由五人以上组成，辅助教材编制组应由三人以上组成。编写组实行主编负责制。编写组分工编写文字教材，主编统稿。

（三）文字主教材的编写纲目和样章

将教学大纲要求的教学内容细化为教材编写的章、节、知识点等细目，确定文字教材的编写纲目。编写样板章节，确定教材的编写体例（含版式设计）和编写要求。

（四）审　定

教材审定实行"编审分离"的原则，教材的主审必须由业内知名专家担任。教材的审定由主审独立进行，也可根据需要由主审组织若干专家集体进行。主审依据教学大纲对教材进行审定，在科学性和教学性两方面写出书面审定意见，呈学校教学资源建设委员会通过。

（五）出版要求和发行工作

文字教材在教材版式设计、编辑出版、印刷质量等方面应符合国家有关规定。文字教材的名称一般与课程名称相符，教材的编者以实际编写者为准，要保护作者的著作权。文字教材的发行应按照国家有关规定实施。

二、音像类教学资源建设

音像类教学资源包括音频类教学资源和视频类教学资源，如：录音带、录像带、VCD 光盘等。音频类教学资源是以录音带为主的教学资源，主要用于语言类和只需要叙述的知识性教学内容中。通常为学生自学时使用。视频类教学资源的教学内容要与文字教材内容密切配合和互补，避免简单地重复，要起到辅助、深化和强化教学的作用。要突出教学性、导学性和交互性。

录像带是所有视频教学节目的基础，自制教学录像带视同于教材建设，要符合国家音像教材建设规范和技术标准。录像带的制作应按申请立项的方式进行，制作前要经过论证和审批。根据教学大纲和多种媒体教学资源一体化设计方案制作的录像带等音像教材，在开机前要编制文字脚本和设计分镜头脚本，流媒体课件要准备好 PPT 文档；制作完成后要经过审定验收才能作为音像教材推广使用。

电视录像课的制作是一项较为复杂的工作，需要由课程责任教师、主讲教师和制作人员共同组成编制组，在选择课程体现形式、编写稿本、制定拍摄预案以及实际拍摄和后期编辑合成的过程中，编制组成员要相互沟通、密切配合。

（一）教 师

主讲教师负责撰写文字稿本和播讲课程，应身体健康，精神饱满，不带病讲课。应衣着得体，以职业服装为主，不过于时装化；色彩为单色或中间色，不要太花和色彩太纯。授课时使用普通话，声音清晰洪亮，无明显杂、噪音等，合理把握声音的持续和节奏，语速得当。责任教师负责课程编制组的协调工作、录制过程中的监听工作和课程的管理工作。

（二）制作人员

制作采用编导负责制，由编导组织协调摄像、录像、录音、美工、编辑和技术人员等。编导必须具有良好的职业道德和合作精神，主动与责任教师、主讲教师沟通，安排落实具体工作。编导拟订制作计划，掌握制作进度，负责制作技术质量，了解教学内容，领会教学意图，参加和指导文字稿本、分镜头稿本的编写，指挥现场录制。录制完成后，妥善收管各种稿本、素材，并作好各种记录和存档工作。摄像、录像、录音、美工、编辑和技术人员等，应按照各自的岗位职责，在编导的统一指导下创造性地开展工作。

（三）文字稿本

主讲教师自备一式两份和讲课内容相一致的完整讲稿，整个教学内容必须与教学大纲、作业、期末复习、试题相一致，使学生利用音像类教学资源学习、做作业、复习和考试都有针对性。主讲教师自备电子文档，类型为 WORD 文档、PPT 文档或文本文档。文档规格为 A4 纸，右侧空间留大一些，以便记录。

演示性内容的编写，例如 Powerpoint 内容的选择依据：

（1）无法用语言或难以用语言表达的内容，如化学的反应现象、物理的实验过程、美术的名画欣赏等。

（2）需要重点强调的内容，如公式、定义、章节标题等。

（3）需要长时间呈现的内容，如例题、用来作分析的文章等。

（四）画面设计

1. 色彩

背景的色彩基调就是课件的整体基调，一个课件要有一个整体基调。为了使字幕和图形显得清晰，背景或采用深色或采用浅色，以加大反差，不宜用不深不浅的颜色。

2. 布局

页面宜简不宜繁。视频、动画媒体一般都单独布局。画面上下左右应留有 1 厘米以上的空间。

3. 字幕

字体的选择要有层次感，体例要统一。字体由重到轻、由粗到细排列。内文字体的选用尽量少用行书、草书或艺术体。英文和数字宜用粗线条字体。字号要依据内容层次而由大到小，章、节、小标题字号应相差一级，节以下的层面可以选用同一字号，用字体区分层次。每行最多 18 个字，要保留一定的字间距和字行距。字色的确定要与背景形成反差。一方面，字色与背景在颜色上要跳开，在色度上要形成反差；另一方面，字色与背景色在色调上要协调统一。

其他视频类资源的制作要求参照录像课制作标准。制作的视频类教学资源，在教学应用中可采用以下方式的一种或数种：

（1）利用录像带复制和播放；

（2）将录像带转成 VCD 形式播放；

（3）将录像和文字讲稿综合制成三分屏课件，放在网上供选取或制成光盘发行；

（4）将录像带转成数字视频信号放在网上，在网络带宽足够的地方供直接点播。

三、IP（流媒体课件）制作

IP 课件制作有两种方式，既可以直接制作 IP 课件，也可以先做直播课，再把直播课制作成 IP 课件（流媒体）。

IP 课件的主要内容为覆盖本课程全部知识点的辅导课，包括重难点辅导和期末复习指导。

在直播课堂播出的课程要有较高的水准和一定的权威性，播出前须经主管部门审核，其播出内容和质量合格后方可播出。

（一）文件（夹）结构和命名

根据一门课程的课件制作情况，课件制作的文件（夹）结构可以分为四级，其命名规则是根据课程名称和文件类型来制定。具体的文件（夹）结构和命名如表 4 - 1 所示。（以《信号处理原理》课程为例）。

表 4 - 1　文件（夹）结构和命名

件夹级别	文件（夹）命名	说　明
第一级	Xhcly（文件夹名）	1. 一门课程的所有课件均放置在这个文件夹下 2. 名称由课程名前 5 个中文字拼音的第一个字母组成
第二级	Xhcly1，xhcly2，xhcly3，… （文件夹名）	1. 第二级目录文件夹表示各课件的讲数 2. 命名规则是在第一级文件夹名称后面加序号即可，表示第几讲
第三级	Index. htm （文件夹名）	1. 表示一讲课件的主页面 2. 第二级目录文件夹下只有这一个文件，其他文件存放在相应的文件夹下
	htm（文件夹名）	表示存放除主页面外的其他文稿页面的文件夹
	asf（文件夹名）	表示存放音视频文件的文件夹
	images（文件夹名）	表示存放图片文件的文件夹
	css（文件夹名）	表示存放制作页面样式文件的文件夹
第四级	Xhcly01. htm Xhcly02. htm Xhcly03. htm	1. 表示存放在 htm 文件夹下的页面文件 2. 命名规则也是取课程名前 5 个中文字拼音的第一个字母，并在后面加上序号
	Xhcly01. asf Xhcly. asx	1. 表示存放在 asf 文件夹下的视频文件 2. Xhcly. asx 是一个指引文件，由它指向 Xhcly01. asf 进行播放 3. Xhcly01. asf 是视频文件，命名规则也是取课程名前 5 个中文字拼音的第一个字母，并在后面加上第几讲的序号
	……	在第三级目录中，Images 和 css 文件夹下的文件命名规则不受限制

　　注：1. 命名：凡是以课程名来命名的文件（夹），均由课程名前 5 个中文字拼音的第一个字母组成。如果课程名不足 5 个中文字，就取所有中文字拼音的第一个字母。

　　2. 第二级目录文件夹下只能有一个主页面文件，不能有其他的文件。

　　3. 视频文件的格式是 asf 或 wmv，其指引文件的格式是 asx，播放的软件是 Media Player。

（二）页　面

1. 主页面

（1）统一元素的使用。

主页面里需要有一些统一的元素。主页面中包括的元素主要有：学校标志（logo）、视频、知识点标题、文稿、课程名称、主讲教师介绍、使用说明（使用帮助）、制作单位名称等。

使用固定尺寸和颜色的 logo，置于课件页面的左上角。课程名称置于醒目位置，使用比正文稍大的字体。标明制作单位名称，字号 14.8px，用鲜明的色彩；如果是将"××××大学课程"字样绘制在图片中，注意与背景颜色的反差，以醒目为原则。教师简介放置于单独的弹出窗口中。加入帮助信息链接，内容为课件功能及详细的使用方法说明，同时加入对课件介绍的说明性文字。统一加入 Windows Media Player 播放器下载的链接。

另外，如果课件中使用了 iframe，则还需要加入下载 IE5.5 及以上版本的链接。

（2）操作功能。

单击知识点链接时，视频与文稿同步跳转到相应的内容，且正确无误，视频时间点误差控制在 3 秒以内，实现视频内容与文稿内容的同步性。如果不单击知识点标题的链接，视频在播放的过程中，当播放到某个知识点时，相应的文稿页面自动跳转，实现视频内容与文稿内容的同步性。（知识点链接文字不得超过 10 个汉字）

2. 正文

（1）一个识点链接的文稿必须在同一区域内打开。

（2）用统一的背景。

（3）使用默认页边距。

（4）无错字、别字，内容完整无缺。

（5）文字统一用 css 样式进行修饰。

（6）每讲课程大标题统一用宋体字，字号为 32 px，加粗，居中，段间距一行（与顶部空出一行）。

（7）正文字号统一为宋体 14.8 px，行距为 22 px。

（8）知识点链接字号为 13.5 px，颜色不限，加下划线。

（9）每个段落一律首行缩进两个汉字（段首空两格）。

（10）统一使用全角标点符号。

（11）若出现上一页、下一页链接，将该链接（或图片）置于文字页面的底部，并且整个课件中的位置相对固定，统一使用小字体 13.5 px。

（12）页面内禁止出现横向滚动条，出现竖向滚动条的页面原则上文稿内容不能超过 1.5 倍页面容量。

（三）视　频

视频的格式是 asf 或者 wmv。视频文件由指引文件（格式是 asx）指引播放。应画面清晰，无马赛克现象，前后无黑场、无中断，不出现无关画面。对视频的控制能够达到所要求的功能，比如：播放、停止、暂停等。

（四）图　片

对所有使用到的图片进行优化，规定背景图片大小应在 10kb 以内，页面内图片控制在 3kb 以内。

四、多媒体课件制作

多媒体课件也称多媒体 CAI，是对一个或多个知识点实施相对完整教与学的计算机辅助软件，它具有多媒体信息和交互性的基本特征，分单机版和网络版。多媒体课件内容应无科学性和政治性错误，并符合社会道德规范。量和单位要采用国家规定的法定计量单位，应符合中华人民共和国国家标准《国际单位制及其应用》GB3100 – 93、GB3101 – 93 至 GB3102 – 93。自然科学的名词和术语要采用全国自然科学名词委员会审定的各学科

《名词》丛书规定的名词和术语。文字与符号要用规范简体字，不用繁体字和异体字。学科符号要遵循各学科的规范用法。标点符号的用法应符合国家标准《标点符号用法》GB/T15834 - 1995。数字的用法应符合国家标准《出版物上数字用法的规定》GB/T7714 - 2005。

五、网络课程建设

网络课程是通过计算机网络传输和表现课程教学内容及实施的教学活动的总和，包括按一定的教学目标、教学策略组织起来的教学过程和网络教学支撑环境两个组成部分。网络课程建设要基于远程教育的特点，能提高学习者学习兴趣与自觉性。必须满足在互联网上运行的基本条件，还应具备安全、稳定、可靠、下载快等特点。网络课程应有完整的文字与制作脚本（电子讲稿）。文字说明中的有关名词、概念、符号、人名、定理、定律和重要知识点都要与相关的专业标准相一致。

对课程中的重要部分，可适当采用图片、配音或动画来强化学习效果，但要避免使用与教学内容无关的图片或动画。

网络课程以项目小组申报立项，以教学资源建设委员会批准的方式下达任务。项目小组由教师和制作人员（编导、摄像、录音、录像、美工、编辑、技术人员）组成，由教师任组长。

（一）课程教学内容

（1）课程的内容应具有科学性、系统性和先进性，表达形式应符合国家有关规范标准，符合本门课程的内在逻辑和学生的认知规律。

（2）课程内容应采用模块化的制作方法，模块的划分应具有相对的独立性，要以知识点或教学单元为依据。课程内容的组织要以良好导航结构的 WEB 页面为主，链接有特色的网络或单机运行的教学课件，课件以知识点教学单元为单位。课程内容应根据具体的知识要求采用文本、声音、图像、动画、视频等多种表现形式。自测模块可根据具体的知识单元设置。

（3）每一个教学单元内容都应有如下几部分：学习目标，教学内容、练习题、测试题（每章）、参考教学资源、课时安排、学习进度和学习方法说明等。整个教学内容必须与教学大纲、期末复习、作业布置、考试命题相一致。要尽量补充课外资料，使学生能自己利用资源学习、做作业、复习、考试都有针对性和宽延性。

（4）在疑难、关键知识点上，提供多种形式和多层次的学习内容。根据不同的学习层次设置不同的知识单元体系结构。

（5）模块组织结构应具有开放性和可扩充性，课程结构应为动态层次结构，而且要建立起相关知识点间的关联，确保师生在学习或教学过程中可根据需要跳转。

（6）内容的表现形式应采用文字说明、背景资料支持、配音阐述、重点过程动画表现以及小画面教师讲授录像播放相结合。

（二）电子教案与讲课

（1）教师应按照课程的排版习惯制作出电子教案，要求：字体大小、字间距、行间距清晰合理，排版整齐、内容完整、重点突出、章节分明。教案必须是 WORD 文档或 PPT 文档。

（2）定理、定义、公式、上下标等必须表达准确。PPT 演示文稿的制作需要直接用换屏或适当使用动画效果。

（3）录制讲课视频的讲课内容要严格按照电子教案的顺序讲授。

（4）录制讲课视频时，教师应使用普通话，声音洪亮清晰，无杂、噪音，无明显回声。

（5）电子教案需要插入动画（flash 动画）或其他要求时，需要用文字说明（另附说明文档），并在教案中注明（如"动画1"字样）。

（三）课程导航

网络课程的导航设计要清晰、明确、简单，符合学生的认知心理，每门课程至少应提供如下导航方法：

（1）列出课程结构说明。以表格的方式列出如下内容：教学单元、教学活动、学习时数、学习进度和学习方法，并指明学生所处的知识层次和位置。

（2）网络课程网站的文件结构。网站的文件结构要根据章节、通用网页、组件和媒体类型等适当地建立相应的子目录，单个子目录中文件数目不宜太多，以方便维护。

（3）页面组织。网站的页面组织要反映课程的目录层次结构和网状结构。网页间的联系要便于学习者对知识结构的掌握。在网页中，到课程起始页（Home）、前一页、后一页、上一层、相关内容的超链接，应提供由关键词（基本概念）和目录树查找相关网页的快速跳转功能。对于描绘教学内容的重要媒体也要提供查询和直接显示功能。

（4）直接导航。对一些重要导航点，如：当前学习单元，当前学习目标、学习单元的结束、前进、后退等，在主界面的导航中心提供直接的导航，只需要用鼠标单击导航上的超链接便可直接进入对应的界面之中。

（5）浏览历史记录。记录学生在超媒体知识空间所经历的历史路径，学生可随时快速跳转到以前浏览过的页面。

（四）教学活动设计

在一门完整的网络课程中，至少需要设计如下教学活动：内容讲解、网上答疑、分组讨论、布置作业、作业讲评、实践环节、协作式解决问题、探索式解决问题等。

（五）教学设计原则与开发要求

设计网络课程教学内容时，要遵循如下教学设计原则：注重教学目标及教学内容分析，设计教学活动时，注意情境创设，强调"情境"在学习中的重要作用，注意信息资源设计，强调利用各种信息资源来支持"学"（而非支持"教"）。强调以学生为中心，注重自主学习设计，强调协作学习，注重协作学习环境设计，注重基于网络的教学策略设计。

在具体的开发过程中，描述性文字要简练、准确。中文字体尽量用宋体和黑体，字号不宜太小和变化太多。背景颜色应与字体前景颜色相协调，网页色彩要与内容相适应，色彩要和谐，各页间不宜变化太大，以减少在屏幕上阅读的疲劳。表现形式要生动活泼，页面布局要美观，重点内容要有多媒体表现。背景音乐应选择与表现的内容相一致的，且不可太多。同一网页中，不宜同时出现过多动态区域。网页长度不宜太长，一般不要超过三屏，在 800×600 屏幕分辨率下不应横向滚屏。每门课程的网页应保持统一的风格和操作界面。控制功能、操作方法应符合常规习惯。

课程内容的设计应尽量加入交互方式，激发学生在学习过程中主动参与和积极思考。在疑难的知识点上，充分发挥多媒体的功能，展现其内涵，使学生能够深刻体会，从而有利于培养学生获取知识的能力和创新能力。学生对课程中的有关图片、资料、动画，可选择浏览或不浏览，也可选择背景音乐开或关以及配音阐述的开或关。网络课程每个知识点都应提供相关的参考文献资料链接，以拓宽学生的知识面。

六、多种媒体教学资源一体化设计方案

多种媒体教学资源一体化设计方案应根据课程教学大纲的要求，对教学内容、教学方式、教学环节和各种媒体的使用与配合等提出具体方案，具体包括总体设计思想、文字教材编写方案、其他媒体教学资源编制方案和教学过程建议与媒体使用说明等。

（一）总体设计思想

多种媒体教学资源一体化设计方案应遵循以下基本原则：

（1）根据本课程的性质、特点、教学要求和各种媒体教学资源的特点，提出本课程教学资源一体化设计方案的总体设计思想。

（2）从远程教育的特点、教学对象的学习需求、学习方式和学习环境出发，把握相应层次的教学要求，突出方便学生自学和对学生能力的培养。

（3）文字教材是基础，是教学的主媒体。文字教材的内容要符合教学大纲的要求，注意学习方法的指导，便于学生自学。

（4）其他媒体的选择和使用应根据课程的性质、特点和学科类型来决定。要坚持少而精的原则，发挥其强化教学、辅助教学和导学的作用；要做到合理、恰当和有效，既要考虑到需要和可能性，又要考虑制作和使用的成本。

（5）处理好各种媒体之间的分工与配合，避免各种媒体之间内容的简单重复或各自为政的现象。

（二）教学过程建议与媒体使用说明

（1）说明各种教学媒体之间的关系以及如何利用各种媒体完成本课程的教学过程。

（2）说明本课程教学过程中各级辅导教师如何使用各种媒体进行教学活动。

（3）说明学生如何利用各种教学媒体和教学支持服务完成本课程的学习。

（三）多种媒体教学资源一体化设计方案的审定

课程组组长负责将多种媒体教学资源一体化设计方案草案提交专家组或教学资源建设委员会审定。多种媒体教学资源一体化设计方案审定后，由专家组或教学资源建设委员会写出书面审定意见，连同多种媒体教学资源一体化设计方案交教学管理部门备案，作为教学资源建设的依据。

第三节　资源建设的现状与未来发展展望

一、当前我国远程开放教育教学资源建设的主要进展

为了更好地共享教学资源，更好地协作和交流，教育部现代远程教育资源建设委员会发布了《远程教育资源建设技术规范（试行）》，为统一协调全国现代远程教育资源建设提供了共同的标准。并投资 1 亿元，用以实施新世纪网络课程建设工程，建设了 300 多门基础性、示范性的网络课程以及若干案例库、素材库、习题库和试题库，100 多所高校参加了这个项目。截至 2002 年年底，由 67 所现代远程教育试点高校开发出 8 557 门课程，中央广播电视大学成立了全国电大系统教学资源建设委员会，负责全国电大统设课程的资源建设工作。中央广播电视大学还建设了教学资源建设网站，主要功能是展示和交流全国电大优质教育资源。据 2003 年 3 月统计，中央广播电视大学已建成文字教材 704 种，辅助教材 290 种，录音教材 63 种 395 学时，录像教材 274 种 3 660 学时，CAI 课件 40 个，IP 课件 70 种 1 667 学时，录制、播出直播课堂 49 门课程 454 学时。中央广播电视大学还举办了电大在线杯（2002 年）和用友软件杯（2003 年）全国电大多媒体课件和教学网页制作大赛、全国电大教学资源观摩研讨会及展览，参加了教育部主办的 2003 年高等教育软件展、教师教育资源展和教育部"新世纪网络课程建设工程"，有部分课程获得了教育部和新闻出版署全国优秀教育音像制品奖，全国电大系统教学资源建设和媒体开发能力明显提升，在我国远程教育资源建设领域占有重要位置。67 所普通高等学校的网络教育学院也以不同方式开发建设了自己的网络课程。其中西安交大、上海交

大和浙江大学联合办学，华南师范大学与 6 所高校合作，全国"教师网联"8 所一流师范大学合作，在教学资源共建共享方面积累了一定的经验，中科院和清华大学在研究生课程方面、中国人民大学在本科生网络课程方面、西南师范大学在本科生 IP 课件方面都有很好的实践和探索，并积累了较为丰富的教学资源建设方面的经验。

二、教学资源建设面临的主要问题

在我国远程开放教育的实践过程中，人们越来越认识到，教学资源建设在如何适应 21 世纪远程开放教育发展需要，满足"以学生为中心"的教与学的活动中学生个别化自主学习和互动学习的需要，实现共建共享，提高教学资源建设的成本效益比，是教学资源建设工作面临的主要问题。

（一）以学生的学习为中心开发建设教学资源问题

联合国教科文组织教育副总监、原英国开放大学校长丹尼尔（John Daniel）爵士认为，只有"以学生为中心"的远程教育模式才是有效的。而我们的教师和技术人员在进行教学资源开发和建设时，尤其是在选择教学资源的媒体形式和技术手段时，往往更多地考虑自身的兴趣、爱好以及对媒体和技术手段的了解和熟悉程度，却忽视了学生学习时的便捷性、有效性和经济性。

（二）教学资源满足学生独立学习和互动学习需求的问题

丹尼尔爵士认为，有效的学习需要独立学习与互动学习的适当结合。所谓独立学习，是指通过读书、使用电脑软件、听讲座、听录音、看电视、写作业等活动进行学习。这些活动是任何类型学习的主要部分。但是，大多数学习者不能独立成功地完成这些学习活动，他们需要互动的学习。而且，学习者年龄越小，互动性学习的成分越需要加强。所谓互动学习，是指学习者的一个行为引发了来自另一个人的反应，此人可以是教师、指导教师或另一个学习者，这种反应是专门针对这位学习者的学习行为的。例如：一位学生通过面对面或打电话与教师或同学进行讨论，从教师处得到作业的书面反馈，或通过电子邮件得到解答，等等。而我们的教学资源建设往往更多地关注学生的独立学习，却忽略了学生互动学习的需求。

（三）教学资源的共建共享问题

在远程开放教育质量管理链中，教育资源的质量和应用水平在很大程度上决定了远程开放教育的质量和效益。在一些有远程教育经验的发达国家，远程开放教育教学资源的建设与应用、质量与效益的关系问题早已引起充分重视，教育资源的共建共享也已经取得了成功的经验。如：美国教育资源信息中心（ERIC）、加拿大的 eduSource、澳大利亚的 EDNA 在线，等等。而在我国，虽然一些有识之士已经认识到教育资源共建共享的重要性，国家也投资建设了国家基础教育资源库（2002 年通过教育部鉴定）、国家高等教育资源库和国家远程教育资源库，但是，目前远程教育教学资源低水平重复建设，重建设、轻应用，国家投入巨资建设的教育资源得不到推广和应用的情况仍然十分严重。

（四）远程教育的理论研究以及国家的政策法规、制度建设滞后于远程教育的实践，制约远程教育快速、健康发展的问题

我国的现代远程教育起步较晚，但发展速度迅猛，并且继续呈现出快速、跨越式发展的趋势。相比较而言，远程教育理论的研究、发展和成熟的速度以及国家关于远程教育教学资源建设的政策法规和规章制度建设的速度相对缓慢，难以适应远程教育资源建设工作的需要。比如：虽然国家教育部已经组织国内 8 所高校有关专家开展网络教育技术标准研制工作，并且印发了《现代远程教育技术标准体系和 11 项试用标准》，作为现代远程教育系统开发的基本技术规范和网络条件下开发其他各种教学应用系统的参考性规范，但是，就教学资源建设而言，仍然感到在很

多方面缺乏应有理论的指导和政策法规的规范。如：还缺少不同类型教学资源建设的技术标准和经费标准以及评价标准，教育资源共建共享机制尚未形成，还缺乏各高校间统设课程标准、统一考试标准，缺乏学分互换机制、有偿共享机制以及知识产权保护措施和利益分配标准，等等。

三、21 世纪远程开放教育教学资源建设展望

面向 21 世纪的远程教育发展，教学资源建设将呈现出个性化、规范化、标准化、类型化、集约化的趋势，它将更加适合学生个别化学习的需要和远程教育发展的需要。教学资源建设作为远程教育发展的核心地位以及促进远程教育快速发展的作用将更加明显。这主要表现在：

（一）教育价值观和教育质量观的转变对教学资源建设的影响

远程开放教育的教学资源建设不可避免地会受到教育价值观和教育质量观的影响。自 18 世纪起，以工业化生产理论为基础的"复制范式"（Replicate Paradigm）就进入大学，并逐渐发展成为占统治地位的思想观念。"复制的精确程度"在人类文明史上第一次成为衡量生产效率的根本标准，进而成为人类价值观念的基本准则。在高等教育中，对学生学习的价值评价也运用到这种标准，学生"复制"了多少知识，成为衡量学校教育质量的唯一标准。然而，在 21 世纪的知识经济社会，科学技术已经成为生产力的内部因素，而不仅仅是外部因素，高等教育在经济上具有独立的"内在价值"，传统的知识质量观已经转变为包括知识和能力在内的素质全面发展的质量观，科学教育和人文精神相结合，培养高科技与高素质的专门人才已经成为高等教育的人才培养目标。

21 世纪，我国将出现高等教育大众化和个性化并行发展的现象，一方面，国家鼓励大众接受高等教育，入学人口大规模增

长；另一方面，高等教育将促进人的潜能充分发挥、素质全面提高，进而促进社会的全面发展。面对这样的形势，在现代教育质量观的指导下，远程教育的资源建设将努力满足学生个性发展和个别化学习的需要，体现出针对性和实用性。根据学习对象的背景和特征，有系统地策划、准备、分配和运用各种教学资源，让学生在学习、反思、反馈、互动等过程中进行自我评定，激励自己循序渐进地学习将成为教学资源建设的一种趋势。特别是在进行教与学的设计时，教学资源的互动性将得到强化，因为它更能体现学生个别化学习的特点。由于互动性教学资源是针对每一个具体学生实施的教学指导，它不具有复制性，其教学资源建设的成本将大大提高，因此，在教师的努力和学生的受益之间寻求平衡，也是教学资源建设的又一特点。

（二）教学资源建设将出现分类集中呈现的趋势

随着教育和科技的迅猛发展，人类社会产生了大量芜杂的、分散的，甚至是质量不可靠的信息，常常使用户感到困惑和迷茫，甚至产生失落感。而使用信息的用户又往往是只需要某一方面或某一领域的信息，因此，信息和资源的分类集中呈现就成为一种发展趋势。建设教学资源库是教学资源分类集中呈现的有效形式，很多发达国家已经有了成功的经验。

英国开放大学国际远程学习中心用了 15 年的时间建立了世界上最大的远程开放教育资源库，供全球 160 个国家使用。该中心主任法内斯（Nicholas C Farnes）博士因远程教育资源库开发专家的声誉而闻名于国际远程教育界。

法内斯博士在他的学术论文《开放远程教育网上资源库开发的质量保证》中，较为详尽地阐述了他对于远程教育资源库开发和建设的观点。法内斯博士认为，建立不同类型的资源库，将远程开放教育的教学资源分类集中呈现，其作用和效益将十分明显。它既可以为远程教育机构开发教育系统和提供课程所用，也可以为学生提供学习资源和其他学习支持服务。它可以使用户在各个分类建设和管理的资源库中迅速找到自己所需要的资料，可以大大地节省时间，方便用户的查询和使用。

法内斯博士强调，资源库应该确定它的内容范围，然后，根据范围标准判断某一类信息是否应该包括在该领域中，以保证资源库的专业性。资源库中包括的远程教育机构和课程应该是经过有关质量保证机构鉴定和认可的，资源库中包括的远程教育课程应该是经过质量评估的，应该保证其规范化、标准化和科学化。

针对目前网上存在的大量的、分散的远程教育资源，急需一个强大的门户网站来连接。一些国际组织正在努力建设一个权威的、全面的、整合的远程教育网上资源库。我国也有很多不同形式的资料库，急需规范和整合。教育部设想现代远程教育教学资源采取分布式建设、集中管理的方式，目的是对经国家认证的优秀教学资源进行集中管理，更好地发挥教育资源的国家优势，提高建设效率，避免重复建设，向教学单位和社会各界使用者提供一个学科体系完整、知识内容丰富、查询浏览方便、运营机制有效的大型综合性知识库。在这一思想指导下，教育部投资兴建了国家远程教育资源库，由中央广播电视大学负责组织建设，其规划和开发工作正在积极实施中。它将成为我国最大的、权威的远程教育资源库，为远程教育工作者和广大学生提供高质量的、全面的、使用方便的远程教育信息和资源，真正实现资源共建共享。它还可以连接"中国教育和科研计算机网"和国际远程教育网，并发展成为全华人地区的远程教育核心网，让全球华人受益，为全世界的华人服务。

（三）教学资源共建共享的趋势日益增强

21世纪，世界各国都将致力于构建资源节约型经济，对于远程教育教学资源建设而言，减少低水平重复建设，降低成本，集中优势力量，建设优质教学资源，供远程教育界有偿共享，是远程教育资源建设的又一明显趋势。建设国家级远程教育资源库，就是优质教育资源共建共享的典型范例。教学资源共建共享一方面降低了成本，避免了低水平重复建设，同时，也提高了资源的质量和效益，是世界各国远程教育努力的方向。

建立教学资源共建共享机制，必须有政府、学校、专家、协会、企业等方面的积极参与。政府负责制定政策和标准以及提供资金支持和有效管理；专家负责提供咨询、实施评价，为资源建设提供导向性意见；学校是资源建设的主体，负责解决教学内容、教学方式、教学资源以及资源的应用问题；协会负责制定规则和同行之间的约束条例，监督共建共享过程中的违规行为；企业负责提供资金和技术方面的支持。为便于资源收集、信息发布和运营管理，教育部拟建设现代远程教育信息网站。

建立教学资源共建共享机制，必须解决好以下几个问题：

1. 建立共享的基础

（1）政策基础：在高等院校间实行学分互认，确定院校间共享优质教学资源在教学中应用的比例范围，确定学分的关系以及学位、文凭的颁发要求等。

（2）技术基础：在实施共享的过程中，必须贯穿国家技术标准，使各校制作的教学系统工具属性规范、接口统一，系统间能够互操作，顺利实现共享。

（3）教学基础：课程设置和教学内容应该达到一定程度的规范和统一，使资源共享成为可能。

2. 建立共建共享的机制

（1）标准化：标准化是教学资源共建共享的大前提，包括政策标准、技术标准、教学内容和教学管理的标准等。

（2）市场化：市场化是加速教学资源共建共享的推进器，建立教学资源可交换的市场和平台，形成资源交换的市场机制，将大大加快教学资源共建共享的步伐和速度。

（3）产业化：产业化是教学资源共建共享的催化剂，它将极大地促进教学资源共建共享的发展，使学校、企业、社会和学生都同时成为受益者，因而，有利于调动各方面的积极性。

实施教学资源共建共享，还要处理好以下三个问题：一是教学资源质量认证和评价问题。要形成专家、教师、学生和社会评价各占一定比例的共同评价机制，以保证教学资源的质量和水准；二是处理好规范办学行为、共享优秀教学资源和各校保持特色和竞争力、充分利用本校资源的关系；三是实现有偿共享，要处理好知识产权保护和利益分配的问题。

参考文献

[1] 黄荣怀，曾兰芳，余冠仕. 我国教育技术的发展趋势简析 [J]. 中国电化教育，2002（9）.

[2] 张冀生. 优化教学资源，保证远程教育质量 [J]. 中国远程教育，2002（11）.

[3] 尼古拉斯·法内斯. 开放远程教育网上资源库开发的质量保证 [J]. 中国远程教育，2003（1）.

[4] 约翰·丹尼尔. 技术运用与远程教育：信息与通讯技术在教学及管理中有效运用的原理之探讨 [J]. 中国远程教育，2002（8）.

[5] 姚利民. 多媒体网络技术背景下高等教育发展趋势 [J]. 中国远程教育，2002（6）.

[6] 丁兴富. 远程教育的哲学理论 [J]. 中国远程教育，2001（4）.

第五章　教学模式论

教育部开展"中央广播电视大学人才培养模式改革和开放教育试点"项目研究后，教学模式的研究就成为远程高等教育理论研究和实践探索的热点。

第一节　现代远程高等教育教学模式的基础理论

研究现代远程高等教育教学模式的基础理论，对指导"人才培养模式"的改革具有重要意义。

一、教学模式的含义与特点

（一）教学模式的含义

教学模式一词最初是由美国学者乔伊斯和韦尔等人提出的，1972 年他们出版了《教学模式》一书，系统地介绍了 22 种教学模式，并进行了分类研究，试图系统地探讨教学目的、教学策略、课程设计和教材，以及社会和心理理论之间的相互影响的、以设法考察一系列可以使教师行为模式化的各种可供选择的类型。我国在 20 世纪 90 年代开始对教学模式进行系统研究，远程高等教育教学模式的研究也开始起步，并在教学实践基础上，产生了各种教学模式，如自学辅导教学模式、"三环互动"教学模式、"五导""五助"教学模式等。

对"什么是教学模式"则众说纷纭。美国学者乔伊斯和韦尔认为，教学模式是一种可以用来设置课程、设计学习材料、指导课堂或其他场合教学的计划和模型。国内学者对教学模式定义的表述主要有以下几种：

白成华从教学方法的角度来定义教学模式，是"教师根据教学目的和教学任务在不同的教学阶段，协调应用各种教学方法过程中形成的动态系统"，是特殊的教学方法，适用于某些特定的教学情境。

吴也显则从教学结构范畴来定义，认为教学模式是人们在一定的教学思想指导下对教学客观结构作业的主观选择，是"教学结构在空间程度和时间程度上的稳定形式"。甄德山将教学模式看成是设计和组织教学，它是"在一定教学思想指导下建立起来的，与一定任务相联系的教学程度及其方法的策略体系"。张武升也认为"教学模式是在教学实践中形成的一种设计和组织教学的理论，这种教学理论是以简化的形式表达出来的"。李秉德从教学类型角度认为教学模式是指"在一定的教学思想指导下，围绕着教学活动的某一主题，形成相对稳定的、系统化和理论化的教学范型"。叶澜从教学操作样式的角度下定义，认为教学模式"不仅是一种教学手段，而且是从教学原理、教学内容、教学目标和任务、教学过程直到教学组织形式的整体、系统的操作样式，这种操作样式是加以理论化的"。

上述各种定义都各有千秋，从不同的侧面反映了教学模式的本质。比较上述定义，第三种看法能反映出教学模式的内涵和本质，因为从设计与组织教学的角度来定义教学模式，可以形成教学目标→教学思想→教学模式→教学实践的新的教学流程。因此，我们不妨将教学模式定义为：依据教学思想和教学规律而形成的在教学过程中必须遵循的比较稳固的教学程序及其方法的策略体系，包括教学过程中诸要素的组合方式、教学程度及其相应的策略。但解释远程高等教育教学模式不能完全套用。高等教育从其特性来划分可分为普通高等教育、成人高等教育，从其手段来划分又分为封闭式高等教育、远程高等教育。每类高等教育都应有适合它自身特点的宏观教学模式，并由此派生出众多的微观教学模式。因此，高等教育教学模式应有宏观教学模式（或称基本教学模式）和微观教学模式（或称具体教学模式）之分。远程教育宏观教学模式的含义可概括为：在远程教育科学教学思想和远程教育规律指导下建立起来的比较稳固的教学程序及其实施方法和策略体系，包括教学过程直至教学组织形式中诸要素的组合方式，教学程序及其相应的策略构成的可操作性的系统整体的教学模型。远程教育微观教学模式的含义可以概括为：建立在一定的教学理论基础之上，为实现特定的教学目的，将远程教学的诸要素以特定的方式组合成具有相对稳定的结构，具有可操作程序的教学模型。

教学模式是实施教学的一般理论，是教学思想与教学规律的反映，它具体规定了教学过程中师生双方的活动，实施教学的程序，应遵循的教学原则及运用的注意事项，成为师生双方教与学活动的指南。从教学实践看，教学模式是将教学内容、教学方法、教学手段、教学组织形式融为一体的综合体系，它可以使教师明确教学应先做什么、后做什么、先怎样做、后怎样做等一系列具体问题，把抽象的教学理论转化为具体的操作性策略，教师可以根据教学的实际需要选择运用。

（二）教学模式的特点和功能

教学模式是一种设计和实施教学的理论，尽管由于各种教学模式所依据的教学思想或理论不同，但从一般意义上讲，教学模式具有以下特点：

（1）任何教学模式都建立在一定的教学理论基础之上，或反映了一定的教学理论，教学模式是教学理论的具体化。

（2）每一种教学模式都有明确的主题、特定的教学目标，具有可操作的程序，同时包含了以某种教学策略为主导的多种教学策略。

（3）教学模式具有相对稳定的结构，教学过程中的各因素以一定的方式组合成相对稳定的结构。

（4）每种教学模式都有自己的适用范围和一定的局限性，没有普遍适用的教学模式。

（5）教学模式是一套教学程序及其方法的策略体系，可为教师提供教学策略。各学科教学可以将教学模式作为教与学活动的指南，结合学科特点参照运用。

（6）教学模式是一个开放的系统，随着人们对教学实践认识的加强、教学思想和教学观念的更新，可以不断修正教学模式，使其成为一种较完整的经典性的模式而得到推广。

教学模式有何功能？任何模式都有四种功能，教学模式也不例外：构造功能，它能提示事物各系统、各部分之间的秩序及其关系，能使人们对事物有一个整体的、清晰的认识和把握；解释功能，它能用简单、明了的方式说明我们所观察到的复杂现象；启发功能，它能揭示事物内部各种关系，以表明事物要素的某种排列顺序；推断功能，它能根据规律推断出预期的结果。教学模式具有以下独特功能：

教学模式的根本功能是指导教学行为。教学模式能将抽象的教学思想化为具体的教学策略，能对教学实践起到良好的指导作用，增强教学效果，提高教学质量。因此，优效性是教学模式的生命所在。如果一种教学模式不优效，如注入式教学模式，就会被淘汰。

教学模式能从根本上解决教学理论与教学实践之间的严重脱节问题。研究和探讨教学模式，能丰富和发展教学理论，更好地指导教学实践，提高教学质量。教学模式是一种设计和组织教学的理论，它将教学方法、教学组织形式、教学手段等组合在一起，并从时间和空间上阐明它们各部分之间的关系，从而使人们对教学过程的诸要素、诸环节进行重新审视，在教学理论与教学实践之间找到了中介环节，突破原有的教学理论框架，探索新的教学理论体系。

教学模式是在实践中形成的，用简洁明了的形式表达一种教学理论，为教师提供实现教学目标的条件和程序，它能揭示"运用某种教学模式，就必然会产生某种教学结果"的逻辑联系，使教师能够预见预期的教学效果。

二、教学模式构成要素与分类

（一）教学模式构成要素

不同的教学模式有各自不同的结构。教学活动存在于一定的空间和时间之中，在空间上表现为一定的教学理论、教学目标、教师和学生在教学活动中的地位及其相互关系；在时间上表现为如何安排教师、学生的教与学活动。这样不同的教学理论、教学目标、对师生活动的不同安排、不同的教学手段就构成了不同的教学模式。有的学者认为教学模式是由教学思想、教学目标、操作程序、师生角色、教学策略、教学评价等六要素构成。我们认为，任何教学模式都由五部分组成，称其为基本要素：特定的教学目的，特定的教学程序，特定的作用方式，特定的教学环境，特定的教学策略。

1. 教学目的

教学目的是教学模式中的核心组成部分。每一种教学模式都是针对特定的目的而设计的。教学目的反映的是教学模式设计者的教学思想，有别于对具体教学任务和具体教学对象提出的"教学目标"，它在一定程度上决定了教学模式的具体的操作程序和教学手段。

2. 教学程序

教学程序是对教学过程的设计，具体确定教学中各步骤应完成的任务，其实质在于处理好师生针对教学内容在时间序列上的实施。教学程序包括教学的阶段顺序、教学步骤，它安排师生在整个教学过程中的系列活动，它将教学过程划分为几个教学阶段，不同阶段确定不同教学任务，每个阶段可安排几种具体活动。

3．作用方式

作用方式主要体现师生在教学活动中的地位，它包括师生、生生、学生与教材之间的作用方式。在不同教学模式中，教师、学生、教材三者之间的关系不同：有的模式以学生为中心，有的模式以教师为中心；有的模式需要学生同化教材，有的模式需要学生发现教材。在不同作用方式中，学生学习的独立性、主动性和参与程度不同，对学生发展的影响也是有差别的。

4．教学环境

教学环境是指与教学有关、影响教学并通过教学影响人的各种内部外部因素的总体。它包括教学自然环境、教学物质环境、教学网络环境、教学人际环境、教学观念环境、班级教学环境和教学社会环境。

不同的教学模式对教学环境的要求不同。以学生为中心的教学模式要求学生有较多的参与，这就需要宽松、自由的环境；以学生合作学习为主的教学模式对学生间的人际关系有更高的要求。教学模式中的教学环境与作用方式有密切关系。

5．教学策略

教学策略是教师在教学过程中，为达到一定的教学目标而采取的具体教学方式方法和技巧的相对系统的行为。教学模式是教师对教学过程中出现的复杂多变的情景而做出相应的教学决策，从而形成较固定的教学策略体系。

（二）教学模式的分类

教学理论众多，教学理论指导下的教学模式也就繁多。为了更好地对教学模式进行研究，帮助教师选用好教学模式，有必要对教学模式进行分类。

美国著名教育家乔伊斯在与他人合著的《教学模式》一书中，将教学模式分成四大类。

（1）社会相互作用模式。该类模式注重发展学习者与他人和社会的相互交往、相互作用的能力。其中合作学习模式侧重于发展学习者的合作精神；角色扮演模式帮助学习者理解自己在社会中的角色意义，掌握学习规范和学习有效地解决社会问题的方法；案例教学模式帮助学习者认识社会争端问题、公共政策问题，形成处理社会问题的理念。

（2）信息处理模式。该类模式注重帮助学习者获取信息，发展学习者获取信息、加工信息、观察问题和解决问题的能力。如信息加工模式侧重信息的获得和加工；概念获得模式侧重帮助学习者有效地学习概念；探究模式侧重于培养学习者的探究问题的技能。

（3）个人发展模式。该类模式注重发展学习者独特的人格和促进对个人与社会的相互关系的理解。该类模式希望学习者通过学习，能更好地认识自我，具有独立的人格，对自己对社会更富有责任心，在追求高质量的生活中更具有创造力。

（4）行为主义模式。该类模式建立在行为主义的社会学习理论和行为矫正、行为治疗、控制论的基础上。如布卢姆的掌握学习、斯金纳的程序教学和加涅的学习条件等模式归于这一类型中。此外还包括学习自我控制、有效的自我训练模式。

我国学者叶澜在《新编教育学教程》一书中将教学模式分为三大类。

（1）侧重于发展思维能力的教学模式，包括归纳思维模式、发现法、探究训练模式、社会探究模式。

（2）侧重于发展人际关系技能的教学模式，如角色扮演模式、直率性训练模式、社会模拟模式。

（3）侧重于适应学生需要与个别差异的教学模式，如设计教学法、分组教学法等。

上述两种分类方法反映了不同的分类思想。乔伊斯的分类倾向于以模式的理论基础为依据，叶澜的分类是以个体发展为依据。不同的分类对教师选用教学模式有不同的指导作用。

还可以教学方法或教学策略为依据进行教学模式的分类，以认知建构目标为主的教学模式也可分三类。

（1）以及时反馈为主导策略的教学模式，如程序教学模式、掌握学习模式等。

（2）以探究为主导策略的教学模式，如发现教学模式、研究性教学模式等。

（3）以信息加工为主导策略的教学模式，如概念获得模式、精细加工模式等。

还有以教学理论与教学策略双重标准对教学模式进行分类，主要有四种。

（1）着眼于认知发展的教学模式，如德国教育家瓦根舍因等人的范例教学模式，苏联教育家赞科夫的一般发展教学模式，美国教育家奥苏伯尔的有意义接受教学模式，美国教育家加涅的积累学习教学模式，美国教育家布卢姆的掌握教学模式。

（2）着眼于非理性主义的教学模式，如美国心理学家罗杰斯的非指导性教学模式，保加利亚心理学家 G·洛扎诺夫的暗示教学模式。

（3）着眼于整体优化的教学模式，如苏联教育家巴班斯基的最优化教学模式，日本知名学者广冈亮藏的教学过程最优化模式。

（4）着眼于探究的教学模式，美国教育家布鲁纳的发现教学模式，美国教育家萨奇曼的探究训练教学模式，美国学者兰本达的"探究—研讨"教学模式。

三、现代远程高等教育教学模式的基础理论

远程教学思想或教学理论，是现代远程高等教育教学模式赖以形成的基础，它为教学模式提供理论渊源，使人们能了解该模式的来龙去脉。如罗杰斯的非指导性教学模式是以人本主义学习心理学（强调个人经验及情感体验学习与认知活动的结合）为依据的。世界上有多少种教学理论，就有多少个教学模式，我们不可能也无必要把世界上所有教学理论都介绍一番，我们只有介绍具有代表性、典型性、影响大的教学理论。

理论与模式之间的关系本身就是非常复杂的，尤其在教学模式领域中，它们之间的复杂性显得更强化了一层。因为教学模式的形成很难说基于某种唯一的理论，除了教学理论外，我们认为还需要一般系统论、学习理论、传播理论。这些理论与模式之间的关系并不总是非常清楚的。众所周知，像教学模式这样的新兴学科正处在迅速发展时期时，它的基础理论常常不完善，甚至杂乱无序。这些理论直接影响到教学模式的设计者及其实践者的运用，它们把教学模式诸要素有机整合成系统模式，并指导实施该模式的教学实践活动。

一般系统论是作为一种科学的方法论对教学模式产生举足轻重的影响。把复杂的教学模式要素依据一定的教学思想整合成系统的教学模式，靠的是一般系统论。任何系统都包括五个要素：人、物、过程、外部限制因素和可用资源。五个要素间存在三种联系形式：①过程的时间顺序；②各因素间的信息流程；③从一个系统中输入或输出的信息（人或物）。对系统的设计离不开对这五个要素及三种联系的分析与综合。我们在设计教学模式中运用系统思想把教学模式要素组成系统模式，这是一个由输出（建立教学目的）—过程（实现教学目的）—输出（评价教学目

的）的完整过程。它要求教学模式的设计者与实施者从系统整体出发，以教学环境分析入手制定教学目的和教学程序，选择作用方式和教学策略，进行教学活动与教学评价，并有效运用系统反馈进行教学模式的修正，从而达到教学模式的整体优化。

传播理论是研究信号和信息传送到个体、小组、群体的方式。教学作为一种人的认知发展过程活动，与信息的传播密不可分。传播理论涉及态度、劝诱、语言、意义等因素，其本身受到其他理论的影响，是一门相互交叉的网络性科学。教学模式说到底是教学信息传播的比较稳固的系统的教学模型。我们把教学信息的传播模型看成是在一个有干扰的教学环境中运行的，由教学信息源、信息渠道和信息接受者（学生）为主要成分的系统模型。拉斯韦尔"5W"公式与布雷多克"7W"模型是传播理论的核心内容，从中找到了组合教学模式诸要素（教学目的、教师、学生、教学资源、教学策略与媒体选择、教学环境与教学评价）最系统、最完整的理论依据。

学习理论是形成教学模式最核心的组成部分。教学模式的出现就是人类为寻求最佳的学习途径而进行的筹划。国外的学习理论十分丰富，每一种学习理论都伴随着相应的教学理论。如皮亚杰的建构主义学习理论与建构主义教学理论，布鲁纳的认知结构学习理论与发现教学理论等。当系统理论为教学模式设计指明了方向之后，学习理论便为教学模式设计提供了具体指导，这些具体指导渗透在教学模式诸要素的组合过程中。学习理论中的记忆、认知、迁移、转换、强化、练习等变量都对教学模式的设计与实施产生影响。正是由于学习理论与教学模式天然的密切联系，因此，作为学习理论的基础教育心理学、行为主义心理学和认知心理学对教学模式必然产生重大作用。

在教学模式基础理论中，教学理论是教学模式设计者最直接的理论来源。可是，教学理论到目前为止，并没有完全一致的理论体系。在丰富多样的现代教学理论中存在许多不同的教学概念模式，这些概念模式存在着这样或那样的差异是因为人们对教学理论（教学过程的本质、教学原则、教学目的等）性质的看法不一致。教学理论中研究的课程、内容组织、教学传递、学习者个体特征、教学过程及其管理等，都与教学模式要素紧密相连。这里重点介绍当代对教学模式有重大影响的四种教学理论。

（一）行为主义教学理论

行为主义教学理论起源于美国心理学家桑代克的联结主义，他提出了三条学习原则：准备律、练习律、效果律。新行为主义主要代表人物有斯金纳、加涅等。

美国心理学家斯金纳（1904—1990）创建了程序教学理论。他认为要提高教学效率和质量，关键在于学习效果的及时反馈，使学习行为经过多重强化和连续强化，并有效地保持在一定的强度水平上，因此，只要设计出一种程序编制严密而科学的教学机器，它就产生和教师亲自教学一样的效果。他提出了刺激——反应心理学理论并将它应用于教学实践，出现了程序教学和教学机器。其基本思想是：将教学内容分成一系列小步子，后一步的学习必须建立在前一步知识掌握的基础上。学习者主动从事这些小步子的学习，自控学习进度，连续强化学习行为，就能获得好的教学效果。早期的教学模式明显地带有行为主义色彩。20世纪60年代后，世界上许多国家先后进行了程序教学。70年代后，由于计算机和信息加工技术的发展，计算机辅助教学（CAI）、网络教学在远程高等教育中广泛应用，90年代多媒体技术的运用，使程序教学变得更加富有挑战性。

美国著名心理学家加涅的信息加工教学理论。他将传统的学习心理学成果应用于教学，使其教学理论融合了行为主义、认知心理学、人本主义及控制论等观点，是一位折中的行为主义者，是西方教学理论集大成者之一。他的教学理论是建立在学习理论基础之上，反映了教学理论研究发展的一种积极趋势。加涅教学理论的特点最明显地表现在他对学习阶段和教学阶段的论述上。他把学习过程解释为信息加工过程，提出了学习过程"八阶段"理论，并相应地提出了教学过程"八阶段"。这揭示了学生课堂学习和教师课堂教学的一般特点和规律，对学生的学习和教师的课堂教学具有普遍的指导意义。他把教学分为准备阶段（如吸引注意、告诉目标、激起回忆等）、实施阶段（讲解、演示、提示、练习等）、总结阶段（评价）。他的教学理论对我国教育心理学影响很大。

（二）认知学派的教学理论

现代认知学派是当代教学理论研究中一个比较有影响的学派。认知学派的理论并不是某人独创的，而是受多种因素影响逐渐形成的。认知心理学是这派教学理论的基础。瑞士心理学家皮亚杰是认知学派的代表人物，他提出了著名的发生认识论，在他的理论中有五个最基本的概念：图式、同化、顺应、调节和平衡。他认为人的认识的发生、发展过程和结构决定主客体之间的相互作用。认知学派教学理论的代表人物有美国著名心理学家布鲁纳的结构教学理论和美国著名教育心理学家奥苏伯尔的同化教学理论。

布鲁纳的结构教学理论。布鲁纳从心理倾向、知识结构、教学程序和反馈应用等四个方面详细地论述了教学基本原理，他提出一个教学理论应包括五个主要方面：①事先为学习者安排学习的最佳经验；②为学生的最佳理解提供一种知识结构；③提示所学材料的最佳顺序的详细说明；④恰当地运用学习中成功与失败和奖励与惩罚手段，保证学习动力的产生；⑤设计教学环境中激发学生思想的程序。他主张在教学过程中创造条件，采取有效措施，使学生在教学过程中进行自主的、积极的、真正有意义的思考，从而使学生的自主发现能力、独立解决问题的能力、发明创造能力得以提高与发展。

奥苏伯尔的同化教学理论。他的学习理论和教学理论以"认知结构同化论"为基础。他提倡在课堂教学中学生以有意义地接受学习为主，教师以讲授教学为主，适当地采用"先行组织者教学模式"，可以提高教学质量。所谓"认知结构"是指学科知识的实质性内容在学习者头脑中的组织。学习新知识的过程是学习者积极主动地从自己先认知结构中提取与新知识最有联系的旧知识，用来"固定"或"归属"新知识的过程，是新知识在学生认知结构中进行"同化"或"类属"的动态过程。过程的结果导致原有的认知结构不断地分化和整合，使学习者获得了新知识或稳定的意识经验，原有知识也在同化过程中发生了意义的变化，先认知结构也发生了量变或质变。他的认知同化理论——有意义言语学习过程的三个阶段：学习新知识是同化的第一阶段；保持与遗忘是同化的第二阶段；再现是同化的第三阶段。学生从原有知识结构中提取最有联系的旧知识来"同化"新知识，使原有的认知结构不断变化，重新组织，从而把新知识融合到先认知结构中，这就是有意义的言语学习。

（三）人本主义教学理论

人本主义教学理论源于人本主义心理学。人本主义心理学最早代表人物是马斯洛，他强调了学习过程中个体自我实现的心理历程，从一个全新角度剖析教学理论研究中关于教与学的相互关系。其中代表人物是美国心理学家罗杰斯以学习者为中心的人本主义教学观。

罗杰斯的"以学生为中心"的教学理论。他认为，学校教育要确立以"学生为中心"的培养目标，真正按照人本主义精神为社会提供能适应变革需要的有用人才，一个"完整的人"；要确立"教会学生学习"的教学目标，立足学生的个性发展；建立新型的师生关系，教师应该对学生抱以真诚的态度，关心、尊重学生的情感和经验，做到彼此间的接受和理解的平等、民主的人际关系。

罗杰斯的"非指导性"教学理论。他反对传统教学中将教师知识传授置于教学活动的核心地位，教学过程更多地运用间接的、非命令的、启发性的方式；要关心学生在学习过程中可能产生的反应变化，引起学生"我要学"的学习动机；帮助学习者在知识同化过程中化解各种矛盾；帮助学习者排除学习变化的障碍，使学生自身的学习在没有外界威胁的情况下进行，以取得充分的效果；教师应把学生的感情和问题放到教学过程的中心地位。在学与教的关系上，应以学生为中心组织教学；教学中师生是一种民主平等关系；在教学管理上要以学生的自我管理、自我约束为主，自由选择学习内容、学习方法；在教学方法上，要以学生自学为主，教师辅导为辅，让学生自己制定学习计划，选择学习方法，评价学习结果，教师只是在需要时才去辅导。

（四）建构主义教学理论

20世纪90年代，建构主义教学理论兴起。该理论认为，把学习者与教学媒体、教学情境整合是教学模式设计的一个重要特征。学习者具有积极的自我控制、目标导向和反思性特点，通过学习情境中的发现过程和精加工行为，学习者能建构自己的知识。它强调教学整体性、变化性的思想，学生学习的内容应该是知识与技能的整合体，而不是各种能力和任务的分解；教学内容应该是与特定教学情境相联系的学生整体知识的获得和运用。理想的教学环境应当包括情境、协作、交流和意义建构四部分。

该理论认为，知识不是通过教师的讲授得到的，而是学习者在一定的社会文化背景下，借助他人的帮助，利用必要的学习资料，通过意义建构的方式获得的。教学的质量是意义建构能力的函数，而不是学习者重视教师思维过程能力的函数。它提倡在教师指导下以学生为中心的学习。它既强调学习者的认知主体作用，又不忽视教师的主导作用。它认为教师是学生意义建构的帮助者、促进者，而不是知识的传播者和灌输者；学生是信息加工的主体，是意义的主动建构者，而不是外部刺激的被动接受者和被灌输的对象。

简单地说，建构主义教学理论主张以学生为中心，在整个教学环境中教师起组织者、指导者、帮助者和合作者的作用，利用情境、协作、会话等环境要素充分发挥学生的主动性、积极性和首创精神，最终达到使学生有效地实现对当前所学知识的意义建构。

第二节　现代远程高等教育教学模式的探索

我们研究的教学模式及其理论，实验基础是中小学教学实践。这毕竟与远程高等教育教学模式有所差异。虽然教学对象不同，但其基本理论是相通的，这也是我们花费大量笔墨进行介绍的原因。这节评价的国外教学模式，未必属于远程高等教育教学模式，但对构建我国现代远程高等教育教学模式具有重要借鉴意义。

一、当代国外主要教学模式与评价

近十几年，一批有代表性的当代国外教学模式或理论被陆续介绍到国内，引起较大反响，其中有些对国内学校教学实践（包括远程高等教育）产生了深刻的影响。现摘要介绍三种对远程高等教育教学模式有启示意义的国外模式。

（一）布卢姆的"掌握学习"教学模式

"掌握学习"教学模式是美国当代著名心理学家和教育学家布卢姆创立的。它的核心内容是：在"所有学生都能学好"的思想指导下，以集体教学为基础，辅之以经常、及时的反馈，为学生提供所需要的个别化帮助以及所需的额外学习时间，从而使大多数学生达到课程目标所规定的掌握标准。该模式主要是指导教师组织教学，安排一单元的教学活动。

1．理论依据

布卢姆的"掌握学习"教学模式的形成借鉴了卡罗尔等人提出的"学校学习模式"的研究成果。学校学习模式的核心观点是任何一个学生只要有充足的学习时间都能完成任何学习任务，并非只有能力强的学生才能完成高级的学习任务。现实中出现的学习上的个别差异，是由于该学生所需要的学习时间量与实际学习时间量的差异造成的，学生的学习是否成功，关键在于是否接受了理想的教学，是否得到了必要的学习时间。

（1）"新的学生观"。学生学习成绩的好坏决定于学习能力的高低，这是通常看法。布卢姆研究发现，"如果提供了适当的学习条件，大多数学生在学习能力、学习速度、进一步学习的动机方面会变得十分相似"。"在适当条件下，几乎所有人都能学会学校所教的知识。"

（2）情感准备状态。心理学理论告诉人们，学生的情感影响着学生学习结果。传统教学使一小部分"成功的"学生继续深造，而大部分"失败的"学生变得灰心丧气，并产生了一种消极的自我观念。掌握学习运用情感教育激发学生进一步学习的兴趣，发展学生对学习的积极态度、健康的自我观念，从而能更加主动、努力地去学习。所谓情感准备状态，是一种兴趣、态度和自己对自己的看法的复合体。学生以往的经历和目前的期望，决定了他对学习的情感准备状态。学生的情感准备状态与学习成绩相关，且又不那么容易改变，这是学生长期学习经历中形成的。教师可以通过各种手段，有效地增强学生致力于某一学习任务的努力程度。

2. 教学目标

在于解决学生学习效率问题，以求大面积提高教学质量。为了帮助教师确定教学内容，并能对其进行评价，布卢姆对教学目标进行了系统的分类。他认为完整的教学目标分三个主要部分：一是认知领域，包括有关知识的回忆或再认，以及智力能力和智力技能的形成等方面的目标，并将认知领域内的教育目标从低到高分为知识、理解、运用、分析、综合、评价六大类。二是情感领域，包括描述兴趣、态度、价值等方面的变化，以及鉴赏和令人满意的顺应的形成，并将情感领域内的教育目标从低到高分为接受、反应、价值判断、价值组织、价值个性化五大类。三是动作技能领域，包括运动技能及其协调活动，并将动作技能领域的教育目标分为基础目标、规定动作、创造动作三大类，每大类又分成许多子目标。他认为，在教学中知识、情感和能力对学生的发展都是必要的，系统的科学知识对情感、能力的发展非常重要，单纯以知识接受为目标的教学是低水平的教学，以理解、应用、分析综合、评价和反应、判断、组织、个性融会贯通为目标的教学，可以使学生在知识、态度、能力诸方面得到全面发展。

3. 教学程序

掌握学习教学程序一般由单元教学目的设计、群体教学、形成性评价（A）、矫正学习、形成性评价（B）五个环节构成，其中最重要的是矫正学习环节。该模式要求在单元教学后进行形成性测验，这是其重要教学策略，目的是为了了解学生对该单元学习任务完成情况，为师生提供反馈。测验后对学习达标率在80%以下的学生给予一个矫正学习的时间，要求教师变换教学方式以提高学生的学习速度。第三次形成性评价是为参加矫正学习的学生准备的，学生通过矫正学习都达标了，就转入下一单元的学习。

4．教学策略

（1）注重对学习过程的控制。教学的中心任务不是控制学生，而是控制学习。教师的作用是说明学习内容，激发学生的学习兴趣，向学生提供教学材料，指导学习进度，判断学生在学习上遇到的困难并采取恰当的补救措施，表扬和鼓励取得好成绩的学生，使其保持下去。

（2）实施反馈教学。它采用个别化教学，在群体教学中加进了自我纠正系统——反馈和个别化的矫正性帮助。通过频繁的反馈和按照每一个学生的需要因人而异地帮助进行纠正，及时弥补和纠正群体教学所带来的不足。反馈和纠正是通过诊断性评价、形成性评价和终结性评价来实现的。诊断性评价，相当于我们通常说的"摸底"。它是指教师在教学开始之前所进行的评价，目的在于了解学生在教学开始之前是否具有达到目标所必需的基本能力和技能，把学生置于教学序列中的一个适当位置上，进行分类教学。

（3）为掌握而教。为了学生掌握学习，采用班级群体教学，按能力分小组教学和个别指导教学相结合，达到共同教学目标。

（4）为学生提供成功的学习经验。学生一直在寻求对自己价值的肯定承认，如果教师不能在课堂上给学生以更多成功的学习经验，那么学生在校内外都会拒绝学习。"差生"在学习成绩和学习态度上的恶性循环是人为造成的，只有在学习时间、学习动机、学习方法上为学生提供有利条件，对学生的进步给予及时反馈，那么，"差生"就会把更多的时间用于积极学习上。

5．评价

"掌握学习"教学模式强调的是因材施教，使教学适应学生的心理特点和个别差异，从而使大多数学生达到课程目标确定的掌握标准，达到大面积提高教学质量的目标。它把集体教学、小组教学与个别教学融为一体，寻找集体教学与个别教学最佳的结合。集体教学是基础，小组教学与个别辅导是补充和深化，三种教学交替进行，这样使教学既照顾了全体学生的共同需要，又可针对个别学生的弱点和不足，有效地解决了集体教学与因材施教相统一问题。

"掌握学习"教学模式也有许多问题需要在实践中解决。如教学内容以单元划分怎样才更合理、科学；教师课前的大量准备工作，使用多种教学手段和方法，教师负担加重；本模式对"差生"和一般学生比较适应，优等生的深化学习和扩展学习难以解决。该模式侧重于学科知识的教学，对学生的能力发展没有给予足够的重视。

（二）罗杰斯的非指导性教学模式

当代美国人本主义心理学家罗杰斯认为，传统教学是以教师为中心的、灌输性的、有指导的教学。罗杰斯根据自己多年的心理治疗的经验，把"以病人为中心"的理论直接运用到课堂教学中，形成了"以学生为中心"的非指导性教学模式。所谓"非指导性"教学，就是非操纵或非包办的教学，教师不是直接地教学生，而仅仅是促进他们的学习。在这个教学环境中，学生是教学的中心，他们能得到教师的理解、尊重，情感活动和认知活动有效地统一起来，兴趣、爱好得到最大限度的发挥。教师的作用只是为学生的学习提供各种条件，让学生自由地选择如何学习，参加讨论、探索、研究。

1. 理论依据

"非指导性"教学又称"以学生为中心"教学，是以人本主义心理学为理论基础。人本主义三大理论支柱是"性善论""潜能论"和"价值观"。人本主义认为，人的本性是好的，至少是中性的。人生来就有良好发展的潜能，只要条件允许，人都可以发展成为个性健全、具有责任感和创造性的实现自我价值的人。人的自私、好斗、凶残，乃至驯服、僵化和遵从等都不是人的天生本性，而是后天社会的不良影响、外界压力和教育不当造成的。为此，他创建了"非指导性"心理咨询理论。作为心理咨询专家，罗杰斯强调病人"自我解脱"，以"病人为中心"的心理治疗方法，医生仅起一个"咨询"作用，鼓励病人自由地表达思想，医生和病人一起讨论他们所愿意讨论的任何问题。医生不规定任何再教育计划，不进行劝告，对病人发泄的感情不作分析，只创造一种医生和病人相互信任的关系。他把这种治疗方法引用到教育领域，形成了"以学生为中心"教学模式。

2. 教学目标

针对传统教学只注重人的理智发展，片面地训练人的认识能力，忽视学生的情感培养的缺点，罗杰斯提出教学目标应以人的本性为出发点，把教学作为促进自我实现的工具，开发人的创造潜能，形成人的独立个性，最终目标是培养真正自由独立的、情知合一的完整的人。

3. 教学程序

非指导性教学是一种无结构的教学，教学目的、内容、进程和方法等由学生自己讨论决定，但具有一个时间上的序列。这种序列划分为三个阶段：①创设辅导情境。教师创设一种有利于学生接受的气氛或问题情境。②个人或小组提出共同感兴趣的问题。由学生提出各自感兴趣的问题，从而确定教学目标。教学活动总是由"我们今天希望讨论什么或做什么"这一类问题开始，教师的任务是将学生含糊不清的、相互矛盾的个人问题引导到小组共同问题上来。③提供资源，共同讨论。在确定好教学目标后，教师提供一些小组可利用的资源，鼓励学生表达自己的真实情感，坦诚待人，乐于倾听他人意见，认真参与小组讨论，共同探索问题。教师可以按照学生的要求讲授课程内容，但对问题不作任何结论。

4. 教学策略

在本模式中教师的职责由系统讲授变为定向指导、启发等作用。为了防止学生自学放任自流，教师应采用以下教学策略：①创设心理自由和心理安全的环境。②建立良好的师生关系。教师须以真诚的态度对待学生；尊重学生的个人经验、感情和意见；深入了解学生的内心世界，设身处地为学生着想。③在教师引导与启发下，学生应采用意义学习和自我评价。意义学习是指不再简单地积累知识的学习，而是学生通过实践行动，自发地产生对知识的兴趣与热爱，自己提出问题，自己选定目标和方法，自己发现学习资料，自己灵活理解和运用知识，从而发挥自己的独立性、创造性。学生运用"自我评价检查表"，对自己学习效果进行评价。

5. 评价

罗杰斯是当代人本主义思想的创始人之一，他把人本主义心理学和自己长期心理治疗所积累的经验移植到教学理论中，形成独特的"非指导性教学"理论，引起世界性的强烈反响和关注，成为当代教学理论研究的重要课题之一。他提出了必须以人为中心的教学观，对于生动活泼地、自主地、创造性地发挥学生潜能和良好个性的塑造具有重要作用。他把人际关系、情感态度看成是实现教学目标的主要条件之一，主张创设一种真诚、理解和接受的教学环境，让学生充分实现自我，充分认识自我价值。他把情感与认知共同作为教学活动的基本动力，形成一种从知情协调活动为主线的新理论，有利于培养"完整的人"。

罗杰斯主张学习内容、学习过程由学生自由选择，教师不作指导，这是违背客观实际的。不存在无教师指导的教学，学生学习的自由是要受到社会的制约和影响。他过分强调学生学习潜能的发挥，这是缺乏科学依据的。科学研究证明，人的意识水平的心理发展潜能只有在人类社会中、在教育的积极影响下，才能很好地发挥，自主性的心理潜能是人类在长期的社会生产劳动中形成和发展起来的，所以人本主义教学观在其理论上就很难站住脚。他过分强调情感作用，忽略了认知作用，过分强调学生"自我——主动"学习，忽略了教师作用，是违背教育规律的。

（三）巴班斯基的最优化教学模式

苏联教育家巴班斯基在总结大面积克服留级现象，提高教学质量的先进经验的基础上，从探讨预防学生学业不良问题入手，研究教学过程优化的理论，提出了最优化教学模式。他认为，教学过程最优化是教师有目的地选定一种建立教学过程的最佳方案，使之能保证在规定时间内教学任务，并取得尽可能大的效果。最优化包含四个因素：遵循教学规律，根据教学规律所论证的原则、方法、形式和教学手段来进行教学；考虑条件，既要考虑教学的外部条件，又要考虑师生的实际情况，选择最佳方案；调控活动，随时调控师生教与学活动过程；获得效果，在规定时间内获得最大可能的教学效果。它是一套行之有效的教学工作体系，克服不利因素，调动和创设有利于发挥教学最优功能的各种因素，以较经济的时间和精力取得在该条件来下的最佳效果。形成以合理组织教学过程的最佳方案的手段，实现最优效果为目标的"最优化教学模式"。

1. 理论依据

巴班斯基运用辩证唯物主义方法对教学过程进行了系统研究。他运用系统论、信息论、控制论的观点、方法来考察教学，认为最优化是教师根据稳定条件，确定效果和耗时的双重质量标准，选定最佳方案，按实际中的反馈信息及时调整教学过程，以期达到最大效益的系统。教学效果取决于教学诸要素构成的合力，对教学应综合分析，整体设计，全面评价。教学最优化就是在一定条件下用最少的教学时间取得最大的教学效果。

2. 教学目标

教师有目的地选定一种建立教学过程的最佳方案，保证在规定时间内完成教学任务，并取得尽可能大的教学效果。如：①形成学科专业知识；②形成专门的技能技巧；③发展学生从事各种活动的创造才能；④培养学生情商，发展个性品质。

3. 最优化的基本标准

巴班斯基从提高教学效率和节约时间出发，指出必须把解决教学任务的效果、质量，以及师生为解决这些任务所花费的时间和精神作为教学过程最优化的标准。即：①效果标准：每个学生在某一时期内，根据所提出的任务，尽自己最大可能达到教学和发展水平，在思想品德和一般发展上达到最大可能的效果。②时间标准：学生和教师必须遵守学校及国家规定的课堂教学和家庭作业的时间定额，不得随意加课，增加学生课业负担。

4. 教学程序

巴班斯基通过对教学过程最优化的实验研究，认为实施最优化教学的程序为五个基本阶段。

（1）综合设计教学任务，使任务、内容具体化（熟悉大纲、教材；评估教学条件；评估学生情况等）。

（2）优选教学的效果标准和时间标准。

（3）选择最合理的完成教学任务的方案（选择合适的教法；依据最优化标准选择方案；针对不同学生特点选择教学策略）。

（4）实施所选定方案（按师生教与学过程将激发学习动机、落实教学方案、检查学习效果和调整教学设计方案四个环节统一起来）。

（5）分析教学效果（对照最优标准找出差距，将所耗时间、精力与标准比较；促使学生自我评定教学效果是否符合自己实际可能的最优化标准，找出差距原因，提出弥补和克服偏差的建议）。

5. 教学策略

最优化教学过程所建立的最佳方案，包括教学内容、教学形式和教学方法等一系列优化策略。①教学内容最优化。按照教学目标合乎规律地优选教学内容。②教学形式最优化。集体教学、小组教学和个体教学是教学的三种基本组织形式。根据教学目标、知识类型、学生素质、学习经验等因素，结合具体情况合理选用上述三种教学形式。③教学方法最优化。他认为教学方法是师生达到教学目的而进行相互联系活动的方式。他强调要以整体观点对待教学方法，以建立一个完整的教学方法体系。教学方法分三大组：①组织和实施学习认知活动的方法；②激发和形成学习认知活动的方法；③检查和自我检查学习认知活动的方法。教学方法最优化的六条基本标准：

（1）必须符合教学规律和教学原则；

（2）符合教学目的和任务；

（3）与教学内容的特征相适应；

（4）考虑学生学习接受的可能性；

（5）考虑现有条件教学和所规定的教学时间；

（6）适合教师本身条件的可能性。

上述六条标准对于教师有根据地论证自己所选择的方法大有裨益。

6. 评价

巴班斯基吸取了传统教学理论的精华，又融合了同时代的教育学、心理学和方法论上的研究成果，把系统论作为一般方法来研究教学过程，从而创建了教学过程最优化理论。他在方法论上坚持整体观，教学目标、教学策略上寻求最优化，在揭示整个教学过程的动力、规律的基础上，从培养全面发展的人的角度，使教学过程达到最优化。

巴班斯基最优化教学思想的核心是最优化地完成教学任务，

使全体学生得到最大可能的全面发展，这对我国全面实行素质教育有极大的启发作用。巴班斯基从提高教学效率和节约时间出发，确定"定时低耗，高效质优"原则，有利于减轻教师和学生的负担，有利于提高教学质量，最大限度地促进学生全面发展。他提出的教学内容、教学形式、教学方法的优化策略，为教师进一步钻研教学方案，多媒体优化组合，克服学生不必要的学习负担，实行个别化教学和为不同的教学目的优选不同教学方法具有很高的参考价值。

巴班斯基最优化教学模式也存在一些不足。他只论述了教师教学的最优化，却没有涉及学生学习过程的最优化，这对于学生学习能力的培养和个性品质的塑造是有欠缺的。

二、我国现代远程高等教育教学模式的探索

改革开放以来，特别是电大创立以来，我国现代远程高等教育在继承的基础上力求创新，形成了一些比较定型的、可行的或具有新意的教学模式，有的是国外教学模式的中国化，有的是各种教学活动方式的升华和概括。现代远程高等教育教学过程有教师、学生、教材、媒体四要素，这四要素在教学过程中不是彼此孤立、互不相关地简单组合在一起，而是经过教师的最优化形成彼此相互联系、相互作用的有机整体、稳定的结构形式即"教学模式"。影响较大的模式有以下几种：

（一）自学辅导教学模式

1965 年，中科院心理研究卢仲衡教授根据美国程序教学专家斯金纳关于小步子和及时强化的原理，运用学习心理学中的适当步子的原则、即时知道结果的原则、铺垫原则、直接揭露本质特征原则、从展开到压缩原则、变式练习原则、按步思维原则、可递性联想原则、步步有根据原则这九条原则，对初中数学进行自学辅导的教学实验，把传统课堂教学以教师讲授为主变为在教

师的指导、辅导下以学生自学、自练和自拟作业为主的过程，形成了"自学辅导"教学模式。我国的远程教育，从第一代的函授教育到第二代的广播电视教育，甚至第三代的网络多媒体教育，都离不开"自学辅导"这一基本教学模式，卢仲衡教授从理论到实践创设了这一模式，虽然最初应用于义务教育，但它适合于远程教育，从我国远程教育诞生之时就已经采用了。

1．理论依据

（1）"学会学习"的学习观。人们在知识总量不断增加的前提下，要赶上信息时代的步伐，自学能力的培养是关键。有了自学能力，无论知识更新的周期如何加快，科技综合化趋势如何加强都可以运用自学能力去有效地掌握知识，获得独立思考的能力，实现终身学习。

（2）"教师为主导，学生为主体"的辩证统一的教学观。

（3）"独立性与依赖性相统一"的学生心理发展观。

2．教学目标

（1）培养学生强烈的自学兴趣和良好的学习态度，让学生主动参与学习，独立掌握系统知识。

（2）培养学生掌握自学的方法，养成良好的自学习惯，培养自学能力和独立思考能力。

（3）培养学生系统整理知识的能力，科学运用知识的能力。

3．教学程序

该模式的基本操作程序为：提出自学要求—学生自学—讨论启发—练习运用—评价小结。教师辅导贯穿每一个环节。

4．教学策略

（1）教师角色与教学策略。在自学辅导教学中，以学生自学为主，教师承担着"指导者与辅导者"的角色。教师的教学策略有：

①启发指导策略。教师通过启发引出问题，布置自学内容和

要求，让学生在教师指导下通过自学解决问题，掌握知识。辅导形式有点拨、讲解、追究、讲评、总结等，本策略体现于课前制定的反映教材学习任务的重点、难点的自学提纲及课堂重点难点的讲解、课堂学生讨论等教学事件上。

②检查督促策略。学生在自学每一学习内容时，教师要通过观察、提问等形式检查学生自学情况，纠正错误。该策略主要体现于小组教学和个别化教学、形成性作业和课堂练习上。检查练习、作业、督促改正错误。

③辅导策略，它是对各类不同学生做不同程度的辅导，使他们均能在自学基础上得到提高。

（2）学生角色与学习策略。在自学辅导教学中，根据学生在自学中的差异，区分出四种不同学生的思维品质：

敏捷而踏实（快而准）；

敏捷而不踏实（快而不准）；

不敏捷而踏实（慢而准）；

不敏捷而不踏实（慢而不准）。

学习类型不同的学生自学方法和自学效果上不尽相同，学生在自学辅导教学中始终扮演着"自学者""问题解决者""主动学习者"的角色。在自学过程中可以采用的学习策略如下。

①掌握阅读方法。如粗读、细读、精读的方法。制订自学计划，合理安排时间。

②养成良好的自学习惯。在自学基础上，针对教师拟定的自学提纲，从教材中找出答案；写出单元章或节总结；归纳各部分知识之间的关系；提出自学中的疑难问题；学会做自学笔记；学会使用工具书、参考书。

（二）小组合作教学模式

小组合作教学模式产生于美国20世纪70年代，与人们对竞争性评分制深感不满有密切关系，我国开始研究实验的时间不太长，中央电大开放教育试点项目借鉴了这一模式，要求学生进行小组合作学习。小组合作教学模式是以"合作思想"为灵魂，以"小组学习"为教学主体组织形式，辅以灵活、快速的反馈矫正和合作性的奖励等手段，强调学生的合作意识和社交技能，注重非智力因素对教学活动的影响，形成了一个有利于全体学生积极、生动、主动、活泼发展的教学流程。合作学习顺应了21世纪人才素质"学会合作"的要求。

1．理论依据

小组合作教学模式的理论基础是相当丰富的，这是它成为一种深受世界上许多国家关注和欢迎的教学模式的重要原因。

（1）群体动力理论。群体是成员之间的社会互赖性可以变化的动力整体。当所有的人聚集在一起为了一个共同的目标而工作时，靠的是相互团结的力量。相互依靠为个人提供了动力，使他们：①互勉，愿意做任何促进小组成功的事；②互助，努力使小组成功；③互爱，因为人都喜欢别人帮助自己达到目的，而合作最能增加组员之间的接触。

（2）需要理论。"只有愿意学，才能学得好"是需要理论通俗的表述。它在求教师只有创造条件满足学生对归属感和自尊感的需要，学生才会感到学习是有意义的，才会愿意学习，才有可能取得学业成功。

（3）教学工学理论。该理论认为课堂教学工学可以描述为三个要素——任务结构、奖励结构和权威结构的统一体。任务结构是构成学校每天上课的各种活动的混合；奖励结构是运用何种方式来强化学习行为的结果；权威结构是师生控制教学活动的程度。奖励结构是合作教学赖以提高学业成绩的最为关键的因素。

（4）社会凝聚力理论。该理论认为，小组建设、小组评议及任务的专门化，不但可以使小组成员协调工作，而且还使全班作为一个整体发挥功能。

（5）认知精制理论。该理论认为，合作学习受益最大的是那些给他人做详细解释工作的学生。合作学习者须对学习材料进行某种形式的认知重组或精制。学习中的精制是使人们更好地记住正在学习的东西而做的充实意义的添加、构建或者升华。

当然还有动机理论、发展理论的支撑，不再赘述。

2. 教学目标

（1）培养学生"学会合作"。在不同的环境中与人成功地交流与合作，共同完成任务，是新世纪人才的基本素质。

（2）发展学生的口头表达能力、人际关系能力、解决问题能力、缜密思考能力以及积极的人生态度和个性；培养学生主动学习的欲望。

（3）培养学生的综合能力、适应社会的能力和创新能力。

3. 教学程序

该模式的基本操作程序为在教师指导下按学习者的能力组建合作学习小组并分配成员角色—提出合作学习要求和任务—"教为主导"的启发性讲解—"学为主体"的灵活性合作利用模拟游戏和角色扮演等活动方式参与讨论—通过练习或汇报检验小组学习成果—适时地进行小组认可（评价总结并奖励）。

4. 教学策略

（1）教师角色与教学策略。在小组合作教学中，积极互赖和个人责任是两个不可或缺的要素。美国的斯莱文教授认为，合作学习是指使学生在小组中从事学习活动，并依据他们整个小组的成绩获取奖励或认可的课堂教学技术。我国研究合作学习较早的王坦教授认为，合作学习是一种旨在促进学生在异质小组中互助合作，达成共同的目标，并以小组的总体成绩为奖励依据的教学策略体系。教师在合作学习中是指导者、教练员，主要责任是引导、维持和促进合作学习能够持续下去。其主要教学策略有：

①重视组建之初的小组建设。帮助学生建立基本的小组合作

规范；组织学生学会交流。

②传授必要的合作学习技巧。让学生体验到合作技巧的重要性；传授适当的合作技能；督促学生反复练习，让学生体验到技巧的有效性；提醒学生经常运用这些技巧，使其内化为习惯。

③设计合作学习材料。按章节或单元设计合作学习讨论题、讨论提纲、章节综合自检自测题、综合测试题。

④指导检查。小组教学指导、解难释疑；个别教学指导，促进学生自学；课堂教学指导，讲解课程重点，突破难点。检查小组合作学习，克服合作障碍。

（2）学生角色与学习策略。

①制定小组合作学习规范和计划。

②分配小组角色以确保互赖。分配学生角色，促进小组有效活动，如总结人（负责重述小组的学习结论或疑问）、检查员（负责保证所有小组成员都能清楚地陈述学习任务）、裁判员（负责纠正别人在学习发言或讨论中的任何错误）、加工者（负责要求小组成员将现在学习的知识与策略同过去已学过的联系起来）、联络员（负责为小组索取所需学习材料并负责与教师及其他小组进行联络）、观察员（负责关注小组合作学习情况并反馈给总结人）、记录员（负责记录小组学习过程、疑难问题、决议等，并编写小组学习报告）。这是小组合作学习的基本角色分类，可以根据模拟内容，重新安排角色。分配角色是教给学生合作技巧，促进学生积极互赖的有效方法。

③在自学基础上进行小组讨论，教师应参加小组讨论。

④学习合作技能，如组成小组的技能、小组活动基本技能、交流学习的基本技能。

5. 评价

小组合作学习教学模式建立在深厚的科学理论基础上，对多种现代教育体制、原理、模式进行了优化组合，并且正确处理了内容与形式，教师与学生、学生与学生、个人与集体的关系，从而形成了以目标为导向，以班级授课为前提，以教师主导、小组合作为主体，以组内合作人之间竞争为手段，以小组奖励为动力，便于实现教学目标的综合体系，使该模式具有立体化、动态化和整体化的特点。它的科学性、有效性和可操作性使其具有非常广阔的发展前景。

小组合作学习教学模式的局限性。合作学习难以替代个人学习和竞争学习的独特地位和作用，合作学习对教师素质要求很高，特别是控制能力，否则会使合作学习流于形式。我们一定要克服合作学习教学模式的局限性，有效地利用它服务于我们的教学。

（三）基于多媒体网络的交互式教学模式

多媒体网络交互式教学模式是基于计算机、多媒体、网络、超文本、超媒体技术的数字化教学环境，通过网络多媒体技术，教师存储、传递、管理、更新教学信息，学生收集、选择、处理、获取学习信息，师生之间进行同步和异步交流，缩短师生之间的空间距离，促进学生学习的自主性、积极性、主动性和创造性的一种远程教学组织模式。

1. 理论依据

建构主义学习理论。它认为，学习不是一个被动的记录外界信息的过程，而是在外界环境影响下，由认知主体积极主动建构的过程。建构过程的实现需要一定的学习环境。网络教学环境能够从技术方面支持建构主义学习理论所需要的环境条件。网络能为学习者建构知识提供充足的信息和自由的环境；网络的交互性为学习者创造了合作学习和条件；网络的个性化学习实现了因材施教、促进学习者个性发展的教学目标。

信息加工学习理论。该理论认为人的认知系统是一个信息加工系统，人脑类似于计算机的信息加工系统。人的认知过程就是人对外部的或内部的信息进行加工的过程，这个过程包括信息刺激、刺激编码、转换、简约、加工、贮存、提取和使用等八步信号输入输出过程。

视听教育理论。随着计算机多媒体技术、光盘存储技术、网络技术的高度发展，依托视听技术和声像信息的教学活动已经成为现代教育中不可缺少的组成部分。人类学习经验分为直接经验（通过与真实事物接触而获得的知识）、观察经验（通过视听间接接触事物得到"替代"的经验，特别是计算机网络，电影电视传播的知识）和抽象经验（通过视觉符号、语言、文字获得的知识）。利用视听媒体教学，视听教材的新颖、多样、生动和趣味性，有利于激发学习兴趣；视听教育把真实情景创建成模式再现，有利于提供丰富的感性材料、促进知识内化；视听教育利用多种形式，从多角度提供变式材料，有利于调动多种感官参与学习，发展学生的观察力、想象力、思维力；利用音像、网络技术对声像信息的记录、储存、再现功能，提供优秀范例，让学生能随时多次复习强化，提供自我记录、反馈，通过比较分析，培养学生操作能力、表达能力和创新能力。

2．教学目标

（1）因材施教、根据学生不同的学习方法、学习风格、学习起点、学习兴趣确定多层次的教学目标。

（2）利用丰富多彩的网上资源，培养学生信息收集、理解、分析、综合、加工、运用和评价能力。

（3）激发学生兴趣，培养学生情感，塑造学生个性。

3．教学程序

多媒体网络交互式教学模式一般由以下五种应用模式整合而成，各种模式的教学程序分述如下：

（1）直播课堂模式。这是基于双向视频会议系统或卫星电视进行授课的讲授型模式。该模式又分为同步讲授式和异步讲授式两种。需要指出的是双向视频直播课堂可以同步交互，而卫星电视直播课堂不能交互，当把这两种直播课堂复制后再播放，则只能是异步讲授了。其教学程序概括为：导学—自学—直播讲授与远程讨论—测试—总结评价五个环节。其中异步讲授式缺少同步交互讨论远程教学环节。

（2）个别辅导模式。这是基于网络的电子信箱、BBS、电子文本、网页、CAI课件及流媒体课件，使教师传递的教学信息与网络计算机终端的单个学生的学习实现教学的结构组织形式。教师的个别辅导教学通过上述网络传输手段异步非实时地实现，当然也可以通过网络在线交谈（IBC）的方式实时实现。前者的优点可以随时向教师请教，但不能马上得到辅导；后者可以得到教师的即时讲解，犹如面对面一样，但它要求学生和教师同时连入网络，才能实现实时在线学习，这对距离较远的师生来说，这种时间同步性的要求往往难以满足。其教学程序概括为：网上导学—自学或小组合作学习—网上辅导答疑与讨论—自检自测—总结评价五个环节。

（3）讨论学习模式。在互联网上实现讨论学习的方式有多种，最简单实用的是利用BBS。这种系统具有用户管理、讲座管理、文章讨论、实时讨论、用户留言、电子信件等多种功能，因而很容易实现讨论学习模式。这一模式一般是由专职教师监控，由各学科专家或专业教师在站点上建立相应的学科主题讨论组，学生在自己学习的特定主题区内发言，并针对别人的意见进行评论，每个人的发言或评论都即时地被所有参加讨论的学生看到。老师要进行监控，保证讨论符合教学目标的要求，防止讨论偏离当前学习的主题。其教学程序概括为：确定讨论主题—网上讨论—教师指导—总结评价四个环节。

（4）协作学习模式。基于网络的协作学习是指利用计算机网络以及多媒体技术，由多个学习者（往往是合作小组）针对同一学习内容彼此交互和合作，以达到对教学内容比较深刻理解与掌握的过程。基本的协作模式有四种：竞争、协同、伙伴与角色扮演。竞争，是指两个或多个学生针对同一学习内容或学习情景，通过网络进行竞争性学习，看谁能够首先达到教学目标的要求。其程序为：确定学习任务与目标——在线选择竞争对手——商定竞争协议——各自独立解决学习问题——评价竞争结果等五个环节。教师要事先在网上设计竞争性学习任务。

协同，是指多个学生共同完成某个学习任务的过程中，发挥各自的认知特点，相互争论，相互帮助，相互提示或者是进行分工合作。基于网络的协同学习系统，让多个学生通过网络来解答系统所呈现的同一问题，该问题应由教师事先在网上设计。学生的交流与协作通过网上公开讨论区来实现，最终在协作学生之间达成一致的行动方案。

伙伴，是指学生利用网络选择学习伙伴（往往是合作小组成员），讨论自学中遇到的问题，交流自学心得，预习与复习课程，从别人的思考中得到启发和帮助，达到事半功倍的学习效果。

角色扮演，是让不同的学生分别扮演学习者和指导者的角色，学习者在网上负责解答问题，指导者则检查学习者在解题过程中是否有错误；学习者在解题过程中遇到困难时，指导者帮助学习者解决疑难。在学习过程中，他们所扮演的角色可以互换。问题可以由学生自己设计，也可以由教师事先在网上设计好。角色扮演模式应用的前提是学生对学习问题有"知识上的差距"。

4. 教学策略

（1）根据学习任务的性质指导学生选择适当的网络学习模式。

（2）根据教学内容，采用适当的教学方法和与之配合的网络多媒体。

（3）根据教学目标的要求，灵活运用网上个别化教学、小组合作教学、集体教学、模拟实践教学等方式。

5. 评价

基于多媒体网络的交互式教学模式为学生的学习创设了广阔的环境，突破了传统面授教学形式，拓延了教学时空维度，提供了多媒体教学信息呈现方式，能够随时满足不同学生的需要。该模式中教师是导航员、组织者、调控者和设计师，以作业评价和网上讨论的方式帮助学生学习。网络为学生学习提供了充足的信息和自由的环境，学生不受时空限制，根据自己的时间、需要和兴趣，筛选网上信息，然后与自己先认知的结构建立联系，对新信息进行加工、编码、存储、输出、使用，网络为学生建构知识提供了自由环境。该教学模式应用还不够普遍，因为受技术条件、资金投入和师生网络技术能力的限制。还有许多问题，如网络与多媒体教学资源如何整合（优化组合），如何解决教与学过程中的情感交流，如何培养学生实践能力、人际交往技能、道德品质塑造等问题。但该模式具有非常广泛的应用前景，将人工智能与网络多媒体教学相结合，是它未来的发展方向。

（四）多媒体优化组合课堂教学模式

多媒体优化组合课堂教学模式就是在班级课堂授课中，根据教学目标和内容的需要，运用系统设计思想，合理选择和使用多种现代教学媒体，构成教学信息传输及反馈、调节的优化教学媒体群作用于学生，使学生在最佳条件下学习，达到教学效果的最优化。

1. 理论依据

教学系统方法论，它是运用系统论解决教学问题的理论。教学系统同任何系统一样包含教与学两个基本要素，教与学的相互作用，产生培养人才的系统功能。教是一个由教师、教材、媒体、教学内容、教学方法、教学环境等要素构成的子系统。学是由学生、学习态度、学习行为、认知程度等要素构成的子系统。

两个子系统相互联系有机结合起来，就具有某种教学功能。两个子系统之间存在三种联系形式：①过程的时间顺序；②各因素间数据或信息流程；③从一个系统中输出或输入的原材料（人或物）。多媒体优化组合离不开对系统要素及三种联系的分析和综合，任何一个因素、一种联系的差异都会造成教学模式的变化。决定教学效果的变量是极其复杂的，运用教学系统方法控制各种变量，根据教学目标，设计运用于不同知识类型的不同教学结构，达到最优化的教学效果。教学系统方法论，包括整体原理——把各教学要素整合成教学系统，产生最优化的整体教学功能；有序原理——认知结构是从简单到复杂、从低级到高级的有序建构过程；反馈控制原理——从反馈信息中获得控制依据，改进教学模式，优化教学效果。

视听教育理论。该理论是研究多媒体视听教材教学效果的理论。它运用心理学原理分析多媒体视听教材的教学效果。视听媒体是通过视听两个感觉通道同时呈现信息的媒体。心理学研究表明，视听并用将获得更多的教学信息量、更长的记忆保持率和最佳的学习效果。视听多媒体具有直观、鲜明的图像与生动的语言有机配合的特点，能创造出一种新的教学环境，不仅使所需传递的教学信息充分表达，而且有利于学习者学习兴趣的激发，学习者可以随时多次反复使用，强化复习，充分调动学习者多种感官参与学习，提高教学效果，促进对信息的接受、理解和记忆。

2. 教学目标

（1）多媒体教学手段的生动性和趣味性，激发学习兴趣，调动学习动机。

（2）多角度呈现教学信息，易于提示事物本质，帮助学生充分感知，运用分析、比较、综合、概括和具体化的方法以掌握规律，形成概念，发展观察力、想象力、思维力。

（3）调动学生多种感官参与学习，提高识记效果。

（4）利用多媒体优化组合的整体功能、再现功能，供学生随时多次复习强化或自学，巩固认知结构，促进意义建构。

3. 教学程序

多媒体优化组合教学模式是在同一时间内，密集地推出一些意义相互支撑的教学内容，扣住主题，多载体、多视角、多形式、多方位地表达相同的信息，增强学习效果。其教学程序概括为：确定目标，分析任务—选择教法，优化媒体—多媒体组合，传递信息—多媒体呈现，变式练习—评价检测，验证传播效果等五环节。

4. 教学策略

（1）选择媒体要遵循低成本高功效原则。

（2）选择组合多媒体要服从教学目的的要求，使媒体能突出教学重点，化解教学难点，实现教学目标。

（3）突出重点媒体，注意辅助媒体互补配合作用的发挥。

（4）多媒体优化组合应体现多重刺激与趣味性相统一。

（5）多媒体优化组合步骤：①确定使用媒体的教学目的；②确定媒体的主要作用；③评估实现教学目标需要的媒体类型和媒体内容；④选定媒体并优化组合；⑤试用、评估和调整媒体，保证媒体使用质量。

5. 评价

多媒体优化组合教学模式为学习者创造了一个图、文、声并茂，生动有趣的学习环境、通过多媒体的多重刺激调动多感官接受信息，增强注意力，激发了学生的学习兴趣，加强了学生对所学知识的理解与记忆。学生利用优化的多媒体重复再现功能，实现学习的频因率原理，使学生多次重复与之交互作用，能提高学习效果。多媒体教学对学科内容进行技术上的优选、提炼和加工处理，一方面有利于突出教学重点，解决教学难点，提高教学质量；另一方面有利于增强教学效果，调动师生双方的积极性、主动性和创造性，开发学生智力，培养思维能力，提高实践技能。

当然，该模式运用不恰当，过多地展示多媒体，反而干扰了教学信息传递，分散了学生注意力，降低学习效果。研究表明，如果多媒体传递的信息量过多而超过一定的冗余度时，视听双通道的呈示并不特别优越，会使学生感到压抑、模棱两可而难于接受。大量运用多媒体，容易产生媒体替代教师的现象。如何处理好媒体的作用与教师的主导作用，是这一模式面临的亟待解决的重大课题。

三、电大试点项目中的教学模式探索

电大"人才培养模式改革和开放教育试点"项目研究启动之后，全国各地的电大对远程高等教育教学模式从理论到实践都进行了大胆探索，采用不同的教学媒体、教学手段，构成了不同的具有当地特色的远程高等教学模式。

（一）基于计算机网络的多媒体优化组合教学模式。

该模式把 OL 在线学习系统和 OL－EVOD 多媒体课堂教学系统结合，它能克服网上视频点播教学系统交互性差、视频内容索引或查询困难等不足，尝试采用 Real、Media 两种格式的宽带或窄带视频流，达到收看课堂视频实况教学，视频内容同步出现对应的文本内容，电子公告既与视频同步又实现师生之间、学生之间互动交流的目的，使视频索引、BBS、文本流有机结合，进一步提高师生间的教学交互效果。上海广播电视大学创建了该模式，适用于中心城市、经济发达地区的电大教学。

（二）以卫星电视、音像媒体为主，计算机网络为辅的教学模式

该模式直接运用卫星电视的直播课堂或音像教材开展远程教学活动，并辅助以计算机网络同步或异步地进行师生交互，克服前者不能交互的缺欠，以达到远程教学目的。该模式适用于市

（地）县电大，经济欠发达和不发达地区，目前是电大主体教学模式。

（三）以双向视频直播系统为基础的远程课堂教学模式

该模式运行的前提是在省与市、县各级电大开通双向视频直播系统，将省电大的教学资源传送到地方，解决市（地）、县高等教育资源不足、本科师资匮乏问题。

在以上三种主体教学模式基础上，对教学结构、教学环节的理解不同，又形成了不同体现教学过程的基本教学模式。

广州电大：导学—自学—面授辅导—测试四环节构成的反馈控制系统教学模式。该模式认为，教学过程第一环节是导学，指导学生自主学习的方法，提出自学要求，明确课程学习计划和学习目标，提供各科媒体的教学信息资源；第二环节是自学，学生根据导学的指示和提供的资源进行自主学习，同时利用网络或面对面开展小组学习；第三环节是面授辅导，教师对课程的重点、难点问题进行讲授，以面对面的实时面授课或非实时远程播送方式（音像课）传输给学生，同时利用通信手段和网络教学平台进行个别辅导，疑难解答；第四个环节是测试学生，利用网上提供的各种测试资料进行自我检测，教师布置作业进行检测，最后进行评价的测试——考试。各种测试结果又反馈到上述三个环节中，以调节各个环节的教学行为。

广西电大：省电大导学—分校辅导—学生利用多媒体进行自主学习的教学模式。即统设课由省电大责任教师或聘请其他高校教学水平较高的教师，通过远程实时双向视频直播系统进行导学，着重讲授课程的主要内容和贯穿整个课程的思路、重点、难点和学习方法，各试点分校学生集中分课堂听课；各试点分校配备的专业教师进行面授辅导，负责对课程的重点、难点进行答疑，引导和帮助学生进行自主学习，批改作业，学生利用网上教学资源进行自主学习。

　　湖北电大：以学生自主学习为主，实施"五导""五助"的教学模式。"五导"是：一导学习观念，为建立新的学习模式奠定思想基础；二导学习技术，指导学生学习现代信息技术，适应现代远程教育环境，学会获取学习资源，学会利用现代通信技术进行交流；三导学习计划，指导学生制订学习计划，引导学生有目的有计划地自主学习；四导学习内容，指导学生掌握课程基本内容，把握重点，化解难点建构知识体系；五导学习方法，指导学生掌握自主学习的方法，利用学习资源的方法，掌握通过实践性环节将知识转化为能力的方法。"互助"是一助学习环境，为学生自主学习提供现代化的教学技术支持，真正让学生不受时空限制，时时刻刻处于支持与服务之中学习；二助学习资源，及时将各种文字教材、音像教材发给学生，保证他们按计划学习合理编排网络资源，使学生查找时更加方便、有效；三助答疑解难，设置以课程为单位的助学专业组，采取群体答疑和个别答疑相结合的方式，帮助学员发现问题，组织学生探讨问题，及时解答学生无法解决的疑难问题；四助互相交流，设计基于网络的学习共同体，利用现代信息技术，组织师生之间、学生之间学习互动；五助社会实践，帮助学生完成实践性环节的学习内容。

　　以上仅介绍几种有代表性的电大开放教育试点教学模式。尽管模式尚缺乏理论支持，存在这样或那样的不足，有的忽略小组合作学习，有的未涵盖实践教学，但毕竟是各地电大根据自己的教学实践，对现代远程高等教育教学模式进行了积极的探索和开创性的实践，为构建科学的远程高等教育教学模式积累了宝贵的经验。上述模式基本上没有离开导学—自主学习—助学这三个环节。导学与助学的概念是什么？两者有何区别？各自有何作用？其理论依据是什么？这些问题有待电大理论工作者研究。

四、教学模式的发展趋势与应用

在我国，"教学模式"这一概念是在 20 世纪 80 年代末出现的。在此之前，我国的教育学将其归为教学方法或称为教学过程阶段理论。最早将"教学模式"作为专门讨论内容的教育学著作是叶澜主编的《新编教育学教程》（1991 年），在该书中，作者共介绍了 10 种教学模式，其中有三种是我国教育工作者研究发展起来的。研究远程高等教育的教学模式的专著尚不多见，经得起科学检验的成形的远程高等教育教学模式也不多见。自 20 世纪 80 年代以来，我国已形成了丰富的教学模式体系，弄清楚教学模式的发展趋势，可供电大研究借鉴。

（一）教学模式的发展趋势

1. 从单一性向多样化发展

自从赫尔巴特的"四段法"教学模式问世（1806 年，一般认为是最早的教学模式）以来，经其弟子的阐述与教学实践的尝试，逐渐以"传统教学模式"的名称主导着 19 世纪和 20 世纪中叶的教学实践。赫尔巴特教学模式（明了—联合—系统—方法）以单纯地传授知识作为教学的唯一目标，忽视和压抑了学生的主动性与积极性的发挥。后来，杜威的实用主义的活动式教学模式占了主导地位，从思维培养上弥补了赫尔巴特接受式教学模式的不足，教学模式单一。自 20 世纪 50 年代以后，国内外出现了多种多样的教学模式，呈现出教学模式多样化的趋势。不同的教学模式相互批评、借鉴、竞争，发挥着各自特有的功能，为教学实践提供了选择教学模式的广阔余地。

2. 理论基础趋向多元化

当代国内外教学模式的理论基础非常广泛，已不再单纯依据哲学认识论和教育学了。现代心理学、学习学已被引入到教学模式的研究中。从心理机制和学习心理学理论角度科学地叙述教学模式越来越多。特别是当代教学理论基础，如系统论、信息论、控制论、传播理论、社会学、管理学、工艺学、美学等，被融合到教学论中，重现出多元化趋势，这对增强教学模式科学性带来深远影响。

3. 以"教"为主向以"学"为主转化

传统教学模式都是从教师应如何教这一角度进行构建的，虽然能够实现传授知识的目的，但它忽略了学生如何学这一教学的重要方面。反对传统教学中学生被动地接受知识，主张从学生的兴趣出发，"从做中学"，随后发展到把以"讲"为主的模式变革为以"学"为主的模式。重视学生主体地位是当代教学模式的共同特征。"教师中心论"逐渐被"教师主导学生主体论"所取代，即教师中心教学模式向师生合作、强调学生主体地位的教学模式转变。教学观念由"重知识轻智能"和"重教轻学"向"知识与智能统一"和"教会学生学习"转变。如布鲁纳的发现学习式、卢仲衡的自学辅导式等教学模式，把发展学生的学习能力放在重要位置。

4. 由归纳型教学模式向演绎型教学模式发展

归纳型教学模式是从教学实践中总结归纳出来的，它的起点行为是经验，形成的思维方法是归纳法，如赫尔巴特的"四阶段"教学模式，是在历史上前人总结的各种经验基础上进一步加工改造而成的。如我国的"情境教学模式"，是对现阶段优秀教师在教学实践中所积累的先进经验加以总结提高、系统化而形成的。

演绎型教学模式是指从一种科学理论的假设出发，推演出一种教学模式，然后用严密的实验证实其科学性、有效性。它的起点行为是科学的理论假设，形成的思维方法是演绎法，如罗杰斯的"非指导性教学模式""自学辅导教学模式"等。

（二）教学模式的应用

教师在教学实践中选择和应用教学模式时，应考虑以下基本要求。

1．整体把握，形体兼备

任何教学模式都是由一定的指导理论、目标、程序、策略和评价等要素构成，其本身自有一套较完善的结构和运行机制。在运用时，必须整体把握，理解其理论依据，掌握其教学程序和教学策略。那种放弃理论学习而单纯套用程序步骤的做法，只求形似不顾神似，对教学质量提高无益。

2．从实际出发，灵活应用

教学情境丰富多彩，教学过程复杂多变，企图用单一的教学模式来组织全部教学活动是不可能的。不同的教学模式有其特定的条件和适用范围，不存在对任何具体教学过程都普遍有效的模式。教学目标、课程内容、师生特点等都是影响和制约教学模式选择和应用的重要因素；而教学环境、媒体现状等教学物质条件同样影响和制约教学模式选择和应用。如对陈述性知识宜采用发现式教学模式或自学辅导式教学模式；程序性知识宜采用活动式教学模式；策略性知识宜采用合作式教学模式或个别教学模式。教师要从教学实际条件出发来选择适当的教学模式，注意灵活运用。教师的教学不是一次只能选择一种模式，而是可以同时选用多种模式交替配合使用，最好地发挥各自职能，完成不同的教学目标。

3．从模仿走向创新

教学模式是对教师教学实践经验的概括和升华，为其他教师提供了各种教学范型，便于教师借鉴模仿。教学模式的基本结构相对稳定，但随着教学实践和理论的发展而不断丰富、充实和完善，教师对教学模式的运用，应当结合自己的教学实际和个人教学风格创造性地发挥。模仿的最终目的是超越。如果教师已经灵活掌握了某种基本教学模式的技能，就应该通过综合改造后，创造出新的模式来扩展这些教学技能。

第三节 "三环互动"教学模式探索与应用

中央广播电视大学"人才培养模式改革和开放教育试点"项目实施以来，黑龙江电大在总结校本部和试点分校"人才培养模式改革"的探索与实践基础上，确立了"三环互动"教学模式。

一、"三环互动"教学模式

"三环互动"教学模式，是指在网络教学环境中，以"学生自主学习为主，教师辅导为辅"的教学思想指导下，学生经过自学三过程、导学三步骤、考核三环节组成的九个教学环节，完成教学目标的相对稳定的教学模型。该模式受卢仲衡"自学辅导"教学模式的启发，是在以卫星电视、音像媒体为主，计算机网络教学为辅的基本教学环境中运行，当然也适用于以双向视频和视频直播系统为基础的教学环境。

（一）理论依据

1. 自主学习的社会认知理论

该理论以个体、行为、环境交互作用论和自我调节理论为基本框架结合认知心理学的最新研究成果，对自主学习做出了独具特色的解释。制约自主学习的因素有内部因素、行为因素和环境因素。促进学生自主学习的方法有：①增强学生学习的自我效能感；②教会学生设置适合自己的学习目标；③开展系统的学习策略教学；④指导学生对学习自我监控；⑤教会学生主动利用学习的社会性和物质性资源。外部学习技能内化成自己学习能力，要经历观察、模仿、自我控制、自我调节四个缓慢的过程。

2．人本主义教学理论

指罗杰斯"以学生为中心"的教学和学习思想。他认为，教学目的在于培养"全面发展的人"。以学生为中心组织教学，促进学生自我学习、自我实现，培养学生的独立性、自主性和创造性；他强调情意教学，和谐师生感情，创造丰富多彩的教学情境，促进学生全面发展。人本主义学者认为，自主学习一般遵循三个步骤：①设置自学目标；②制订计划和选择学习策略；③自学行为执行和评价。要想促进学生的自主学习，教师首先要鼓励学生，消除他们对学习能力的自我怀疑和消极的自我评价；其次要针对学生的自主学习过程分别予以指导。

（二）教学目标

（1）培养学生强烈的自主学习兴趣和良好的学习态度，学生主动参与自学、合作学习和多媒体面授，独立掌握系统的学科知识，提高认知能力。

（2）教会学生"学会学习"。培养学生掌握自主学习的方法，形成良好的自学习惯和较强的自学能力，包括独立获取知识的能力、系统归纳整理知识的能力、科学运用知识的能力和创新能力。

（三）教学程序

"三环互动"教学模式的基本操作程序为：自学（规划学习、利用媒体自学、小组合作学习）→导学（个别化辅导、小组辅导、多媒体面授辅导贯穿全过程）→考核（自检自测、形成性考核、终结性考核），教师的导学贯穿每一个环节。

1．自学三过程

规划学习，利用多媒体自学，小组合作学习

规划学习，就是在教师指导下制定个人学习规划，引导学生有目的有计划地自主学习。个人学习计划包括选课计划和课程学习计划。学生注册入学并确定攻读的专业后，教师应对每个学员选学课程和时间安排提出指导性意见，供学生参考。在此基础上，每学期初由任课辅导教师指导学生制订本课程个人学习计划。教师负责学生选课计划和课程学习计划的审核与实施检查。

利用媒体自学。在教师指导下，学生根据需要并结合自身特点，利用各种教学媒体进行自学。如自学文字教材，视听卫星电视、录音录像教材或 CAI 课件，利用网上教学平台进行自学。教师要指导学生自学方法，利用学习资源的方法、上岗技术；指导自学过程，保证学生按计划学习；采用个别答疑和集体答题的方法为学生自学释疑解难。

小组合作学习。合作学习是一种旨在促进学生在异质小组中互助合作，达成共同的学习目标，并以小组的总体成绩为奖励依据的教学策略体系。在教师指导下，学生组成 5~7 人的合作学习小组，制定小组学习规范，定期活动。学习的主要任务：研究学习的重点、难点；进行章节的总结、检测；交流自学方法、心得，上网学习经验等。对学生的要求：转变学习观念，提高自主学习主动性、积极性；做好自学笔记和中心发言稿，养成良好自学习惯，将其作为形成性考核依据之一；做好合作学习的角色分配：总结人、检查员、裁判员、联络员、观察员、记录员，根据需要学生角色可以互换；要积极发言，讨论和交流。对教师的要求：教师要指导学习小组建设，帮助制定小组学习规范；参加小组活动、指导学生合作学习，答疑解难；指导小组网上合作学习，网上讲座，与学生交互，及时解决学生困难。

2. 导学三步骤

个别化辅导、小组辅导、多媒体面授辅导，网上辅导可以贯穿全过程。

个别化辅导。个别化辅导是根据学生自主学习的需要，教师对个别学生的学习进行支持性和实习性的辅导。学生在个别化学习中，即通过印刷教材、视听教材、计算机辅助教材和多媒体网络系统进行自主学习时，遇到特定难题需要教师个别化辅导。分类指导、因材施教，对学习有困难的学生可以通过使用特别设计的结构良好的学习材料（如参考资料、计算机辅助教学包、视听资料等）进行补习；对自学能力强的学生指导其研究新问题，完成超课程的学习。辅导方式有面对面、人—机交互和网上辅导三种。

小组辅导。小组合作学习为师生、生生之间的交互提供了更多的机会，对智力技能和认知策略的培养，人际关系技能和合作精神的培养都具有用其他方式无法达到的特殊作用。辅导学生合作学习技巧，如座谈讨论、分角色扮演模拟、游戏、合作项目、对事例或案例的研究辩论、竞赛等技巧、网上合作学习技巧。

多媒体面授辅导。辅导分为三步：复习答疑、讲解重点难点、总结预习。

复习答疑。针对重点难点设计变式练习，检查学生掌握知识程度；针对学生在自学中或小组合作学习中存在的共性问题进行解答。这些疑难问题，有的是学生通过电子信箱提出的，有的是通过 BBS 讨论时发现的，有的是教师辅导中遇到的，教师有必要向全体学生讲解。然后设计问题导入新课讲解。

重点、难点讲解。由于开放教育提倡以学生自主学习为主，教师辅导为辅，因此教师面授辅导课时十分有限，所以教师必须精讲，讲授重点。讲重点一是指讲解课程基本知识点，让学生抓住学习要点；二是讲知识的系统结构，使学生建立学科条理化、系统化知识体系；三是讲学习方法，"授之以渔"；四是解决难点，难点是课程中难于理解和掌握的知识点。这些重点难点知识，教师必须在有限时间内采用最佳教学策略，如多媒体呈现法、电子教案等，给予解决。

总结新课与预习下一课。经过学生自学、合作学习和面授，学生基本上掌握了新课的知识点、重点、难点，教师要设计针对重点、难点的练习，检查学生理解程度，巩固新知识；然后教师要布置下一课预习。教师要设计下一新课的预习题，交待自学时注意事项。

导学在教学过程中是十分重要的。通过导学使学生对一门课程内容的掌握由点到面，由浅入深，构建自己的学科认知结构，形成学科知识网络体系。导学是师生交互的最直接的方式，是其他交互方式无法替代的。多媒体面授三步骤：复习答疑、讲解难点、总结预习的课时比例为：15%：75%：10% 为宜。

3．考核三环节

自检自测、形成性考核和终结性考核

自检自测。学生通过教材的自检自测题、网上练习题、网上测试题等形式，对自己掌握知识的程度进行自我评价的过程。评价的标准是教学目标，是非常重要的教学环节。它具有诊断、反馈、定向、强化等功能。通过自检自测，学生可以体验学习成功的快乐或产生一定的紧张感或焦虑，从而激励并驱使学生努力学习。

形成性考核。它是对学生学习过程的阶段考核，其根本目的是通过考核反馈和按照每个学生的情况，因人而异地帮助学生纠正学习过程中的错误，其作用有：①有助于改进学生的学习。它能反映每个学生在学习中所犯的错误和碰到的困难，为教师帮助改正提供方向。②为进一步学习制定策略。③通过考核，巩固、强化学生学习效果。④为教师的教学提供反馈信息。

终结性考核。它是综合检验学生对一门课程的学习情况，衡量学生对理论知识的掌握程度，应用能力，分析问题，解决问题的能力。其作用：①为学生评定成绩；②预定学生在后续学习中的起点；③为学生和教师提供学习反馈。中央电大和省电大在电大在线平台上为学生提供了各门课程的期末复习指导、考试大纲、考前练兵等学习资源，帮助学生顺利完成终结性考核。

（四）教学策略

1. 教师角色与教学策略

在"三环互动"教学中，以学生自主学习为主，教师则承担着"设计者""指导者""辅导者"的角色，在教学中可以运用以下教学策略。

（1）教学媒体优化组合策略。①选择网络及多媒体应考虑的因素：媒体自身的物理因素；学习任务因素；学生因素；学习环境与现实条件因素。②网络及多媒体优化组合原则：低成本，高功率原则；媒体选择服从教学目的原则；突出重点媒体，注意辅助媒体互补配合原则；趣味性与多重刺激相统一原则。③根据课程提供的多媒体，设计媒体选用情况表。④网络及多媒体优化组合步骤：确定使用媒体的教学目的；确定媒体的主要作用；评估实现教学目标需要的媒体类型和媒体内容；选定媒体并优化组合；试用、评价和修改媒体，以保证媒体的使用质量。

（2）启发指导策略。教师应设计启发引入的问题，布置自学和小组合作学习的内容和要求，让学生在教师指导下通过自学，合作学习解决问题，以便更好地掌握知识。教师要设计反映教材重点、难点的指导提纲，自检自测题，通过点拨、讲解引导、启发、反馈、评价等方式进行各种学习环境中指导（如自学、合作学习、面授辅导、网上辅导等）；指导学生自学方法、人际交流技巧、合作学习技巧；指导学生上网技术，收集学习信息的技术等。指导策略一般模式：确定学习目标—设计问题激发学生自学动机—学生自学教材内容—自学检查（学生自我检查与教师检查）—小组讨论—教师重点指导—练习巩固—总结。

（3）辅导策略。它是指对各类不同学生做不同程度的辅导，使他们均能在自学基础上得到提高。如对踏实的学生应主要帮助他们了解在学习难度较大的内容中所遇到的问题；对不踏实的学生则应及时帮助他们弄懂教材上的内容，解决他们在练习中遇到的困难；对工作忙不常上面授课的学生则应帮助他解决自学方法问题，如何挤时间学习重点难点，使他们赶上学习进度，完成所修课程。

（4）检查督促策略。它是指学生在自学与合作学习每一步内容时，教师要深入学生、小组或通过网络，以观察或提问，参与讨论、辩论等形式，检查学生自学情况，纠正错误，肯定成绩。针对不同学生采取不同的管理措施，检查自学进度、质量，检查小组合作学习情况，检查自学笔记、小组活动记录，检查学生的练习和参加课程实践情况，督促学生按时完成自学计划，积极参加小组学习，特别是督促学生利用网络自学、网上合作学习，及时纠正学习行为偏差。

2. 学生角色与学习策略

在"三环互动"教学中，学生职业不同，学习习惯不同，学习起点不同，必然存在多种多样的学习类型。在学习中有接受能力、自学能力都强的学生，但多数学生接受能力慢、自学能力差。不管哪种学习类型，学生始终扮演着"自学者""问题解决者"的角色。虽然学生在自学方法和自学效果上不尽相同，但在自学、小组合作学习中可以运用以下一些学习策略。

（1）学会在线学习。利用计算机网络，即运用中央电大在线学习平台，浏览全国各省市电大网站，收集、获取自己需要的各种学习资源，利用计算机建立自己的分门别类的自学资源库。这要求学生学会计算机使用技术，并能熟练运用。

（2）掌握自学方法。自学方法很多，学生必须掌握自学阅读方法。阅读分"粗读""细读""精读"三种，"粗读"就是自己浏览一遍教材，知其大意；"细读"就是对教材要逐字逐句地读，钻研教材的内容、概念、原理、公式、法则，正确掌握例题的格式；"精读"就是概括内容，理解教材的含义。

（3）养成良好的自学习惯。在自学基础上，针对教师拟定的自学指导提纲，从教材中找出答案；写出章节或单元总结；归纳各部分知识之间的关系；发现和提出自学中的疑难问题；边自学边概括，做好自学笔记。培养积极的学习心态，敢于尝试，不怕挫折与失败；治疗学习失败者的顽症：借口症，如"我脑子笨""我能力有限""我已尽到努力，学不好也没办法"等。培养良好的自学习惯，还要做到订立明确适当的学习目标，合理安排自学时间，磨炼学习意志，做到有条理地自学。

（4）预习的策略。它是指教师多媒体面授之前对教材内容做预先的自学，以便在面授时了解教材内容，做好上课的心理准备。预习的基本过程可概括为：阅读—摘记—质疑—求解。阅读可采取粗读和精读交替使用的策略，大体了解教材；摘记是将预习内容的重点、难点摘录在自学笔记上，或在教材的重要地方画线、作眉批；质疑是指通过阅读思考，自己对教材中不理解或含糊不清之处提出问题；求解是指通过阅读参考资料、上网学习和做例题，对质疑中提出的问题，自行探索解决途径，寻找问题的正确答案。预习可以为多媒体面授做好学习准备，有利于学生牢固地掌握知识，培养自学习惯和能力。为此，学生可以采取如下策略：①根据自己的实际情况确定预习的层次（预习分为粗读、精读和解决疑难等三个层次）；②掌握预习的基本步骤；③把握预习内容的重点、难点；④对不同课程采用不同学法，如有的学科侧重于理解，有的学科侧重于应用，有的学科侧重于记忆；⑤不足的知识要及时补上。

（5）多媒体面授学习的策略。多媒体面授辅导占该学科总学时不足50%，学生应重视多媒体面授课学习。其策略有：①做好听课准备；②听课时集中注意力，思维跟上讲课速度；③听课要有针对性——自己弄不懂的内容；④积极回答提问或提出疑问；⑤正确处理好听课和记笔记的关系；⑥注意教师所用的媒体和方法，提高解决问题的能力；⑦上好实验、实习课，训练自己的操作技能。

（6）复习的策略。有效的复习条件：交替使用学习方法；合理安排复习时间，注意"先快后慢"的遗忘规律；复习形式要多样化，如从简到繁、循序渐进、反复循环、系统归纳等形式，结合具体复习内容综合使用。这里推荐行之有效的"四程序复习法"：尝试回忆—认真读书—整理笔记（整理网上信息）—探索和发现（所谓"温故而知新"）。

二、"三环互动"教学模式的理论描述

"中央电大人才培养模式改革和开放教育试点"项目的宗旨是"人才培养模式的改革"，核心是教学模式的改革，以此适应我国高等教育国际化、大众化的发展趋势。黑龙江电大经过反复实验而总结出的"自学（规划学习、自学、小组合作学习）→辅导（个别化辅导、小组辅导、多媒体面授辅导、网上教学辅导贯穿全过程）→考核（自检自测、形成性考核、终结性考核）"。"三环互动"教学模式，是一种教学过程模式。教学过程与学习过程是"教"与"学"的两个方面，二者是水乳交融，不可分割的，但为了研究，还得从学生的自主学习与教师的指导学习两个角度来描绘"三环互动"的理论基础。

教学过程是一个有目的的、相互间具有有机联系的许多环节所构成的整体，是教师有目的有计划地引导学生掌握人类已有知识经验的认识活动和改造主观世界、形成和谐发展个性的实践活动的统一过程。教学过程的理论基础理论至少包括马克思主义认识论、教学系统方法论、传播理论、教学理论、教学过程结构理论以及个体学习理论（如认知学习理论、行为导向学习理论、人本主义学习理论）与小组合作学习理论（或组织学习理论）。本书只研讨"三环互动"的教学过程结构理论。

（一）教学过程结构的一般理论

教学过程结构是指教学活动内部各组成环节之间在时间方面有机联系或相互作用的方式或顺序，即时间结构（时序），教学活动的展开和进行的时间流程或逻辑历程。它表现为在展开教学过程时各个教学周期的到来，诸周期的运转可以描述为一个螺旋体，每一单个周期（如三环互动一周）就是螺旋体的一圈螺旋线。教学过程在时间上也可以描述它的各个教学周期的前进动力，即"三环"不断互动的前进动力。

1. 教学过程的基本环节

如果我们把教学过程看作一个长的链条，则有组成它的一个一个环节。传统教学论研究教学环节主要局限在课堂教学上，而开放教育"三环互动"则研究符合成人自学为主要特点的课堂内外的教学环节。一般认为，教学主要分为三个环节，即第一环节是"明确教学目的和目标"；在教师方面，要把教学目标和任务具体化，激发学生学习需求，通过创设教学情境使教学任务鲜明地表现出来；在学生方面，要在教师指导下明确自己的学习目标，制定自学计划，在教师创设的教学情境中进行学习，并能产生强烈的求知欲和学习动机。

第二环节是"在教师的组织和指导下展开教学活动"，它包括感知、理解、巩固、运用四个子环节；在这一环节中，在教师方面，要选择、钻研和组织教学内容，选择最恰当的方法指导学生掌握教学内容，促进学生新认知结构建构，并形成一定的技能技巧；在学生方面，要在教师指导下认识和理解学习内容，在分析问题和解决问题过程中掌握创造性活动经验，提高自己的职业技能和创新能力。这是教学过程中最重要、最复杂、最丰富的环节。

第三环节是"对教学内容的掌握情况进行检查和评定"，即反馈联系的过程；反馈联系越完善，则对教学过程的控制就越有效。教学过程的各个环节都具有教育作用，都包括评价、情商教育活动。

"三环互动"教学模式就是在传统教学三环节基础上创造性发展而来的。

2. 教学过程动力原理

教学过程动力又称为教学动力，是近年来学术界十分关注的问题。归纳起来学术界关于教学动力概念有五种不同看法。

一是教学存在动力论。它认为教学过程发展的动力是社会对学生必备的知识修养提出的要求与学生知识修养程度之间的矛盾，或者是个体认识与社会认识之间的矛盾。

二是教学内部矛盾论。它认为教学过程的动力是教学过程内部的主要矛盾。主要包括三对矛盾：①学生与所学知识、发展能力；②教师与学生；③教师与教材。对教学"主要矛盾是什么"产生分歧。有的学者认为学生与所学知识、发展能力之间的矛盾是主要矛盾；有的学者认为教与学的矛盾是贯穿教学过程始终的主要矛盾，是推动教学过程变化发展的根本动力；还有的学者认为"教师与教学内容的矛盾"是主要矛盾。

三是学习动机论。它把教学动力作为一种特定情境下人的适应模式，强调从个体活动的角度来讨论学生从事学习的原因以及怎样改善和唤起学生的学习动机。

四是教学系统动力结构论。它认为教学系统有三种调节机制，一是由广泛的相互联系教学要素支配的；二是由教学系统中的反馈机构实现的，三是由人的心理调节系统实现的，它们分别对应用于教与学。存在动力、教学内部矛盾动力、学习动机动力，由三种动力构成一个系统，即教学系统的动力结构。

五是教学认识动力论。它认为教学动力是由来自师生两方面的力量所构成，在教学活动中，做主导的教师在自身工作动机的推动下，不间断地通过设置诱因，激发引起了学生的学习动机，即将自己的动机转化为学生的动机，便形成了整个教学过程认知活动的动力。

我们认为，上述五种看法从不同侧面揭示了教学过程动力的概念。第一种认识，个体认识与社会认识之间的矛盾，过于宏观，放在任何领域均可。第二种认识，揭示出教学过程存在三种矛盾，三种矛盾不同程度地推动教学活动的发展，在主要矛盾方面存在争议，尚未揭示动力的本质。第三种认识，学习动机论又显得过于微观，况且每个学生的学习动机是在变化的，很难测定。第四种认识是对前三种认识的综合，搞折中，未揭示出教学内部主要矛盾，不可取。唯有第五种认识接近实际，抓住了教学过程动力的本质。

教学过程动力应该体现教学系统的结构与运动规律，是推动和维系教学系统运动的力量，它的产生和作用方式受到教学系统结构与逻辑联系的制约，教学动力的实体是教师与学生的动力联合体。基于这种理论，结合开放教育"以学生自主学习为主，教师辅导为辅"的特点，即各专业的主干课程采用电视、广播和计算机网络教学优化组合的方式进行教学，学生可以自主选择学习时间和部分选修课程，以自学多媒体教材为主，接受必要的面授辅导（包括网上教学辅导、小组合作学习辅导、个体自学辅导）。黑龙江电大在总结各基层电大开放教学试点的基础上，提出了"自学→辅导→考核"三环互动教学过程模式。"三环互动"模式的动力是"学生自主学习力和教师指导力之合力（动力联合体）"。学习或教学动力只能来源于人。

3. 学生自主学习力的理论

（1）学生自主学习。学生自主学习是支持远程教育存在的一种重要的学习方式，是"三环互动"教学模式的基础。根据维特迈·彼德斯的观点，自主学习是指学生自学为主，由学生自觉主动地自我组织、自我安排学习内容和学习活动、自我评价的一种学习方式。它至少具有：①自学为主性。学生对自己的学习负责，通过学生自己对教学媒体、设施及教师对学生的指导和帮助来传递教学信息，完成自学。②学习自主性。学生根据自身水平，寻找适合自己学习行为的起点、学习任务的难度，确定学习目标，扩大学习活动的自由空间，主动去搜索、发现、选择、评价和运用学习信息。③自觉主动性。学生在信息条件下而进行的学习，是一个自觉主动要求接受新技术、新信息、形成新能力的学习过程。④非时空性。学生自我规划、组织、评价学习行为，它打破了传统课堂教学的同一时空性等对学习行为的限制，学生不必为学习而在某一固定时间到某一固定场所参加某一群众的学习。

（2）学生自主学习力。学生自主学习力是指学生自主学习的能力。一般认为，所谓学习力主要表现为两方面，一是对内可以表现为个体将习得的知识技能等自主地与自身原有的知识结构进行联系，内化为完全属于个人的能力；二是对外则可以表现为个体对已习得知识、技能等的应用力和运用力。概言之学生自主学习力是学生个体吸收知识和运用知识以改变学习、工作和生活状态的能力。

根据学习力构成要素，我国学者建构了关于个人"学习力的三角形模型"（参见图5-1）。个人学习力由学习能力、学习态度和生理基础三部分构成。

学生生理基础。健全的大脑、健康的体魄，即个体的智力和体力是学习力的生理基础。而性格是情商中的核心成分，它决定着个体活动的方向和性质。具有某种性格特征的人（成人学生的性格已形成），往往以其独特的处事态度和行为方式进行活动。性格具有较大的稳定性和一定的可塑性，它是在遗传的基础上，由环境和教育因素共同决定的，其内在心理因素将制约着环境和教育因素的影响作用，对学习力产生重要作用。

学习能力。能力是顺利完成某种活动所必需的心理特征。学习能力是学生顺利完成学习活动所具备的心理特征，它是自主学习力的核心。根据建构主义学习理论，学习能力至少应当包括以下几方面的能力：

图5-1　学生学习力的
三角形模型

①个体内化知识的能力。具体涉及个体吸收知识、与原有的知识结构进行联系并建构个体独特的新知识体系的能力。内化是外部信息向内部智力的转化，是客观之于主观的过程。内化能力体现在新知识与原有认知结构的同化、顺化和平衡三个基本过程。学生根据自身的先认知结构，对外部新信息主动进行筛选、加工和处理，对新信息重新认知和编码，建构自己的理解。同化是指导学生把外部信息纳入已有的认知结构，以丰富和强化已有的思维倾向和行为模式。顺化是学生已有的认知结构与新的外部信息产生冲突，引发原有认知结构的调整和变化，从而建立新的认知结构。平衡是学生的认知结构经过同化、顺化的自我调节机制，使认知发展从一个相对平衡状态向另一种较高平衡状态过度的过程。同化是认知结构的量变，顺化是认知结构的质变，平衡是认知结构的相对稳定。同化、顺化的速度快就表明内化知识能力强。新旧知识经验之间双向互动过程，是"三环互动"模式中学生自主学习力与教师指导力之合力作用的互动过程。

②个体外化知识的能力。这是学生根据问题情境灵活运用所学各种知识并进一步创造知识的能力。外化是内部的心理活动过渡到外部的对象活动的过程，是学生积累的知识、经验的客观比。外化是以内化为前提，内化能力强，一般外化能力亦强，是

主观见之于客观的过程。实现内外转化的前提是符号系统（言语及各种记号）和思维。学生外化知识能力集中体现在实践教学中，亦体现在"考核环节"上。包括自检自测，形成性考核，终结性考核，以及课程实验（实习）、社会调查、毕业实习、毕业设计（论文）等。

③反思能力。这是学生对整个自主学习过程的监控及调节的能力，以及分析和产生新的观点的能力。

④合作学习能力。学生在小组学习中相互启发相互提升的能力。合作精神是 21 世纪人才的基本素质。

学习态度。这是学生关于学习的一种内部心理状态，是认知以及情绪、情感、情操、意志力等综合体现，即情商。一般认为，它应包括学生的学习心态、学习动机、学习兴趣、学习情感、学习意志。具体地说，它是学生认识自主学习的情绪；妥善管理自主学习的情绪；自主学习自我激励的情绪；认识学习伙伴的情绪；合作与竞争、学习人际关系管理的情绪。

自主学习力的特点。学习力有方向性，正向学习力会产生积极的行为变化，推动改善学生的学习、工作和生活质量；反之，负向学习力则产生消极的行为变化，产生意外的破坏力，危机学生的学习、工作和生活质量。

学习力有强弱之分。学习力强的人，吸收和应用知识能力强，学习欲望强烈，学习毅力惊人，反思能力突出，建构新观点快速，并善于在学习群体中合作与竞争，来提升自己的学习效率。反之，学习力弱的人，要么缺乏学习动机和兴趣，要么知难而退，要么学无方略。

学习力可以改变。随着学生对学习的相关知识和方法技巧的掌握，学习经验的积累，自信心和自尊心的增强，学习心态的转变，学习习惯的养成，学习动机和竞争力的改善，学生学习力是可以不断提升的。

4. 教师指导力的理论

国内很少有学者研究教师指导力问题。简言之，它是指教师指导学生自主学习的能力，主要表现在两方面：一是学习指导能力，即学会求知、学会做事的指导，教师为实现预期教学目标，以网络及多媒体教材为媒介指导学生学习的能力。二是学生指导能力，即学会与人合作学会发展的指导，教师根据每个学生具备的条件（如素质、环境、经历、学习力、水平等），以适应当代社会需要为目标，指导学生自我生存、自我实现、自我超越、自我创新的能力。

根据教师指导力的构成要素，我们建立了教师指导力三角形模型，如图5－2所示。教师指导力由教学态度、指导能力两个方面构成，并以每位教师素质为基础。

图5－2 教师指导力的三角形模型

（1）教师素质。教师素质至少应包括专业素养、教学技能、学习理论、教育技术等因素，它们是构成教师指导力的必要条件。

①教师专业素养。教师职业素养至少包括文化科学基础知识素养、专业学科知识素养和教育学、心理学知识素养三个方面。专业知识和专业能力确立了一种职业的专业地位，是确立教师专业化的根本。提升自身的专业意识、专业知识、专业能力、专业精神是适应开放教学指导力的关键。精通专业知识技能，积累专业实践性知识是提升专业素养的必经之路。

②教学技能。教学理论与技能是教师指导力形成的基础条件。它包括教学模式的选择，教学规律的运用，教学过程的设计，教学目的与重点、难点的确定，教学指导手段、方法的使用，教学指导的组织与管理，教学反馈与评价等方面的技能。

③学习理论。掌握学习理论也是指导力提升的实质条件。对教师指导力影响较大的学习理论有行为导向学习理论、认知结构（建构主义）学习理论、人本主义学习理论和组织学习理论。

④教育技术。开放教学指导离不开教育技术，掌握现代教育技术是教师提升指导力的技术条件。包括计算机辅助教学指导技术、多媒体实用技术、课件制作技术、网页设计技术、虚拟教学技术等。

（2）指导能力。教师指导能力，亦称教师主导作用，如苏霍姆林斯基所说："教给学生能借助已有的知识去获取知识，这是最高的教学技巧之所在。"在网络多媒体教学条件下，教师个别指导与面授辅导能力主要表现在运用各种新的教学技术手段，为学生营造一个优化的学习环境，并组织、引导、帮助、督促学生学习上。

①学习指导力。主要是智商指导，体现在"学习目标的确定与具体化→学习指导的方法→学习效果的评价"上。教学过程中，教师综合素质强，学习指导力就强；反之就弱。

②学生指导力。主要是情商指导，提高学生指导力要明确学生指导的内容与方法。如从性格与品质发展方面指导，从学生面临的各种问题方面指导，就特定的个别学生进行帮助或在课程班进行集体指导。以咨询为中心的指导方法主要有：A. 指示性咨询。注重人际关系指导。如对个人咨询的指导步骤：分析—综合—诊断—预诊—忠告—进一步了解。B. 启发式咨询。注重情商指导。重视运用皮格马利翁效应，强调合作精神的指导。教师在学生指导中应具备三个基本条件：移情的理解，无条件的好意尊

重和真诚。做到这三点，学生指导力就提升了。

（3）教学态度。我国教学论中很少研究教学态度。教学态度是教师对待教学的一种内部心理态度，至少应包括教师对教育事业的忠诚——事业心；尊重学生人格的人本主义学生观；教学是塑造人性及灵魂的艺术——教学观；为人师表的师德。教学态度是这些要素的集合体。正如学习态度始终是学习力这个三角形的"统帅"，学习态度决定学习的一切，教学态度始终是指导力这个三角形的"统帅"，教学态度决定教学的一切。

5. 学习力与指导力的耦合是"三环互动"教学模式发展的根本动力

教学过程与学习过程是"三环互动"的两个不同侧面，"三环互动"发展变化中存在诸多复杂矛盾。如教师与学生，教师与教学内容，教师与教学媒体；学生与学习内容，学生与学习媒体；以及各要素内部诸方面之间或两两之间，都存在着矛盾。学与教双方"引起、调整、控制"之间，教学时序的诸环节之间，学习时序的诸环节之间，"三环互动"之间，以及两时序相对应的两两环节之间或不相对应的环节的两两之间，如学生自学与教师个别指导之间，小组合作学习与集体指导之间，课堂学习与面授辅导之间，考核与评价之间，同一方面诸要素之间，学与教双方所有方面之间，矛盾都是无时不在，无所不在的。作者认为在"三环互动"模式发展的各个阶段中，"起着领导、决定作用"的矛盾是学生的自主学习力和教师的指导力的耦合（合力）。

耦合原是指物理学上两个或两个以上的体系或两种运动形式之间通过各种相互作用而彼此影响以至联合起来的现象。如一根磁棒的正负极的互感就是通过磁场的耦合成为一个整体的。"三环互动"模式中学习活动与教学活动的关系，既相互制约促进，又互为前提；既互为对象，又互为条件；既相互区别，又相互包含；既相互矛盾，又相互适应统一。"三环互动"过程体系就是学生的学习力与教师的指导力有机地连接起来并协同发展的耦合体。双方力的耦合同样是以"矛盾、适应、统一"的基本形式表现具体化的，当然"三环互动"的力也就产生于其中了。

（1）"三环互动"中学生自主学习力与教师指导力的耦合。

①学习力与指导力形式上的耦合。在"三环互动"中，由于活动主体"角色"因地因时因事随时互易其位，如在面授辅导中教师是教学活动的主导者，在自学或小组合作学习中学生是学习活动的主体，主体客体化和客体主体化的辩证关系在"三环互动"中随处可见。成功的教学必定是建立在积极有效的自主学习之上的，而高效的自主学习也必然与优化的教学息息相关。在"三环互动"的时序中，作为主导者的教师是希望自己根据教学大纲和学生学习特点制定并实施符合"三环互动"要求的教学设计，设计个别指导、小组指导、面授辅导，并利用网络把三种指导贯穿起来，该设计能符合学生的自学、合作学习、课堂学习与自检自测等，并能耦合起来，从而促进"三环互动"过程优化发展。学习力与指导力在各教学形式环节上相互具有约束、调节、遏制、修正作用，并推动教学螺旋式发展。

②学习力与指导力内容上的耦合。内容的耦联集中体现在两个力功能特性的相互关系上。在"三环互动"中，教师是教育者，学生是被教育者，但是，学生在客观上随着学习力的不断提高，也具有教育功能，俗称"教学相长"。教学过程应重视学生将如何发展，随着学习内容不断深化，学生学科体系在头脑中形成知识结构系统，学习力这个变量也会发生变化；教师指导力这个变量如果不随之变化，其教学目标、方式方法、组织过程很可能与学生学习活动不相适应，从而降低教学效果，俗称"吃不饱"现象。

（2）学习力与指导力在"三环"衔接中的作用。这种衔接其实就是把学习力与指导力在"自学—辅导—考核"三环互动中整合。小组合作学习最终要通过个体自学来实现，那么"三环"是如何衔接的？在衔接中，由于成人学习的特点，学习惰性与时间紧的障碍，教师主导地位非常明确（参见图5-3），即"互动"中指导力的"主动"作用显得非常重要。个体自学要演变成小组合作学习，沟通、连接个人自学与合作学习的媒介是个人看法（预习课程提出的问题），而形成个人看法深浅的力量是自主学习力与指导力之合力；个体自学、小组合作学习是开放教学的基础与前提，带着个人或小组的看法参加面授辅导，又是合力的作用；考核的评价与反馈，虽是指导力起主要作用，但学生根据考核反馈修正自学，教师根据学生反馈修正教学设计，还是合力的作用。要提升指导力，首先必须提升课程班中每一个学生的自主学习力。教学效果并非课程班中个体学习效果的相加，它可以远远超过个人学习效果，但也可能大大低于后者。在互动过程中，教师指导力的主导作用不容忽视，它不只是被动地接受学习力的影响，相反，它可以主动地提升学生的学习力，使"自学—辅导—考核"三环节更加有机地耦合成教学整体，发挥更大教学功效。

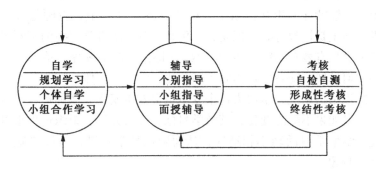

图5-3 "三环互动"教学模型

三、"三环互动"教学模式的应用

【应用实例一】

黑龙江电大"开放教育"文法类省管课 "六步探索教学法"课题实验方案

黑龙江电大文法教学部

一、课题的提出

"中央电大人才培养模式改革和开放教育试点"项目的总结性评估要求,侧重考察"试点项目"学与教的实施过程、试点的每一步骤的具体做法。根据这一要求,结合黑龙江电大总结的"三环互动"教学模式,考虑到文法部省管课某些课程实践性特点,我部提出在部分专业省开课中进行"六步探索教学法"的综合实验研究,以此推动"人才培养模式改革"。"六步探索教学法"是指"指导选题—独立探索—小组交流—课程班讲授—评价总结—开放考核"。

二、理论依据

(一)布鲁纳的"认知—发现说"教学思想

布鲁纳的教学论思想旨在培养学生的发现能力和创造能力。他认为学习一门学科最主要的是掌握它的基本结构;要取得好的学习效果,必须采取发现法;采用启发的原则、反馈的原则来促进教学。

(二)赞可夫发展教学理论

他认为以最好的教学效果来促进学生的一般发展;只有当教学走在发展前面的时候,才会有好的教学效果,教学要有一定难度;以高速度、高难度进行教学,使学生理解学习过程,理论知识起主导作用。

（三）合作学习理论

合作学习是一种旨在促进学生在异质小组中互助合作，达成共同的学习目标，并以小组的总体成绩为奖励依据的教学策略体系。合作学习基本要素有合作小组、成员、辅导教师、小组成员间存在积极互赖性、个人责任以及合作学习环境（包括组织环境、空间环境、硬件环境、资源环境和隐性环境）。其中互赖性和个人责任是核心要素。积极互赖性是一种心理倾向，是指小组成员知觉到，为了完成某项任务必须相互合作，个体的成功有赖于整个小组的成功；个体会体验到自己与小组同学是浮沉与共、休戚相关的关系。个人责任是指每个人在小组中都应该尽到自己的责任。都必须为小组的成功贡献自己的力量，且这种责任和贡献必须得到确认和评价。

三、实验原则

（一）课外合作学习与课堂合作学习相结合原则

以课外合作学习为主，课堂合作学习为辅，教师根据教学需要，特别重要的课程内容可以安排在课堂上进行小组合作教学，既可为学生合作学习提供示范，又可解决合作学习中的实际问题。

（二）学习者控制、程序控制和教师控制相结合原则

对具有较强自律能力的学生采用学习者控制；对背景知识较少的学生采用程序控制（合作学习程序和教学程序）；教师要根据学习者各自不同特点、认知风格对教学各个环节进行全面控制。

（三）个别辅导与全面辅导相结合原则

在六步教学各环节中注重加强个别学生辅导与课程班全面辅导相结合，把学生的辅导落到实处，这是改革的关键步骤，切忌辅导走过场，影响教学质量。

（四）教师的主导作用与学生的主体作用相结合的原则

教师在整个实验过程中的主导作用必须加强，不可对学生放任自流，以免使实验"流产"；整个实验要突出体现"学生的主体作用"，培养学生自主学习能力和创新能力；体现"学生自主学习为主，教师多媒体辅导为辅"的开放教学原则。

四、实验要求

（一）实验对象

各开放本专科专业部分省管课

本科专业

法学：国家赔偿法、公司法

汉语言文学：古代文学作品选　现当代文学作品选

英语：英美文学导论

小学教育：文学概论　文学作品选读

专科专业

法律：国际商贸实务

英语：英美文学简史

小学教育：小学社会教学论

教育管理：小学语文教育学

（二）本教学法实验采用自然常态单项对比实验

（1）在自然常态下，任意选定本专业实验课程班的学生参加"六步探索教学法"实验，同时选定同一课程班中另一部分未参加教学法实验的等额学生作为对比参照系，按常规教学法进行教学，考试可以参加开卷考试。

（2）实验周期为两年，从 2003 年 9 月至 2005 年 6 月。实验的基础测验为实验学生与等额非实验学生各实验课程的考核成绩及其自学过程原始资料、问卷调查表。

（3）实验效果测量目标：①课程考试成绩（为了对比，可把终结性考核与形成性考核取相同折算比例），实验学生与等额非实验学生进行对比，做出差异的显著性检验。②学习方法问卷对比。③问题解决能力、速度及其正确率对比。

五、实验步骤

（一）指导选题

教师依据课程教学大纲和教学进度要求，按单元或篇章事先设计一系列选题，可用计算机网络或电子教案形式供学生自学思考，逐一指导学生选取适合于自己的研究课题，系统传授搜集、筛选、运用资料解决问题或撰写论文的方法；陈述或讲解自己对该问题看法或观点的方法。在指导前，教师必须占有并熟悉该门课程的大量资料；对学生提出的问题，必须准确回答，倘若当时对问题把握不准，可告知学生待研究资料后再回答。这对老师的指导提出了更高要求。教师指导过程应有记录。教师编制选题时，要考虑学生资料来源和接受程度，注重理论联系实际，能与社会热点相联系更好。常用指导方式：电子信箱或个别面授辅导。

（二）独立探索

学生在老师指导下确定了课题，然后带着课题去查找文献，阅读资料，撰写讲稿。

1. 制订研究计划

"凡事虞则立，不虞则废。"在确定选题之后，开展探索课题之前，先要制定一个研究计划，存入学生学习档案。研究计划不但能避免忙乱，还可以使研究工作按步骤有条不紊地进行。制定计划一般包括：①确定选题；②限定论点方向；③搜集资料（包括实地调查）；④阅读、研究资料（包括课程实践），做好笔记；⑤明确论点，围绕论点选材；⑥拟定讲稿提纲；⑦执笔写作；⑧修改定稿。

2. 查找资料的途径

利用图书馆（含网上图书馆和网站）；实地调查、观察与实验；向老师同学借阅；书店购买。在网上查询时切忌垃圾资料的干扰；当资料过剩时切忌"消化不良"；查找资料要去伪存真，去粗取精；要掌握选取资料的标准：①围绕课题选材；②选取必要的、充分的、新颖的材料。

3．阅读资料，确立观点

要准确地理解所读的内容，充分吸取选题所需的理论知识，分清主辅材料，从搜集到的大量材料中筛选出最能证实观点正确的材料，利用发散思维和收束思维去开拓性创造性思考各类资料，确立观点。

4．撰写讲稿

讲稿在讲课时使用。讲稿的结构一般有归纳和演绎、分析和综合、抽象到具体和联翩思考等方法，学生可根据表达需要选用。讲稿写完后，一定要做进一步推敲和修改，以达到满意程度。

以上各步骤，教师可采用网络、多媒体课件、个别或集体面授辅导等多种形式进行。

（三）小组交流

以合作学习小组为单位，小组成员交流研究心得、开展讨论。教师有计划有步骤地进行小组学习指导。具体参见"小组合作学习"实验方案。

（1）组建合作学习小组、确定组长。

（2）教师指导小组合作学习活动。

（3）学生的讨论要有记录，并存入学生学习档案。

（4）学生进一步修改讲稿。

（四）课程班讲授

（1）各合作学习小组推荐优秀学生在课程班上以讲课的形式汇报研究成果（讲稿），师生共同听课；

（2）师生针对讲授提出问题，由讲课学生当场答辩；每名学生一学期至少讲授一次，没有讲授的学生，不能参加终结性考核。

（3）教师采用电子教案或多媒体课件等形式对课程重点内容进行点播式辅导。

（五）评价总结

（1）听课学生根据教师的重点辅导，结合学生讲课情况，对讲授学生做出系统评价，评价分为优秀、良好、中等、及格与不及格五个等级，评价可采用不记名投票方式进行，教师事先做好评价表格，然后发给听课学生。

（2）课程结束后期末考试前，每位学生根据切身体会，撰写一篇参加教改的评论文章，并对学与教提出建议。

（3）教师根据学生的评价情况，结合自己观察到的该学生在教改中的表现，以及教改评论文章，做出比较公正准确的评价。其中优秀为 90～100 分，良好为 80～90 分（不含 90 分），中等为 70～80 分（不含 80 分），及格为 60～70 分（不含 70 分），不及格为 60 分（不含 60 分）以下。最后按比例折算。

（六）开放考核

实验课程的考核由形成性考核，个人探索、小组交流、课程讲授和教改评论文章与终结性开卷考核三部分组成。采用百分制，其中形成性考核占 20%，个人探索、小组交流、课程讲授和教改评论文章占 20%，终结性开卷考核占 60%。四次作业均采取百分制，然后按比例折算。

实验教师可以把课程划分成若干部分，进行选题设计。"六步"探索教学每月至少有两次循环，不得整门课程只安排一次循环。建议教师循环进度按周进行，每学期 18 周。这样才符合循序渐进的教学规律。教学计划安排有课程实践（验）的，还要考核实践（验）。教师根据评估与考核反馈情况，随时修正教学设计，以期达到最佳教学效果

六、实验质量评估

为了防止实验走过场或出现"异化"现象，确保实验质量，我们设计了实验课质量保证体系，各实验单位必须按照该体系认真检验填写，黑龙江广播电视大学将组织专家进行评估。每一项指标均需要真实详尽地填写。

"六步探索教学法"教学质量保证体系

一级指标	二级指标	三级指标	评估结果
一、实验资格	1. 基础设施环境	(1)校园网络条件	
		(2)多媒体教学配套设备	
		(3)课程课件	
		(4)数字图书馆	
	2. 师资	(5)教师、技术与管理人员比例	
		(6)教师与学生比例	
		(7)专职与兼职教师对教改态度	
		(8)专兼职教师技能(含教育技术技能)	
		(9)教师培训和支持服务	
		(10)考核与激励机制	
	3. 教学资源	(11)电子课件	
		(12)配套参考资料(含作业)	
	4. 学生服务	(13)教学点的职责、监控和管理	
		(14)学生学习指导系统	
		(15)学习计划制定指导系统	
		(16)学生反馈(含投诉)机制	

续表

一级指标	二级指标	三级指标	评估结果
二、教学过程	5.学生学习过程	(17)课件使用率、更新率(含网上资料)	
		(18)独立探索情况(自学情况)	
		(19)小组合作学习情况	
		(20)学生讲授情况	
	6.教学过程	(21)辅导答疑的方式、时间、次数	
		(22)答疑反馈情况	
		(23)小组辅导与课程班辅导情况	
	7.考核	(24)形成性考核	
		(25)学习过程考核	
		(26)终结性考核	
	8.实践(验)环节	(27)课程实践(验)过程	
		(28)课程实践(验)检查	
		(29)课程实践(验)报告	
	9.客观教学效果	(30)实践(实验)合格率	
		(31)形成性考核成绩情况	
		(32)考试通过率	
	10.学生自我评估	(33)搜集信息能力	
		(34)自主学习能力	
		(35)学习效果	
		(36)合作能力	
三、教学效果	11.学生满意度	(37)对教学改革的满意度	
		(38)对辅导答疑的满意度	
		(39)对技术与基础设施的满意度	
		(40)对学习支持服务的满意度	
	12.社会评价	(41)学生专业素质和能力	
		(42)学生综合素质和能力	

七、实验的管理及措施

（1）成立课题实验方案管理小组，小组由系主任及各教研室主任组成。由课题组长以及课题组其他成员组成课题研究小组。

（2）定期举行课题组例会，按步骤操作运行，并随时在网上发布实验信息。

（3）选定的实验学校应把每一实验过程制作录像，在中央电大总结性评估前编辑成专题录像，配有说明画外音与音乐，最后制成光盘，作为成果上报省电大文法部。

（4）课题管理小组定期到实验学校检查实验进展情况，并予以指导。

（5）实验结题后，各实验单位要做结题报告，参加学校设立的教学成果奖评奖，奖项分为一、二、三等，由省电大颁发。

【应用实例二】

国际私法教学模式改革教案

——"三环互动"案例教学法实验

辅导教师 刘尔明

第三章 国际私法的主体

学习目标：

识记自然人、法人的国籍、住所的冲突与解决；领会国家、国际组织作为国际私法主体的特殊性、特权和豁免。

学习重点：

自然人、法人国籍、住所冲突与解决。

学习难点：

自然人国籍、住所的积极冲突、法人住所、国籍的确认。

教学步骤

第一步：指导学生自学

（一）学生个别化学习指导

1. 检查学生自学笔记。

2. 解答几位未参加面授辅导的学生提出的问题。

（二）学生小组协作学习辅导

检查一个学习小组活动，解答上一章问题和预习下一章的问题；找出共性问题。

（三）指导学生上网学习

1. 检查学生到校上网自学的人数。

2. 辅导学生上网。

第二步：多媒体面授辅导

国际私法中央电大只提供了期末复习录像带。

采用电子教案面授。

第一环节：学习旧课，导入新课。

1. 简单回顾上一课讲授的重点内容。

2. 设计案例检查学生知识掌握程度。

案情介绍：

意大利人雅克（21岁）于1995年在中国某地和中国某进出口公司签订了一份出口蚕丝的国际货物买卖合同，合同规定分两批海运，每批货款在货物交付托运后20天内支付。合同成立后，中国某进出口公司依合同向雅克发出第一批货物，但因雅克的销售渠道发生问题，因怕转售不出去发生亏损，想撕毁合同，所以他拒付货款，双方由此发生争议。意大利人雅克声言，根据意大利法律他无缔约能力（意大利法律规定成年年龄为22岁，雅克在缔结合同时只有21岁，未达到成年年龄，属于限制民事行为能力人），主张合同无效。我国公司向我国法院起诉。问：

（1）本案是否属于国际私法调整范围？为什么？

（2）根据里斯的"最密切联系说"理论，本案应运用哪国法律？根据《民法通则》的规定，本案应适用哪国法律？由哪国法院管辖？

（3）雅克的主张能否成立？

3. 请学生回答上述问题。纠正学生错误。

4. 设计案例，构建新知识悬念，导入新课。

案情介绍：

1. 1999 年 12 月 20 日，中国恢复了对澳门行使主权。澳门现有 10 余万中国居民持葡萄牙护照，从法律上讲，具有葡萄牙国籍。根据中国政府的一贯立场，符合中国国籍法规定的中国公民资格的澳门居民无论是否持有葡萄牙旅行证件，都是中国公民。这样，澳门持有葡萄牙护照的 10 余万中国居民将有中国、葡萄牙双重国籍。问：

（1）各国是如何解决国籍的积极冲突和消极冲突的？

（2）我国采取何种原则确定国籍？

（3）国籍的取得有哪些方式？

2. 1929 年，上海电力公司在美国德拉华州成立，该公司主营业所在中国上海，负责上海美租界的电力供应。日本侵华期间，该公司被日本占有。日本战败后，该公司恢复了经营。1949 年新中国政府没收了该公司财产。

1964 年，上海电力公司根据美国 1948 年战争索赔法，向日本索赔。1972 年中美建交后又向中国政府索赔。该公司得到 2 000 万美元赔偿。中国持有该公司股票的人又向该公司请求补偿。问：

（1）法人国籍是如何确定的？

（2）法人住所如何确定？

（3）法人的权利能力和行为能力适用何国法律确定？

第二环节：讲授新课重点、难点

第一节：自然人

一、自然人的国籍

定义：自然人作为某一国家的国民或者公民而隶属于该国的法律资格。

（一）自然人的国籍在国际私法中的意义

1. 自然人的国籍是判断某一民事关系是否构成涉外民事关系的标准之一。

2. 自然人的国籍是确定自然人民事法律地位的重要依据之一。

3. 确定自然人属人法的主要依据之一。

4. 确定涉外民事案件管辖权的依据之一。

（二）自然人国籍的确定

只能依该国的国籍法来确定。

1. 国籍确定方式。

（1）出生取得国籍。

（2）加入取得国籍。

2. 国籍的丧失。

（三）自然人国籍的冲突

1. 自然人国籍的积极冲突（两个或两个以上国籍）。

2. 自然人国籍的消极冲突（无国籍）。

（四）自然人国籍冲突的解决

1. 国籍的积极冲突的解决。

2. 国籍的消极冲突的解决。

二、自然人的住所

住所的作用。

（一）住所的含义和种类

1. 住所及其认定。

2. 住所的分类。

3. 我国对公民住所的认定。

4. 住所与居所的区别。

（二）自然人住所的冲突

1. 住所积极冲突。

2. 住所消极冲突。

（三）自然人住所冲突的解决

1. 住所积极冲突的解决。

2. 住所消极冲突的解决。

第二节：法人

法人定义。

一、法人国籍

作用：

（1）确定法人民事法律地位。

（2）适用法人属人法的主要依据。

（一）确定法人国籍的标准

（二）跨国公司的国籍问题

（三）法人国籍的冲突

（四）我国确定法人国籍的标准

二、法人的住所

作用：

（一）各国确定法人住所的标准

（二）法人住所的冲突

三、法人的营业所

四、外国法人的认可

（一）外国法人主体资格的认可

（二）外国法人活动范围的认可

关于第三节，同学们自学就可以了。

第三环节：总结新课，布置下一课的预习。

总结讲授的重点、难点。

检查掌握新知识程度。用小组案例讨论的形式。

案例见《学习指导》P14 第八题。

预习要求：

第四章

学习重点：国民待遇、最惠国待遇、普遍优惠待遇。

第五章

学习重点：冲突规范结构、类型、范围、系属、联结点的识别，常用系属公式。

学习难点：冲突规范的类型、常用系属公式、联结点。

思考题见学习指导书。

同学们在小组学习活动中有问题，可以打电话提问，可以在网上课程讨论区提问，也可以给我发 E – mail。提醒一下信箱地址：lem@ mail。hljrtvu. com

第三步：作业与考核

同学回家做《学习指导》练习二的有关习题，下一次课程检查。

四、"三环互动"教学模式质量评估

教学模式的应用效果，需要教学质量评估体系评估。开放教育教学质量评估体系由教育系统评估、办学基本条件评估和教学实施过程评估组成。教育系统评估指标有：办学水平评估、课程评估、教学过程评估、学业成绩评估、经济评估和监督运行机制评估；办学基本条件评估指标有：人员基本要求评估；传输接收条件评估、信息使用条件评估、实践教学条件评估；教学实施过程评估指标有：教与学模式评估、教学管理评估、支持服务系统评估、检测考试评估。这里只讨论教与学模式评估。

（一）教学模式质量评估一般标准

标准应保证教学的正确方向，正确反映教学基本规律，具有先进、可行和激励作用。学科不同，其评价标准也不尽相同，这里指的是各学科的共同标准。评估的要素应当是教学模式构成要素：教学思想或教学理论、教学目标、教学程序、师生角色与教学策略、评价。根据评估要素设计如下评价标准。

（二）"三环互动"教学模式评价标准（指标体系）

1．评价原则

（1）定期评价与经常性评价相结合；

（2）综合性评价与专项评价相结合；

（3）定量评价与定性评价相结合；

（4）客观性评价与自我评价相结合；

（5）校内评价与校外评价相结合；

（6）评价成果与教学成果相结合。（评价成果形式上是指评价综合报告，评价专题报告，评价基础上产生的教学建议、教学管理改革建议等。）

2．评价标准

评价标准应体现"基于网络的多媒体优化组合课堂教学模式"的教学思想，标准内容应与开放教育规律要求一致；评价指标体系应科学、全面、简明、实用。以教学诸要素组成评价指标体系。

（1）目标（10分）

①符合要求。教学目标符合教学大纲与学生实际，内容明确、具体、可测。

②学生明确。学生了解学习任务，能把它作为自主学习的方向，从而形成强烈的学习动机和浓厚学习兴趣。

③统领全局。总目标与分项目标逐步落实，课堂内没有任何偏离目标的活动。

④效果最佳。从学生反馈中能统计出：课堂教学目标基本落实，达标学生接近100%。

（2）媒体（30分）

①优化组合。网络及多媒体选择使用能满足开放教学需要，恰到好处；具有较好的技术性、交互性和艺术性，体现出基于网络的多媒体学习环境。

②保证质量。媒体设计制作符合教学需要，体现出经济性、多重刺激与共同经验原则。

③充分利用。充分被学生利用，成为学生自主学习的认知工具。

④确有实效。网络及多媒体在激发学生学习动机，引起学习兴趣，促进能力形成，实现教学目标上起到实际辅助作用。

（3）过程（30分）

①学生中心。课堂活动以学生学习为中心，发挥学生自主能动学习作用，思维活跃。

②全体参与。全体学生参与教学全过程，体现合作学习与个别化学习相结合，每个学生都有学习任务。

③步骤清晰。各课堂教学环节清晰，突出重点、难点辅导，形式灵活，过程轻松，有利于学生认知结构的重组，学生能力的提高。

④及时反馈。知识传播与反馈及时，课堂变式练习、测试恰当，促进学生知识迁移，转化为技能或能力。

⑤方法得当。各种教学策略综合运用，体现"学生主体、教师主导"，注意辅导问题学生，促进全体学生学习能力提高。多用启发、讨论式，不存在满堂灌、一言堂现象，双边活动活跃。

⑥合力突出。学生自主学习力与教师主导力相互作用的合力表现突出，体现出"三环互动教学模式"的互动力。

（4）学生（10分）

　①自学能力。通过复习答疑，反映学生自学效果很好，旧课知识能理解运用，并有自学预习；学生自学能力得到提高。

　②媒体技能。通过课堂检查网络与多媒体使用，体现出大多数学生都能掌握网络与多媒体使用技术。

　③合作能力。通过小组讨论与问题解答，体现出大多数学生合作学习能力较好。

　④互动效果。课堂上师生互动、生生互动效果较好。

　（5）教师（20分）

　①教态亲切。关爱学生，师生关系融洽，行为上能起表率作用。

　②面向学生。能针对学生实际表现灵活控制课堂活动，精力集中在指导学生如何学上，教学语言准确、简练、生动。

　③主导得力。对学生学习的指导和评价，知识准确，内容具体，态度公正；特别注重学习方法指导；教师主导力突出。

　④激励为主。以激励学生为一切教学活动出发点，善于发现学生长处，鼓励学生自学；善于组织学生合作学习、研究学习，促进学生知识意义建构能力强。

　⑤操作熟练。各种媒体使用正确，操作熟练；示范动作规范；能及时排除干扰。

　⑥自我修正。针对教学设计中存在的不足，能在课堂教学中临场发挥，自我修正能力强。

参考文献

［1］　陈列. 教学过程本质论［J］. 杭州大学学报，1987（1）.

［2］　钟启泉. 现代教学论发展［M］. 北京：教育科学出版社，1992.

［3］　班华. 中学教育学［M］. 北京：人民教育出版社，1992.

［4］　黄甫全. 现代教学论教程［M］. 北京：教育科学出版社，1998.

［5］　丁新. 远距离教育基础［M］. 北京：中央广播电视大学出版社，1996.

［6］　黄健. 造就组织学习力［M］. 上海：三联书店，2003.

第六章　学习模式论

第一节　学习模式论概述

21 世纪是有史以来人类发展最迅速的一个新时代。人们的工作和生活方式在改变着，与此相适应，学习模式也在发生着翻天覆地的变化。传统的学习模式正在酝酿重大的突破，进行着最为深刻的变革。

一、学习模式的概念和分类

（一）学习模式的概念

1. 模式的概念

现代科学和工程学能够发展到今天，有赖于规则的制定；模式的研究也不例外。在讨论学习模式之前，必须对"模式"这个词加以界定。一个围棋下得好的人知道，好的"形"对于围棋非常重要。形是棋子在棋盘上的几何形状的抽象化。形就是模式，也是人脑把握和认识外界的关键。人脑处理模式的能力也非常高超，人可以在几百张面孔中一下子辨认出所熟悉的脸来，就是一个例子。模式化的过程是把问题抽象化，在忽略掉不重要的细节后，发现问题的一般性本质，并找到普遍适用的解决方案的过程。简而言之，模式即指从一类不断重复发生的、类似的问题以及该类问题的解决之道中总结出此类问题的共同点并抽象成一定的描述及规范，以便遇到此类问题无须再做过多的考虑，直接使用已经总结好的解决之道。模式应包含以下四个要素：

（1）模式名称。模式名称其实没有什么特别的，就像汇编语言中的助记符一样，模式名称用简短的词语描述出此模式的问题、解决方案和效果。主要目的是为了帮助思考和更好地与其他人交流。

（2）问题。描述何时使用该模式以及使用该模式所必须满足的条件等内容。

（3）解决方案。顾名思义，解决方案描述了设计的组成成分及成分间的关系及各自的职责，以及成分之间如何进行协作。由于模式是对一类问题的抽象，所以不描述具体问题的设计或实现，而是提供设计问题的抽象描述和怎样用一个具有一般意义的元素组合（类或对象组合）来解决这个问题。

（4）效果。描述了模式使用后的效果以及使用此模式所必须考虑到的利弊。模式效果包括它对系统的灵活性、扩充性或可移植性的影响。

2. 学习模式的概念

学习模式是指在一定的学习目的的指导下，围绕着学习活动中的某一主题，形成相对稳定的、系统化和理论化的学习类型。学习模式包含以下几个要素：

（1）指导思想。它是建立各类学习模式的理论基础，任何学习模式都是在一定的思想和理论（教学理论、学习理论等）指导下提出来的。

（2）主题。主题是学习活动进行的线索，主导着学习模式的形成。

（3）学习程序。学习程序是完成学习活动的具体过程，也使得学习模式具有一定的可操作性。另外还有其他几个方面的因素。

（4）目标。任何学习活动都具有一定的目标，使主题具体化，也是主题或教学活动前进的方向。

（5）策略。不同的学习模式会采取不同的手段和方法，从而更好地完成目标。

（6）内容。不同的学习模式有适合自己的课程设计方法。

（7）评价。不同的学习模式因其主题、目标、程序等因素的不同，而具有不同的评价方法和标准。学习过程中多个因素相互联系、相互制约，完整地构成了一定的学习模式。至于模式中各因素的具体内容，则因学习模式的不同而有所差异。

（二）学习模式的分类

学习模式的分类方法很多：

1. 根据学生学习的组织形式分类，通常有 3 种分类方法

（1）竞争式学习模式。即学习者之间的关系互相对立，彼此之间在"力图获得别人也在力图获得的东西"，缺少或者没有学习方面的问题的沟通，处于敌对状态的一种学习形式。

（2）个别化自主学习模式。即学生主动利用各种学习媒体有目的的、自主独立的学习，学习者之间的关系是互相独立的。

（3）协作学习模式。即通过小组或团队的形式组织学生进行学习的一种策略，学习者之间协同工作并共同分享学习目标。小组成员的协同工作是实现学习目标的有机组成部分。

2. 根据学生在学习活动中的地位和作用分类，通常有 3 种分类方法

（1）教师主导的学习模式。即学生知识的获得和技能的提高都是由教师的主动行为而带来的。这其中包括学习内容的选择，学习过程的监控，对学习结果进行评估等，这些都是由教师为学生选择和决定的。

（2）自导式学习模式。也称自导学习，是指一个人能在任何环境下通过一定的方法自我进行学习，使得在知识、能力、技能方面得到提高，实现个人的发展目标。自导式学习模式的最大特点就是由学生自己来管理学习的全过程，教师只是起到一个咨

询者和顾问的作用。

（3）三环互动式学习模式。三环互动式学习模式是远程开放教育教学过程的一种设计模式。是指在网络环境下，以学生为中心的三环互动。其中"自学"是在教师指导下的自学，其核心是学生自学。教师指导的手段主要借助于网络、电话、文字资料，或其中几种媒体的组合，实现教师与个别学生的实时性或非实时性交互。这种学习模式是一种自我导向、自我鼓励、自我监控的高品质学习模式。

3．根据学习方法不同分类，通常有 3 种分类方法

不同的学习内容学习者应采用不同的学习方法，实际学习中根据具体学习内容的不同通常可采取如下 3 种学习模式：

（1）研究型学习模式。是指学生在教师指导下，以类似科学研究的方法获取知识和应用知识的学习方式。它的基本特征是：重过程、重应用、重体验、重全员参与。研究性学习模式是把课内外教学结合起来的一种模式，它的教学组织形式更加灵活、多样。它比只局限于课堂上的教学具有更大的开放性，有利于充分发挥学生的自主性。

（2）案例型学习模式。是指学生积极主动参与对比较典型的案例进行分析、研究，从而准确地掌握课程基本内容和基本原理的一种学习形式。

（3）参与型学习模式。是指在学习活动中，运用多种学习方式方法，尽可能多、尽可能好地参与学习各环节、全过程。其突出标志是学生主动、充分参与学习全过程，学生成为学习活动的主人。

4．根据学习手段不同分类，通常有 2 种分类方法

（1）单向媒体学习模式。即学生在学习过程中所运用的学习资源，手段单一，主要是指运用文字资料进行学习的一种学习形式。

（2）多媒体学习模式。即学生在学习过程中所运用的学习资源、手段丰富，可同时交互使用文字教材、网络、录音录像带、CAI课件等资源进行学习的一种学习形式。

此外，还有其他的一些分类方法，如根据学生在学习中参与程度的不同可分为探究学习和接受学习；根据远程教育模式和相关的发送技术发展程度的不同可分为函授模式、多种媒体学习模式、远程学习模式和灵活学习模式；根据学生在学习过程中配合程度的不同，可分为个体学习模式和交互学习模式等。

二、学习模式的演变

学习模式是学习活动的基本结构，每个学生在学习过程中都在自觉不自觉地按照一定的模式进行学习，只不过这里有一个采取的学习模式合理不合理、科学不科学的问题。了解学习模式的历史发展有助于人们借鉴传统和对当代各种新的学习模式的理解，有助于人们把握学习模式的发展趋势。根据学生在学习过程中是否有固定的学习场所、是否实现师生准分离、是否采用多种媒体和资源、是否与教师进行交互等，把学习模式的演变划分为两个阶段。

第一阶段：传统的学习模式阶段。

历经数千年农耕时代封建社会的中国教育，传统的学习模式是在私塾里形成的，古代学习的典型模式是被动接受式，其结构是"讲—听—读—记—练"。其特点是教师灌输知识，学生被动机械地接受知识，书中文字与教师的讲解完全一致，学生对答与书本或教师的讲解完全一致，学生是靠机械重复进行学习。由于私塾教师面对的只是少量的学生，"三人行，必有我师"，师生可以通过交谈答疑，进行个别指导。这种学习模式，也出了不少人才，但效率低下，传授的知识只限于文字书本，师道尊严的礼教也严格限定了必须以教师为中心。到了17世纪，随着学校教学中自然科学内容和直观教学方法的引入，班级授课制度的实施，使学习模式发生很大的变化与进步。40 多年前，苏联的教育教学思想进入我国，班级教学和教学论系统知识的普及，给我国学习模式带来很大的影响。

在这个阶段，学习模式虽然随着环境的发展变化发生了诸多的变化，但无一例外都忽视了学生在学习上的主观能动性。以师资为学习活动的中心、以教室为学习活动的场所，是这个时期学习模式的最基本、最重要的特征。

第二阶段：现代的学习模式阶段。

20 世纪 50 年代以来，随着科学技术的发展，教育面临着新的科技革命的挑战，特别是系统论、信息论、控制论、人工智能、电子计算机的产生，给学习模式的研究提出了许多新的课题，因此这一阶段出现了许多新的学习模式。

信息化为学习模式的彻底变革带来了一次巨大的机遇。所有学习者采用的是类似"私塾"这种个体学习模式，而且没有固定的学习场所、学习时间和学习年限的限定。比起传统学习模式来，是一次巨大的进步，它体现了平等、开放、交互和个性化服务的本质特征，资源不是独占而是共享。再加上师生之间跨时空的互动互育、丰富的信息资源，为学生针对自身特点"择其所好"地选择性学习，将充分满足个人对教育的个性需求。教师起到教练和促进作用，学生组成小组协作学习，通过解决问题重新发现知识，获得解决问题的技能。

自罗马俱乐部《学无止境》提出"创新性学习"的概念起，学习模式从"以教师为中心"向"以学生为中心"转变。以学生为中心，强调的是"学"；以教师为中心，强调的是"教"。素质教育需要重新构建交互式学习模式。近年来，教育教学改革的呼声日益强烈，国外新的学习模式层出不穷，对我们推进素质教育新的学习模式具有重要的参考价值。有较大影响的实验模式包括：以问题解决为中心、主动参与学习、探究式学习和合作学习、共同研讨等，其中又以建构主义理论影响最大，值得我们认真学习和借鉴。建构主义的学习观提出，知识不能简单地通过教师传授得到，而是每个学生在一定的情境即社会文化背景下，借助教师和同学的帮助，利用必要的学习资料，通过人际间的协作活动，依据已有的知识和经验主动地加以建构。因此，建构主义的学习模式正是一种在教师指导下的、以学习者为中心的发现学习结构，其交互式特征体现得更加充分。它综合了"以问题解决为中心"和"探究式教学"的主要特征和优点，又从理论上给予了较为科学严谨的支撑和分析，在世界各国学习模式改革中得到人们更多的重视，也为我国基础教育领域目前正在实验的"研究性学习"课程提供了借鉴。

构建面向知识经济时代的学习模式，需要我们大胆创新，发动全体教师和学生投身于推进素质教育的这场攻坚战役中，创建灵活的学习模式，将高质量的相互作用的多媒体的优势和通过联结因特网实现计算机媒介通信，从而获得与日俱增的大量学习资源和增加交互性的优势结合在一起。事实上，这些"灵活获取"技术使学生在他们生活方式许可时随时唤来和驱走"教师"。这种灵活性具有教育学上的巨大优势——它允许学生按自己的进度学习。于是，不同学生之间存在不同的进度真正成为可能，而这同典型的传统教育实践不一样。

三、学习模式研究的理论基础

（一）学习模式研究的理论依据

行为主义学习论、认知主义学习论和人本主义学习论是当代西方学习理论界最具势力和影响力的三种学习理论。

1. 行为主义学习论

行为主义学习论在 20 世纪 50 年代之前处于支配地位，其影响可谓如日中天。在此之后认知主义学习论取而代之，成为学习理论界的主流。人本主义学习论是在美国传统教育受到冲击，倡导教育革新运动的潮流中诞生的，它旨在反对行为主义和认知主义的学习论，其独具特色的观点越来越受到学术界的关注。这三种学习理论都分别是由诸多观点相近的理论构成的，由于每一位代表人物的着眼点有所差异，所以，每一种理论都具有侧重点。

行为主义所研究的学习是最广义的学习，即动物和人在活动中受外在因素的影响，获得或改变行为的历程。在这一历程中，个体学到的是可观察和测量的外在反应，而该反应能成为习惯是后效强化作用的结果。学习的产生是外控的，学习是一种被动完成、循序渐进、积少成多的过程。行为主义学习论偏重于行为的习惯，习惯的养成和不良行为的矫正等方面。

2. 认知主义学习论

认知主义所研究的学习属狭义的学习，即个体对事物经认识、辨别、理解，从而获得知识的历程。在这一历程中，个体学到的是思维方式亦即认知结构。个体通过学习增加经验，改变认知结构，所以这种学习是内发的、主动的，是整体性的质变过程。认知主义学习论偏重于知识的获得、概念的形成、认知结构的组织和问题的解决等方面。

3. 人本主义学习论

人本主义所研究的学习属次一级广义的学习，即个体随意志、情感对事物自由选择而获得知识的历程。在这一历程中，个体既不受本能冲动的驱使也不受外界刺激或环境左右，而是取决于需求、欲望、感情和价值等内在心理状态。人本主义学习论突出学习者的中心地位，偏重于人格的完满和学习者主体性的发挥等方面。这三种理论究其实质，一重行、一重智、一重德，应该说，各有侧重、相得益彰。

对现代远程教育影响最大、最直接的三种学习理论是行为主义学习理论、认知主义学习理论和人本主义学习理论。

（二）三种学习理论的基本观点

1. 行为主义学习理论

行为主义学习理论的代表人物是桑代克·斯金纳等。其基本观点为：

（1）学习是刺激与反应的联结，有什么样的刺激，就会有怎样的反应。

（2）学习过程是一种渐进的过程，认识事物要由部分到整体。

（3）强化是学习成功的关键，学习应重知识、重技能、重外部行为的研究。

2. 认知主义学习理论

认知主义学习理论的代表人物是皮亚杰、纽厄尔等。其基本观点为：

（1）学习是认知结构的组织与再组织。客体刺激只有被主体同化于认知结构之中，才能引起对刺激的行为反应。

（2）学习过程是信息加工过程。人脑好比电脑，应建立学习过程的计算机模型，用计算机程序的解释去理解人的学习行为。

（3）学习是凭智力与理解，决非盲目的尝试。认识事物首先要整体认识，整体理解有问题，就很难实现学习任务。学习应重人的智能培养。

3. 人本主义学习理论

人本主义学习理论的代表人物是马斯洛·罗杰斯等。其基本观点为：

（1）学习是人的自我实现，是丰满人物的形成过程。

（2）学习者是学习的主体，任何正常的学习者都能自己教育自己。

（3）人际关系是有效学习的重要条件，它在学与教的过程中创造了"接受"的气氛。学习应重视学习的情感因素。

第二节　现代远程开放教育中的学习模式

一、现代远程开放教育学习模式的基本概念和特点

（一）现代远程开放教育学习模式的基本概念

在远程开放教育环境下，学习者个体主动探索学科的学术问题、应用问题、主动参与学科建设，全面提高自身素质和创新能力的学习活动。

在这种学习模式下，学习者在网络环境下的探究学习活动是自我驱动、自我引导的，具有明确的认知需要和学习方向，是一种内在的学习行为，学习者根据自身的水平，寻找适当的学习行为起点，学习材料的选择、学习目标的确定由学习者根据自己的学习需要而定，在学习过程中学习者进行自我反思、自我评价，真正扩大了学习者学习活动的自由空间。

（二）现代远程开放教育学习模式的特点

1. 主体的中心性

主体的中心性是指学生处于学习中心的地位，成为学习的主体，这是与以教师为中心的传统教育完全相反的，也是这一学习模式的本质特征。

主体的中心性体现在学习者自己对学习目标的制定、对学习过程的控制、对学习策略的选择以及对学习的自我评估。在这里，"当学生得到更多的学习自由和学习机会的同时，他们也必须为安排自己的学习担负更多的责任。比如，学生想在什么时候学习，想学到多少知识以及怎么找到信息和资源等方面"都可以得到满足。显然，以学生为中心的学习模式下主体的中心性，对学习主体提出了比传统的课堂教学模式下高得多的要求。美国

学者 Glow 对此做过专门的调查，他通过不同的学生（传统的课堂教学模式下的学生和交互远程教育环境下的学生）以示同环境（传统的授课方式和交互远程学习）中的相同课程的学习的跟踪研究发展，尽管交互式远程学习方式因为其既有丰富的、多地点的交互活动，又能节约学生的时间和路费，使他们能继续在职学习而使人们对它非常感兴趣。但是，在交互式远程学习环境下，学习者在学习中的困难要更多，因为课程更加宽泛，所以要用更多的时间做准备，努力学好各门课程；对课程的兴趣、对学习材料的记忆力要比传统授课方式下更差；得到的教师对他们学业进步的关心更少；同样的课程考试的分数要更低。无疑，远程学习者需要更强的自我观察、自我评判和自我反应能力。因而，在学生走向学习中心的时候，我们应该看到的是学习者作为主体肩负了比传统教育模式下重得多的责任；我们应该考虑的是学习主体要具备哪些素质，如何培养这些素质，才能真正担负起这些重任，真正成为学习的主人。

远程开放教育与传统教育最本质的区别在于教学的主体地位问题上，即"以学生为中心"还是"以教师为中心"。

现代远程开放教育模式，坚持"以学生为中心"，在教学组织形式上遵循以学生的个别化自主学习为主、以教师的辅导为辅的原则，传统的单一课堂面授的教学组织形式，将向以学生个别化自主学习为主、并辅之以在学习中心接受辅导的教学组织形式转变，即构建学习中心与学生个别化自主学习相结合的新的教学组织形式；在教学手段和方法上充分利用现代教育技术，综合运用多种教学媒体开展教学；在教学的主体和客体的关系上实现由封闭的课堂教学向开放的多形式的教学转变，即实现以教师为主体向以学生的个别化自主学习为主体的转变。教师的角色不再以信息的传播者或组织良好的知识体系的呈现者为主，应从"教"学生，转变为"导"学生。所谓"导"，其形式应包括：引导

——帮助学生建立适当的学习目标，并确认和选择达到目标的最佳途径；指导——指导学生形成良好的学习习惯，掌握学习策略和认知能力；诱导——创造丰富的教学环境，激发学生的学习兴趣，充分调动学生学习的积极性；辅导——辅导学生利用各种便利手段获取所需信息，并利用这些信息完成学习任务；教导——教师应做学生的朋友和榜样，教导学生养成高尚的道德、完善的人格和健康的心理等各种优秀品质等。由于现代远程开放教育的实施过程中特别强调培养学生的自主学习能力，这就对教师提出了更高的要求。教师要从传统的灌输知识者，转变为帮助学生自主学习知识的指导者。教师的指导，既包括入学初的指导，也包括学习过程的指导，如做好本课程的教学设计方案，网上发布动态助学信息，精心设计有限而精炼、高效率的面授课，认真改作业与答疑，指导学生进行小组学习活动等。

2. 客体的特殊性

在以学生为中心的学习模式中，客体的要素及其意义、要求与传统教育也多有不同。

第一，教师。教师的变化是最大的。表现在：

（1）地位。教师从传统教学模式的中心走到了客体地位，这是一个质的转变。

（2）作用。教师的作用从知识的传播者转化成学生学习的指导者。在以学生为中心的远程教育中，因为学习主体的担负任务的繁重、多面和学习方式的特别，教师客体的这种指导除了解惑答疑之外，还增加了许多新内容：指导学习者选择适合个人的学习方法，培养学习者良好的学习习惯，激发他们持久的学习兴趣，为学习者提供各类信息资源，帮助学习者掌握必要的媒体使用技术等。

（3）素质和技能。处于客体地位的教师，要对主体发生积极作用，就必须具备较高的素质和多方面的技能，如一定的教育学、心理学知识，计算机、网络技术的运用能力，课程的开发设计和课件的制作能力，等等。

第二，学习内容。容易得到的、丰富的、个别化的学习资源，是以学生为中心学习模式形成的基础。在现代远程教育中，学习内容客体的特殊性表现在：

（1）载体的多样性，如印刷文本、盒式录音录像、CAI 课件、VCD 光盘、网上课件等多种的载体使学习内容的呈现更加丰富多彩。

（2）设计的独特性，如教材，无论是传统的印刷文本，还是数字化教材，它们都包含学科知识体系，具有更多地促进助学功能。也就是说，在课程的知识体系与逻辑结构呈现的同时，引导学习者培养学习的自主性、学习的技能和独立分析能力；同时也要充分考虑个别化的学习特征，围绕某一课程内容有相当全面的设计规划，以供学习者挑选适合自己要求的学习内容。对于学习指导，如电大常用的"学习指导书"，除了传统的概括主教材的主要名词术语、阐释主教材的重点难点问题这些内容之外，还要加进学科背景和相关资料的介绍、典型案例的分析、代表性书籍的介绍、参阅其他相关媒体的揭示、前沿学科知识及最新观点的介绍等内容，以进一步体现导学功能。

第三，学习同伴。远程教育中由于学生与教师的准永久性分离，因此，与传统学习模式相比，学习同伴的影响要更大。最新的研究结果已把得到较多的与同伴一起的小组学习列为远程学生学习成功的三个主要条件之一。学习同伴的影响主要表现在三个方面：

（1）在课程知识的学习中，学习同伴彼此交互合作，共同探讨问题，有利于学习者认知水平的提高，加快学习进度；

（2）同伴的交互与交流，能扫除学习的孤独感，有利于学习者健康情感心理的形成，增强学习的信心和勇气；

（3）与同伴的交互与交流，促进学习者进行自我评估、自我调节，更快地构建和转换自己的知识体系。

第四，学习反馈。不能像校园教育那样及时得到反馈而导致学习者跟不上学习进度直到最终辍学，是传统远程教育的一大弊病。因此，学习反馈是现代远程教育中极其重要的因素之一，成为以学生为中心的学习模式的一个客体。这一客体对学习主体的作用很大，因为及时的反馈，能使学习者修正与发展自我认知，做到正确评价自己，调整学习策略，跟上学习进度，增加学习信心，完成学习任务，达到学习的目标。反馈的方式，或是实时的或是非实时的；或是课上的或是课后的；或是通过媒体的，或是面对面的；或来自于教师或来自于同伴；现在，越来越多地在课程设计中突出学习阶段目标的制定，加入学生自我管理模块，建立交流反馈机制，使学习者在与学习内容交互的过程中不断得到反馈信息……总之，作为以学生为中心模式中的客体，反馈要能满足学习主体不同阶段的不同需要；反馈的要求还在于它的及时性，因为现代通信技术的发展，使远程学生得到及时反馈成为可能。

3. 媒体的多样性和可用性

在现代远程教育中，主体与客体之间的联系绝大部分是通过媒体实现的，学习主体与客体之间的交互作用也是通过媒体发生的。如果失去了媒体的支撑，那么，学生就无法成为"中心"；如果媒体单一或媒体不易为学生所用，那么，学生同样也无法成为学习的"中心"。从某种程度上说，媒体技术的发展及其在现代远程教育中的使用，是促进远程教育快速发展的决定性因素之一。视频 VCD 技术、CAI 软件技术、双向实时视频会议系统、虚拟技术和 Internet 技术等新一代媒体的广泛运用，大大提高了实现学生为中心学习模式的可能性。我们可以从对主体与客体的分别链接的考察中，进一步认识媒体的丰富性和多样性。

　　在主体与教师客体之间，媒体主要起传递和链接作用。教师的指导可以有传统的面授和导修课，也可以通过广播、电视、计算机网络、Internet 网络等现代媒体传播。

　　在主体与学习内容客体之间，媒体主要起传递与呈现的作用。可以有传统的印刷媒体，也可以是视听媒体，包括光学媒体、音响媒体、音像媒体，还可以是电子媒体，包括计算机辅助教学软件、网络课件等。

　　在主体与学习同伴客体之间，媒体可以是学习小组，也可以是电话、电子邮件，还可以是网络上的 BBS 站、会谈室、公告栏等。

　　在主体与学习反馈客体之间，主要有以电话、电子语音信箱、电子邮件、双向视频音频教学系统、计算机网络等为中介的媒体技术。

　　在以学生为中心的学习模式中，学习主体的个别化自主学习，除了个别化的学习目标、个别化的学习内容，还需要获得个别化的学习媒体。也就是说，学习者能根据自己的要求、条件、兴趣自由地选择媒体。媒体的多样性为其可用性奠定了基础，为学习者的个别化选择创造了条件。正是有了丰富多样的、可用的媒体，学习主体与客体才紧紧地联结起来，学习者也才能真正成为学习的中心。

　　现代远程开放教育凭借现代教育技术支持系统，突出以学生为中心，强调学习的个性化，因而广泛采用多媒体教学资源和手段，构造了一个集成而实用的远程学习环境。在传统教育模式中，教师根据文字教材，通过口头语言、黑板书写以及动作演示等，基本以面授形式，面对面地将知识传授给学生，而学生则在固定的时间、去固定的地点，通过听、看、问、记等方式接受教师传来的固定知识；而现代远程开放教育，是一种面向社会、敞开校门、采用新的技术媒体、优化个性差异、适应学生个体化自主学习要求的新型教育模式，是学生利用多种媒体自主学习，辅以必要的辅导的教学形式。现代信息技术，特别是多媒体与计算机网络技术的应用，为学习者提供了极为丰富的电子化学习资源，包括数字化图书馆、电子阅览室、网上报刊、数据库、多媒体电子书等。学习者只要掌握了一定的操作技能和资料检索能力，就可以通过搜索引擎和各种媒体方便快捷地获取自己所需要的知识、经验、能力和特定的技能。在现代远程开放教育模式中，教师或教材编者把知识信息编成文字教材或者制作成录音、录像、光盘、软件等，通过广播、电视、网络、计算机等现代化多媒体手段传授给学生，打破了时间上的限制，摆脱了同步教学模式，利用网络技术、多媒体技术、虚拟仿真等技术，给学生提供多种渠道、多种形式和有多种学习资料供选择的学习模式。中央广播电视大学就是一所采用广播、电视、文字、音像、计算机网络等多种媒体，面向全国进行远程开放教育的高校。

二、现代远程开放教育学习模式的基本框架

现代远程开放教育是社会主义"三个面向"教育思想的需要，它作为我国教育的一个重要组成部分正向着更加开放和国际化、全球化的方向发展。现代远程开放教育的根本任务是在知识经济条件下，按照社会和受教育者两方面的需求，从培养应用型和创新型人才的目标出发，科学地确定培养目标的规格和知识、能力、素质结构；运用现代教育技术和远程教育规模，以学生为主体开展教学活动；建立适合开放学习和教育大众化的教学支持服务体系和教学质量保证体系，从而形成具有鲜明特色的人才培养模式。

远程教育的目标是"它就就业和经济进展的关系而言，不应培养青年人和成年人从事一种特定的、终身不变的职业，而应培养他们有能力在各种专业中尽可能多地流动并永远刺激他们自我

学习和培训自己的欲望"，"促使每一位学生都得到充分发展"。

现代通信技术的迅速发展及其在教育领域的广泛使用，使现代远程教育更加关注学习主体的特征与需要，重视教育技术的开发和应用，重视学习过程和学习资源的开发和设计，从传统的以教师为中心、学校为中心转变到以学生为中心的开放学习和个别化学习，为越来越多的人提供了越来越多的学习机会，满足了他们在充满竞争的知识化、信息化社会中学习、培训的需要。与传统教育的教师为中心和教育资源相对封闭的特征相比，现代远程教育则体现出了以学生为中心的全新特征。

（一）现代远程开放教育学习模式的五个阶段

1. 问题分析阶段

现代技术手段给学生提供了良好的学习系统，学生针对问题进行独立认真的分析，在已有知识的基础上，提出解决问题的设想，然后围绕要解决的问题与学习任务形成一个解决问题的行动方案或行动计划。可以把学生划分成一个个学习小组，辅导教师在不进行任何教学的情况下，向学生提出要解决的问题。学生在他原有知识的基础之上，提出解决问题的一些初步的想法，然后确定围绕解决问题所要进行学习的内容，并形成一个解决问题的行动计划。

2. 信息收集阶段

这是充分体现学生自主学习的阶段，学生开始收集与解决问题相关的信息，围绕要解决的问题进行独立探索、展开行动，教师可通过网络给学生提供与问题有关的线索或资源，避免学生产生过强的挫折感。学生根据学习任务搜集有关的信息资料，逐步建构起关于该领域知识的认知结构原形，并形成自主思维的能力与习惯。

3. 综合阶段

经过信息收集的探索学习阶段后，学生对信息进行鉴别、加工整理，利用获得的信息资料对问题进行综合分析，提出解决问题的实际方案，找出解决问题的确实可行的方法。并将获得的知识进行外化，来解决现实中的实际问题，让知识在进一步应用中得到巩固，产生广泛的联结，建构起牢固的知识体系。这个阶段学生不只是简单地说说他们已经学到什么，而是要应用所学到的新知识，解决现实中的学习问题，学生通过解决现实中的问题，而将所学知识进行外化，新知识在原有知识的基础之上，得到巩固与应用，产生广泛的联结，从而牢固地建构起自己的知识体系。

4．抽象提炼阶段

当问题得到解决后，为了提炼和升华，他们需要讨论其他相关的相似问题或不相似的问题，对解决问题的方法进行归纳与总结，通过抽象概括，建立起解决同类问题的一般性原理与方法，以有利于知识的迁移与灵活应用。

5．反思阶段

学生在解决完问题后还要进行反思，反思问题的求解过程，思考在解决问题的过程中所运用的方法，对解决问题过程中遇到的问题和困难，作相互的对等评价或自我评价，学生可借助网络通信工具向教师咨询请教，教师可适当进行指导评价，做一些关键点上的点评，并帮助学生作归纳与总结，进一步发展学生的认知技能。让学生"学会协作""学会学习"。

（二）自主学习的课件体系

为了使学生实现自主学习，我们把主要精力放到教学设计、教学指导、教学服务上来，教师充分利用辅导课讲重点、解难点、释疑点，讲评作业，指导学习方法。根据课程的性质、特点及资源匮乏等情况制作课程相应的 CAI 课件、电子教案及课程辅导材料等教学媒体来辅助教学。

1. 课程内容系统化

课程是支持自主学习的第一要素。开放教育重点放在知识的创造与探索的历程中，强调学生提问题的能力，帮助学生如何获得信息和使用信息。在课程内容上重视职业性，加强学习与工作的联系，调动起学生的学习兴趣。课程重视学习技巧的培养。在考虑成人的学习过程和特点后，将教学目标、辅导答疑、学习指导等纳入其基本的构成成分之中，这也是自主学习的远程教育课程不同于传统课程的一个重要的方面。

一门学科的知识体系是相互关联、前后融合的。远程开放教育的学习模式、教学内容按顺序、分层次编排。课件内容的文件组织形式采用树型分级目录，按照逻辑顺序将各章节统一排列，并以知识单元为中心进行编排，这样有利于初学者按照章节顺序步步深入的学习，也有利于复习过程中直接进入不同的章节。一些内容关联度或先后顺序要求不高的课程，其各单元形成链接图标，排列于页面之上，由学生自由选择学习的单元。学生可以深入地了解整个学科知识体系的全貌，可以打开各级目录进入章节，也可以直接进入各个知识点。

现代远程教育中，课程内容的体现也呈现出多样化的特点，教材除了传统的印刷文本，还有数字化教材，它们都包含学科知识体系，更多地促进助学功能，在课程的知识体系与逻辑结构呈现的同时，引导学生培养学习的自主性、学习的技能和独立分析能力；围绕某一课程内容有相当全面的设计规划，以供学生挑选适合自己要求的学习内容。印刷文本、盒式录音录像、CAI 课件、VCD 光盘、网上课件多种的载体使学习内容的呈现更加丰富多彩。

应用卫星、电视、录像、计算机网络实施远程教学，更使学生的课程可以跨越时空，伸向教育者所处的任何一个地方，学生可以根据自己的特点、条件和职业需要选择专业和课程，通过各种渠道来接受多种媒体的教学，以获得知识和技能。课程内容更加有序化、系统化、规律化。

2．学习目标自主性

所谓自主性是指学生在学习过程中不再是被动地、消极地接受教育者所施加的教育影响，而是主动地、积极地去选择、去接受，同时还根据自身的认知需要来主动地获得学习资源。

自主学习是支持现代远程教育存在的一种重要的学习方式。自主学习是通过学生自身对教育媒体、设施以及教师对学生的指导和帮助来传递教学信息。它能使得某一学生与学习内容、方式、步骤的确定性、统一性得以消除。学生根据自身的水平，寻找适合的学习行为的起点、学习任务的难度、学习的材料、学习的目标，扩大学生学习活动的自由空间。自主学习是学生在信息时代下为完善自身不利条件而进行的学习，因此，是一个主动要求接受新技术、新信息的学习过程，它打破了时间、空间等对学习行为的限制，学生不必为学习而在某一个固定的时间到某一个确定的场所参加某一个群体的学习。

自主学习在远程教育中有着重要的地位。远程教育特点之一就是它面向于不能接受或不能到常规学校学习的学生群体，教师和学生处于准脱离状态，因此促进自主学习是搞好远程教育的核心。在终身教育成为整个教育大体系的指导思想的教育大变革中，只有围绕自主学习开展和完善各种改革，当自主学生的学习障碍减少到足以达到学生各种学习需求时，远程教育成为终身学习的第一选择才能真正成为可能，远程教育未来的良好前景的实现也才真正成为可能。

3．教育氛围民主性

教育民主主要内容是要求教育具有平等、民主、合作，能调动教育者与受教育者的积极性等特点。要求尊重学生，调动学生的积极性，培养提高他们的民主和参与意识。

在现代远程教育全新教学模式中，应该充满一种宽松、和谐、平等、开放、自由、民主的氛围，这样可以培养学生的求异思维，培养学生思维的广阔性，灵活性和独特性。

摒弃了传统的封闭式面授教学方式，改变了我讲你听、我写你记、我决定你服从的师生关系，充分体现了教育的民主；全体学生都是学习的主人，无论他们的智力水平与心力水平有何等差异，都可以享受到充分的人格尊重，都有进一步提高自己、完善自己的机会；学生的个性可以得到充分的发现、培植、张扬和发展。一个扼杀个性、排斥多样性、压制标新立异、禁止自由想象的环境，一个只单纯鼓励统一、服从、规范和共性的环境，是极不利于创造思维存在和生长的。学校教育的目标是每个学生的个性特长的充分显示与发展。在这样的"以人为本"的宽松环境中，学生身心愉悦，思维活跃，从而实现创造力的发展。

4. 学习方式多元性

多元，包括教育思想多元化、教育模式多元化、教材编制多元化、教育目标多元化、教学管理多元化、网络建设多元化、上网途径多元化、软硬件开发多元化等网络与教育的各个方面。其核心思想是强调远程教育的多样性与灵活性，强调尊重每个人的个性，激发每个人的潜能，提高每个人的信息素养。

开放教育重在贯彻终身教育思想，培养学生自主学习能力。因此在教学模式上首先必须打破传统的以教师"教"为主的面授说教形式，学生可以充分利用直播课堂、IP 课件、BBS 留言板、电话答疑、双向视频、网上教学辅导等多种媒体进行学习。学习方式的多元化带来竞争，使学生有了更多的可选择性。多元的学习方式如何有效地通过教师创造性的劳动整合在一起，这才是我们所要研究的问题。我们现在强调的就是要摈弃那种被动地接受式的学习方式，摈弃那些简单的重复、机械的重复、题海战术、满堂灌、填鸭式的教学方式。

三、学习模式在远程开放教育中的价值

以学生为中心的学习模式在远程开放教育中，对于加强学生的素质教育，培养学生的自学、自治能力和创新精神、实践能力，以及教育信息化、培养学生的信息素养等方面都具有十分重要的作用。

（一）素质教育：培养学生的自学、自治能力

全球范围内，终身学习的思想观念，正在变为社会及个人可持续发展的现实要求。在终身学习这种思想观念指导下，教育方式、学习方式正在经历着一次深刻的变革。人们在学校里学习时间是短暂的，更多的是离校后的自学，有了自学能力，无论知识陈旧周期如何缩短，科学技术综合化的洪流如何迅猛奔腾，仍能运用自学能力迎头赶上。

自学能力是以独立性为核心，多种较优心理机能参与的，掌握知识、获取技能的多层次的综合能力。包括9项指标，即主动阅读能力，独立思考能力，善于自练、自检能力，促进自治能力，自我监控能力，自觉探求能力，加速形成概括能力，能动应变能力，发展创新思维能力。其形成和迁移一般要经过四个阶段：摸索阶段，适应阶段，形成阶段，完善发展阶段。培养学生自学能力是推行素质教育的一个重要方面。学生的自学能力的培养，能够极大地调动学生学习的主动性，调动他们主动学习的习惯，并且增强他们依靠自身力量获取知识的信心。

终身学习和信息技术发展的大趋势要求学生自学能力的培养。终身学习体系，就是说在人的一生当中任何的年龄阶段，在任何的工作岗位上，在任何的时间都有可能不断地学习，这就不会像在学校里由老师教他那样，按一套课堂教学制度来进行，而是另外一种情况，就是更多的人要在工作岗位上来不断地学习，在这种条件下，一个人的自学能力就成为他不断获取知识、不断

更新知识的一个重要的基础。随着现代信息技术的迅猛发展，人们将有可能在任何时间、任何地点，接受任何形式的教育，所有学生只要有学习愿望，都将有可能通过网络选择适当的时间、地点，选择学习内容和符合自身学习特点的学习方式。这种学习的主动权在学生本人。学生能不能选择适合他最有效的学习方式、学习内容，这将取决于他的自学能力。过去那种以教师为主导的教育方式，将被学生以自主获取知识这种方式所取代，即学生自主学习的主体性一定会强化。

（二）创新教育：培养学生的创新思维和实践能力

时代呼唤创新，创新教育已成为当今教育的主题。现代远程教育以学生为中心的学习模式就是以培养创新思维与创造能力为突破口。

（1）有利于培养思维的敏捷性和流畅性。思维的敏捷性表现为能够迅速地思考并准确地求得结果。思维的流畅性又叫非单一性，是思维对外界刺激做出反应的能力，它是以思维的量来衡量的，要求思维活动畅通无阻、灵敏迅速，能在较短的时间内闪现或表达较多的概念，能在有限的时间里想到多种解决问题的方案。

（2）有利于培养思维的灵活性和变通性。思维的灵活变通是指考虑问题时，思路开阔，不拘泥，不刻板，能与事物发展变化的实际相协调，善于根据时间、地点、条件等变化，灵活地迁移，从一个思路跳到另一个思路，从一种意境进入另一种意境，从一种方法想到另一种方法，多角度、多层次、多方位探索、解决问题。

（3）有利于培养思维的新颖性和独创性。思维的新颖独创性，又叫求异性，是以独立思考、大胆怀疑、不盲从、不迷信权威为前提的。它强调思考问题时有高度的自主性、独我性，有体现鲜明的个性色彩、个性特长、个体优势的独立创见。能自觉而独立地把握条件和问题，找出解决问题的关系、层次和突破口，能超越固定的习惯的认知方式，以带有自己鲜明的个性色彩的新角度、新眼光去认识事物，得到独我才有的特定感受，提出与众不同的见解。

（4）有利于培养思维的深刻性和批判性。思维的深刻性是善于深入思考问题，透彻地洞察事物，能透过现象认识本质，总结事物发展的基本规律，能从简单的、人们熟视无睹的实事中发现、揭示出问题来，直奔主题，抓住要害，切中实质。思维的批判性要求培养学生辩证地思考，善于实事求是地判断是非正误，缜密地分析和检查自己或别人的思维与行为，做出合理的评价，善于辨别优劣高下，善于比较，善于汲取精华，剔除糟粕，善于质疑，善于提出自己公正、恰当、得体、独到的见解。

（5）有利于培养非逻辑思维能力。非逻辑思维是一切在形式逻辑基本范围内所不能包容，而又在创造过程中发挥着有效作用的思维形式，如灵感、顿悟、直觉思维等。学生勤于日积月累，善于穷思竭虑，及时捕捉顿然醒悟的思维亮点，记录突如其来的思维成果，在足够的知识积淀和亲历体验之下无意识地从整体上迅速猜测、预感或察觉隐藏在现象背后的事物的本质属性或联系，让非逻辑思维能力成为学生创造性思维的重要组成部分。

（三）教育信息化：提高学生的信息素养

教育信息化是指在教育领域全面深入地运用现代化信息技术来促进教育改革和教育发展的过程，其结果必然是形成一种全新的教育形态，即信息化教育。信息和教育资源建设是教育信息化的核心。迎接信息时代的挑战，适应信息化社会，从浩瀚的信息海洋中获取必要的信息，学生必须具备相应的信息素养能力。

学生的信息素养主要表现为下述8种信息能力：

（1）运用信息工具的能力。能熟练使用各种信息的采集工具、编译工具、发送工具、存储工具。

（2）获取信息的能力。能够根据自己的学习目标主动地多途径地收集各种学习资料与信息。能熟练使用阅读、访问、讨论、参观、实验、资料检索、电子视听感知等获取信息的方法。

（3）处理信息的能力。包括鉴别、筛选、分析、综合、抽象、概括、记忆、表达信息的能力。

（4）生成信息的能力。能用恰当的符号把对自己和他人有益的信息进行译码、编码与改造，使表达信息的符码简洁、流畅、鲜明、易懂、富有感染力和个性特色。

（5）创造信息的能力。善于运用创造性思维、灵感思维与发散思维方法，通过比较分析、相关分析，寻找信息生长点，发现与创造新的信息。

（6）发挥信息作用的能力。善于运用外界信息改进学习方法调整学习计划，善于扩充自己的知识信息库与学习方法库，能最大限度地发挥出所发现和占有的信息的教育效益与社会效益。

（7）信息协作意识与能力。能够利用各种信息协作途径和工具开展广泛的信息协作，能与外界建立经常的、融洽的、多维的信息协作关系。

（8）信息免疫能力。有正确的人生观、价值观，能够自觉清除信息垃圾，避开有害信息，抵制不良信息的侵蚀和干扰。

获取和占有信息不是最终目标，运用信息并得到预期的效果才是最终目标。信息的获取、分析、加工、利用和创新的能力，是远程开放教育学习者必须具备的信息素养。他们能够对所获得的信息辨别出真伪优劣，做出恰当的选择，正确评价信息；能针对问题，选择、重组、运用信息，并利用信息做出新的假设和预测。因此，要成为一个有网络信息素养的人，必须能够确定何时需要信息，并且具有检索、评价和有效使用信息的能力。充分发挥学生在学习过程中的自主性和创造性，使学生成为信息加工的主体和知识意义的主动构建者，而不是外部信息的被动接收器和知识的灌输对象，以逐步培养学生在信息多元和个人独处时的道德选择力和自控力。

第三节　现代远程开放教育学习模式的现状和发展

一、现代远程开放教育学习模式的现状

（一）现代远程开放教育学习模式的实践

以教育部组织实施现代远程教育工程为标志，我国远程教育进入了新的发展阶段。1999 年，教育部启动高等学校现代远程教育试点。4 月 28 日批准实施"中央广播电视大学人才培养模式改革和开放教育试点"项目研究。5 年来，试点工作在全国电大逐步全面、深入开展，对在现代远程开放教育条件下人才培养模式及相应的教学模式、管理模式和运行机制作了积极的探索。现在，开放教育试点教学网络已经覆盖我国内地所有省、自治区和直辖市。截至 2004 年春，中央电大开放教育学生的数量已经达到 150 多万人，毕业生 21 万人，占远程教育学生的 70%。

目前，现代开放教育学习模式已经取得了不少的进展。大致可以归纳为以下几个方面：

1. 三环互动式学习模式基本建立

学习模式是对学习活动过程的简化和抽象，是一种在一定学习理论指导下的、在某种环境中展开的学习活动过程的稳定结构形式。三环互动式学习模式强调学生自主学习为主、教师导学为辅。学习者自主学习模式对于远程教育的发展、对于"中央电大人才培养改革和开放教育试点"项目非常重要，否则，建立学习型社会是不可能的。三环互动式学习模式是一种系统化规范学习行为的方法体系，也可以说，三环互动式学习是学习活动组织的模式。

学习者在总体教学目标的宏观调控下，在教师的指导下，根据自身条件和需要制定学习计划并完成具体学习目标的学习模式。当然，自主学习的能力、条件、方式都是三环互动式学习模式的有机组成部分。

2. 以"学生为中心""以自主学习为主"的教育观念有了根本的转变

传统课堂教学模式是一种被人概括为"以教师为中心、以知识为中心、以教材为中心"的教学模式，几乎成为大多数教学管理者和教师们的思维定式，极大地束缚了学校教育对学生创新精神和实践能力的培养，现代远程开放教育学习强调以学生为教学主体的思想，让学生主动参与教学过程，并组织、监控和调整自己的活动。虽然教师与学生处于准分离状态，但借助各种媒体，实现了基于计算机网络条件下的交互。

3. 新的师生关系已经形成

现代远程开放教育学习模式的自主学习立足于以人本主义为基础的现代学习理论，强调学习者要为他们自己的学习负责，比如自我决策、自我选择并实施学习活动的能力，自我的学习的调控能力，需要和偏爱对学习的影响等。教师在学生自主学习模式下，不再是知识的传播者，而是学习者的指导与顾问。教师的作用体现在三方面：一是教学生"学会学习"；二是教师应努力成为学生学习资源的设计者；三是答疑及咨询，对学生自学过程所遇到的问题等进行辅导。开放教学中师生关系是一种平等的协作关系。这种新的师生关系使教学由过去的以"教"为本位，变为以"学"为本位，学习过程中不仅注重知识、技能、方法的获取，而且还注重了情感、态度、价值观的培养。最大限度地发挥了受教育者个体的主观能动性。

4. 学习小组活动取得了比较显著的成绩

学习小组是一种合作学习的组织形式。学生以小组为单位通过协作解决问题，并在学习中激发了学生学习的积极性和主动性。学习小组没有固定模式，一般每 3～5 人组成学习小组。小组成员共同制定学习计划，讨论课程疑难问题，并通过对话、争论等形式对学习过程中出现的问题相互启发、相互交流，以实现学习目标。这种小组学习方式提高了学生学习的主动性和积极性，也促进了学生间良好人际关系的形成。

5. 以学生为中心的学习支持服务体系基本构建成功

"学习支持服务体系"即以学生为中心，为学生学习的全过程提供相应的支持和服务。这种"支持服务"，包括从学习资源、场地、环境到学习组织、指导、咨询、反馈等方方面面的支持和帮助。它既是物质的，也包括精神和心理的。是一个既方便远程开放学生的学习，又支持他们完成学业的服务系统。可以说，学生运用多种媒体学习资源和学习手段，开展多样化的学习活动，取得了较好的效果。

（二）现代远程开放教育学习模式的问题

1. 远程教育自主学习模式的构建

构建远程教育自主学习模式是一个大课题，牵扯到办学者、教学者、学习者方方面面的系统工程，构建这样的模式又是一个过程。首先从学校、从办学者来讲，必须把培养合格人才放在首位，把培养学生自主学习的能力作为电大教育工作者的一项重要任务，电大不仅要教会知识，更要教会能力，使学生终身受益。

2. 要加强对学习者的研究

目前这方面的研究还停留在表层，对深层的方面关注不够，比如学习者的学习需求，随着社会的发展，要研究学习者个性化的、发展的、现实的需求。更多关注学习者的学习动机、学习动力、学习目标、学习基础、学习条件、学习习惯和诚信度等。要倡导创新精神，从实际出发，建立适合不同地区学习者自主学习的模式。还有很多方面的研究应该深化。例如：远程开放教学中如何改善学生的自我概念，建立主体意识，促进学生心理健康和学习成功的研究；如何加强学生的自主性、使学生学会学习的研究；如何发挥个别化教学的优势、培养和发展学生个性的研究；学生创新思维和创新能力的研究；自主学习的策略和方法的研究；学生对远程开放教育教与学的适应性研究；远程开放教育中学生主体意识的研究；学习动机、需要及动力研究；消除远程开放教育中学生心理障碍和克服学习困难研究，等等。

3. 目前，适合学生自主学习的资源仍然比较少

要加大学习者对教学资源评价的权重，从学生的角度，提供全方位、全天候、全过程的适合学生自主学习的支持服务。加强教学资源实践性、渐进性、多样性、互动性、系统性、规范性的探索。20 多年来电大系统办学的优势，说到底是一个支持服务的人网的存在。它也是国家的教育资源，只是在现代远程开放教育条件下还有不适应和不完善之处，需要在试点中减少层次、降低成本，真正强化其学习支持服务的功能。

4. 现代远程开放教育学习模式的师生关系应进一步协调

远程开放教育模式下，信息技术是主要的教学信息的载体，信息交互、师生互动是远程教育教学过程的本质特征之一。教师与学生的相互关系，对现代远程开放教育来讲是系统工程，是电大开放教学改革中带有战略性的问题。在自主学习条件下，教师由传统教学中的主要信息提供者转变为指导学生正确获取信息的方法和技能的导学者。因此，教师不但要有充足的知识储备，而且还要成为学生自主学习能力的培育者、自主学习条件的创造者、自主学习活动开展的促进者。教师的作用要放在适当的位置，让教师担负起对学生的引导和帮助的责任，创造出各种各样适合教学实际、符合学生自主学习规律的教学法，提高教学效率和效果。

5. 应建立远程开放教育学习质量评价制度

远程开放教育是一个新型教育形式，在我国高等教育大众化和终身教育中发挥着重要的作用，国家越来越重视，社会越来越关注，社会关注的是教育质量问题，世界各国的专家、学者也把质量作为一个重要的课题。应加强远程开放教育学习质量问题的研究，逐步建立和完善全方位的学习过程的监控和评价制度。

6. 要注重学习设计

远程开放教学中如何有效地向学生传递信息、帮助学生加工信息，强化记忆，其关键的问题在于学习设计。远程开放教育要注重学习的设计，更深层次地解决学习的技术，为学习者设计学习的策略、学习方法；诊断学生学习的错误以及学习的效果，并指导学生改进学习方法，学习设计可以帮助学生获取最大限度的发展。在远程开放教学中，学生接受的不是面授辅导，对课程的重点、难点的理解难免也会出现偏差，因此，教师通过网络进行多种学习设计就显得非常重要。

7. 实践学习是远程开放教育教学过程中的难点

在远程开放教育教学过程中，实践学习的问题比较突出。但这并不是说远程教育就无法进行实践教学。实践教学主要应在两方面落实：一是对于平时的实验、实习及课程设计要有具体要求，对于集中实践环节（毕业实习、社会调查和毕业论文的撰写）要有具体的实施方案；二是要有稳定、可靠的实践教学基地，一方面是自建实验室、实训基地的方式，同时通过协议方式与企业、行业单位建立实训基地。

二、现代远程开放教育学习模式与相关模式的比较

（一）现代远程开放教育学习模式与国外远程教育学习模式

1. 学习条件不同

我国计算机普及率偏低是阻碍现代远程教育发展的最主要的

因素。我国大多数开放教育学生都不能在家里上网。而上网又是远程开放教育赖以生存发展的基础。国外的计算机普及率比我国高出许多。例如，澳大利亚具有世界一流的、建立在网络上的、满足不同教育层次需求的现代远程教育系统。而美国所有的教学活动和教育管理是通过现代教育技术实现的，现代教育技术几乎成为学员唯一获取知识的手段。

2. 学习规模不同

我国远程开放教育正在进行试点，处于探索与实验阶段。而美国44%的高等学校向全社会提供各种远程教育，接受远程高等教育的学员约占全日制在校学员的32%，美国高校远程教育课程建设快速发展，达到了5.4万种。其中本科课程3.5万种，研究生课程1.4万种，非学历学位课程5 000种。

3. 学习资源不同

我国远程开放教育还缺少更广泛的资源合作。学习资源的精品化、规模化和开放性与国外相比都有一定的差距。例如英国的开放大学是一种面向全社会、全世界的全方位开放的大学。采用多媒体教学环境，应用 CAI 课件，提供一系列辅助教学体系，比如学科和课程结构体系，多媒体教材体系、质量保证体系和学员自主体系等。澳大利亚教育机构设有一流的提供远程教育资源的 TAFE 学院。在澳大利亚6 个州和2 个领地共有85 个 TAFE 学院和1 132个校区。

（二）现代远程开放教育学习模式与传统教育学习模式

与传统教育相比，现代远程开放教育是一种全新的教育模式，它可以突破时间和空间的限制，帮助人们随时随地学习，让更多的学习者共享优秀教育资源。现代远程开放教育具有开放性、交互性、协作性、自主性等特点，在学习模式上有以下区别：

1. 学习形式不同

开放教育以业余自主学习为主，学习年限也较宽松，而传统教育的教学过程是教与学的双边活动，教师通过课堂教学传授给学生专业知识及基本技能。

2. 学习条件不同

开放教育条件现代化，有现代化的教学信息传输网络，有适合学生自主学习，学生能够使用的多媒体学习材料，以及对学生自主学习有完善的支持服务。有完善网络中心和校园网，开展网上教学和管理。而传统教育基本没有这种条件，而是更多地强调课堂的效果。

3. 师生互动不同

教学过程是由师生交互共同来完成的。在传统的面授教学中师生可以面对面地直接进行互动，远程教学必须借助媒体来进行互动，教师从以"教"为中心转变为以"导"为中心。一切为学习者服务。

（三）现代远程开放教育学习模式与电大学习模式

开放教育学生与电大其他学生的不同点主要在于：

1. 媒体传输方式不同

当前的远程教育学习模式与以往以广播、电视为主要媒体的电大教育学习模式的最大区别，就是改变了媒体单向传输，实现了基于计算机网络条件下的交互。例如电子邮件、BBS 讨论、作业批阅、语音信箱、电子答疑系统等，它主要是对学生的学习进行指导，起到辅导、答疑、个别指导的作用。此外，以学生为中心的学习支持服务体系，也是开放教育所特有的。

2. 学习方式不同

开放教育的学生（以及注册视听生）以在职、业余、自主学习为主，接受必要的面授辅导和学习支持服务。没有固定的班级建制，学生可以按自己的学习需要、学习进度、学习方式等自主安排学习。电大其他类型的学生则往往以传统的班级建制进行学习，学习的开放性和自主性较小。

3. 学习需求不同

对各种学习资源的利用和学习支持服务的需求不同。开放教育的学生以自主学习为主，对各种学习资源（包括多种媒体教材和多种现代化手段）的利用更具有多元化和个性化特点，对完善的学习支持服务需求更为迫切。电大其他类型的学生则较多地依赖教师面授，对各种学习资源的利用和学习支持服务的依赖相对较少。

4. 入学方式不同

开放教育的学生（以及注册视听生）是免试入学的。电大其他类型的学生则需通过普通高考或成人高考录取。

（四）现代远程开放教育学习模式与远程教育学习模式

"开放教育"和"远程教育"是两个层次不同的概念，开放教育学习模式与远程教育学习模式自然也有区别。虽然某些基本学习模式为开放教育和远程教育所共有，但区别也很明显。主要表现为以下两个方面：

1. 对学习者的限制不同

许多远程教育院校仍然对入学条件有着严格的限制。学习计划也存在着某种程度的封闭及部分的开放。开放教育学习模式尽可能减少或排除对学习者的限制，以寻求教育者的自主学习为中心。它使用各种教学策略，特别是那些支持独立或个别化学习的系统，充分满足每个学习者的个别需要。学习者在学习过程中具有充分的学习自由，例如，学习年限、选课、学习方式，开放各种机会和资源。

2. 学习形式不同

远程教育是相对于课堂面授而言的，是在师生异地的条件下向学生提供学习机会的教育形式。它强调时空分离和媒体教学，而对教育的其他方面没有任何开放的要求。在许多国家的远程教育中，面授的比例仍然很高。例如：我国的许多广播电视大学仍采用组班集体面授的教学模式。这与学习者不能适应自主学习，强烈依赖教师有关。

三、现代远程开放教育学习模式的发展

实践已经证明，现代远程开放教育以现代化教育手段和运用多媒体教学的形式，必将在未来的教育中占据重要地位，形成多规格、多层次、多形式、多功能的具有中国特色的现代远程开放教育体系。而现代远程开放教育学习模式的发展，也必将进入一个新的阶段。具体表现在以下方面：

（一）现代远程开放教育的全球化趋势

经济的全球化加速了教育的全球化。未来的教育将更加基础化、综合化、社会化、网络化和国际化。一个多国互网、跨域一体、资源共享的局面已经形成。教育的全球化已成为世界教育发展不可逆转的趋势。教育的全球化发展，要求和促使现代远程开放教育具有全球的战略眼光，强化开放和适应的功能。只有适应教育的这种开放性、国际化的趋势，适应信息化带来的多样性的学习要求，只有把现代远程开放教育放在这样的大背景下思考和认识，才有可能建立社会化的现代远程开放教育体系，而不是仅仅局限于电视大学的子系统之中，现代远程开放教育才能培养出具有更开放的意识和具有国际竞争力、高水平、有创新能力的高素质人才。

（二）现代远程开放教育的开放度将向更广泛的空间拓展

现代远程开放教育的全球化趋势，对现代远程开放教育的开放度提出了更高的要求。

首先，现代远程开放教育的办学将同时在校际之间、学校与社会之间以及学校与国际之间三个层面上进行全方位的开放。这

种开放可以给现代远程开放教育扩展无限的空间，可以最大限度地盘活已有的教育资源和利用、集成、更新、扩大新的教育资源，从而构建起从容应对各种变化的弹性教育机制，使现代远程开放教育立于不败之地。

其次，现代远程开放教育将逐步实施教育全过程的开放。除了目前的教育体制、教育目标、教育思想、教学时间、教学空间、教学进度、教学方法、教学手段、课程结构的开放以外，还要逐步实施教学内容、测评方法、教学交流与合作，以及学生支持服务系统等方面的全方位开放。实践证明，现代远程开放教育只有迅速地融入国际远程教育格局，在教育开放度方面进行更加深入、更富新意的拓展，对功能、作用及自身的发展方式进行调整，才能在同区域的、同类的大学竞争中求生存、谋发展，才能带来新的发展机遇。在面对教育的全球化所带来的种种变化面前，通过建构良性机制，不断赢得更多的生存空间和发展自身的可能性。

（三）现代远程开放教育的学习模式将日趋完善

为了跟上教育全球化的步伐，我国的现代远程开放教育学习模式的确需要进行完善，以便与现代远程开放教育的发展相适应，从维持性学习向创新性学习转变。

1. 丰富学习模式的资源环境

在关系现代远程开放教育学习模式发展的诸多问题中，学习资源的开发、建设问题，是电大发展的主要问题。目前，多媒体课件和网上教学资源的开发有了良好开端；特别是网上教学资源的整体设计水平有了比较显著的提高，但学习资源匮乏仍是制约远程开放教育发展的最大的障碍。一所高校再大，其内部的教育资源总是有限的，而与外界的合作，则可开发调动起无限的社会资源为我所用。要丰富学习模式的资源环境，一是电大现代远程开放教育学校内部学习资源的相互开放，充分利用好学校现有的资源，既能做到优势互补，资源共享，也可以避免重复建设，缓解资金紧张的困难。二是要加强与教学基地的合作，强化实践教学环节资源建设。三是与普通高校学习资源的相互开放，寻求高校资源的支持与帮助。普通高校是国家信息、知识、科技、思想和人才最密集的基地和中心，有着独特的优势；四是走出国门，引进优质的学习资源。只有通过以上四个方面学习资源的开发建设，才能为学生构造自主学习的资源环境基础。

2. 进一步凸现学习模式的主体性

开放教育的学习模式是以学生为中心和学生自主学习为主，但是从目前的情况看，不少学生和教师还没完全适应教学模式和学习模式的改变。一些学生还是把学习的注意力主要放在教师的课堂面授上。部分教师也把开放教育的面授辅导课等同于传统教育的课堂教学，总希望向学生系统地传授有关的学科知识，因此也希望面授时间能够多安排一些，讲课的内容尽可能多一些。这些现象的出现反映了部分学生和教师对开放教育的特点和本质认识还不够深入，教育思想和教育观念还停留在传统教育的框框里。

远程开放教育教学和课程是开放性、互动性、交互性、对话性的，学习的过程不仅是传递知识，而且有探索知识，创造知识的意义。学生不能满足于知道是什么，还要知道可能是什么，这样才能实施学生素质教育中要实现的创新能力的培养。因此，教学中要让学生变服从为主动选择和探究，尊重学生的独立思考和判断能力。教学过程要成为教师与学生之间互动的活动过程。学生知识的获得不是被动接受的，而是生成、转化、扩展的，由教学过程中师生互动建构的。只有给学习者以极大的自由度，只有个性化、自主式的教育形式才能塑造出面向知识社会的人才。

现代远程开放教育的学习模式的特点在于：学习目标的制定具有自主性；学习内容具有可选择性；学习方式具有多元性。自主学习的能力、条件、方式都是自主学习模式的有机组成部分。因此，远程教育课程应充分考虑学生的主体性，保证学生在每个学期选择什么课程、按照什么进度进行学习的"自主权"。学生可以根据自己的特点、兴趣和爱好，选择学习方式，自己选择学习场地。国外许多发达国家的远程教育机构已把学习基地转移到以分散的家庭为主。远程教育要发挥学生的自主权，这几乎是世界所有远程教育组织的共同做法，让学生主动参与教学过程，并组织、监控和调整自己的活动。

3. 强化学习模式的技术环境

目前，全国电大的现代远程教育基础设施建设有了很大的进展。就中央电大来说，2001年完成了校园网的升级改造，与中国教育科研网连接的出口带宽可达千兆，并在公网上建有2M的专线。继1999年开通开放教育网站后，与TCL集团合作，于2001年4月正式开通了电大在线学习网站，为试点专业提供了功能比较齐备的网络教学平台。网站建有网上讨论室、IP课程演播室和远程实时交互教室，开展了网上讨论、网上答疑等多种形式的教学活动，同时，实现了与省级电大、地市级电大教学平台的互动。

尽管全国电大的基础设施建设已经有了突破性的进展，但网络教学技术环境还远远没有形成。

电大在线网络教学平台要继续完善、推广、整合，合理应用各种信息技术和教育技术手段，根据试点教学需要不断提升和完善其功能作用。中央电大提出的具体发展目标之一，是要建成具有国内先进水平的"信息化校园"及"天网地网结合、三级平台互动"的网络教学环境，也就是要营建陈至立同志所说的"天罗地网"。只有能够充分利用数字化、多媒体、交互式的现代远程教育教学平台，为学生提供学习支持服务，强化教学资源与信息的技术环境，才能提高学生利用计算机网络、教育卫星电视和多媒体手段开展远程教育学习的能力。

参考资料

［1］　丁兴富. 远程教育的宏观理论［J］. 中国远程教育, 2001（1）.

［2］　丁兴富. 远程教育的微观理论［J］. 中国远程教育, 2001（2）.

［3］　谢新观. 远程教育概论［M］. 北京：中央广播电视大学出版社, 2001.

［4］　江声皖. 中国高等教育大众化发展进程中的地位和作用［J］. 中国远程教育, 2003（11）.

［5］　沈逸. 以建构主义学习理论为指导的多媒体学习软件［J］. 中国远程教育, 1999（2）.

［6］　丁兴富. 教学媒体的本质、分类和特征［J］. 中国远程教育, 2000（1）.

［7］　叶平. 从新媒体特征看创新性学习模式［J］. 教育理论与实践, 2000（5）.

［8］　李鹏程. 略论自主学习模式［J］. 中国远程教育, 2000（7）.

［9］　潘巧明. 新技术与自主学习策略研究［J］. 开放教育研究, 2001（5）.

［10］　张冀生. 当代远程教育主流模式比较研究［J］. 教育科学研究, 2001（1）.

［11］　徐玚, 郝建英. 现代教育技术与应用［J］. 成都：西南师范大学出版社, 2001.

［12］　李盛聪. 现代远程教育的特点及其对教育的影响［J］. 湖北广播电视大学学报, 2001（3）.

［13］　德斯蒙德·基更. 远距离教育基础［M］. 北京：中央广播电视大学出版社, 2002.

［14］　郭慧珍, 张小可, 李平. 现代远程教育专家访谈技术篇［J］. 中国远程教育, 2000（8）.

［15］　黄荣怀. 网络环境下的研究性学习［J］. 中国远程教育, 2001（9）.

第七章　管理模式论

第一节　现代远程开放教育教学管理模式概论

一、管理模式概述

理论落后于实践是事物发展的一般规律。在开放教育试点的实践中，教学管理活动始终伴随着教学实践活动积极而生动地进行着。但一切管理活动的最初目的和最终目的，都是为了解决实践活动中的具体问题（有的学者为此创立了"问题管理学说"），当管理活动有了较为深厚的经验积累时，才有可能升华为理论成果并转化为可以用于指导实践的标准模式。

现代远程开放教育在中国大地上的发展时间与传统教育相比，毕竟历史短暂，无论我们的理论功底是深是浅，在缺乏循环反复多次的实践过程的前提下，很充分地拿出一个"可以使人照着做的标准样式"，还是让人感到不成熟。所以，我们在本章所做的表述只能是在黑龙江广播电视大学开放教育试点的范围内，对我们的教学管理实践活动的归纳和总结。

管理科学的研究成果告诉我们，设计和维持一种环境，使身处其间的人们在集体内一道工作，以完成预定的使命和目标是管理的目的。据此，我们可以认为，管理"是管理者为有效地达到组织的目标，对组织资源和组织活动有意识、有组织，不断地进行的协调活动"。

（一）管理定义的基本要素

（1）管理应该是一种有意识、有组织的群体活动。个体自身也可以进行自我管理，但总体上脱离不了作为发展所必需的群体协作关系。

（2）贯穿管理始终的是动态的协调过程。即适应管理内容变化需要，以人际间的活动和利益关系为协调的主要任务。

（3）管理必须围绕着某一明确的共同目标进行。目标不明确，管理就无从实施，而目标是否切合实际，直接关系到管理的成败和效率的高低。

（4）管理的目的是有效地达到组织的目标，提高组织活动成效，如果没有效率要求，也不会产生管理的动力。

（5）管理的对象是组织资源和组织活动。组织目标是通过组织活动实现的，而任何组织活动都离不开使用或消耗一定的资源。管理作为协调活动，无非就是以最低的成本获取和使用组织资源，以最佳的方式安排组织活动，从而使组织活动更有效地趋向其目标。

以上表述适用于一切社会管理活动并对其具有指导意义。我们在后节描述现代远程开放教育的基本模式时将应用这一原理。

管理因社会分工不同分成许多的门类，教育管理是其中的重要分支。在教育管理这种特殊的社会管理活动中，应用管理科学的一般原理则形成教育管理学。我们在开放教育试点项目中探索和实践并期望得出相应成果的，不是一般意义的教育管理和教学管理模式，所以本章所关注的是现代远程开放教育的教学管理模式。

（二）影响现代远程开放教育管理的重要要素

（1）现代远程开放教育的教学实践特点。如，师生在时空上的准分离、教学和管理机构需要保证为学生提供支持服务、为方便学生学习而形成的师生分离并不可以取消师生间的双向交流、计算机和其他多媒体手段不仅是教学资源的载体而且是交流的媒介、教学资源的利用和管理等。

（2）现代远程开放教育教学改革的实践成果。如，黑龙江电大创建的"三环互动"的教学模式以及各级基层电大为丰富和完善这一模式所进行的实践探索成果。

（3）有效解决教学和管理实践中的具体问题。如，在强调学生个别化自主学习的同时，怎样解决学生自觉学习的问题、教师职能转变问题、教学过程和教学质量的相互关系问题等。

（4）"实事求是，一切从实际出发"。在应用一般管理学原理的基础上，"建立以实证研究为基础的可以检验的理论"。

（三）现代远程开放教育教学管理模式的表述

现代远程开放教育的教学管理模式是管理机构和职能人员基于现代网络环境与技术，在现代远程教育的理论指导下，根据国家有关的方针和政策，适应培养目标和培养规格的需要，以提高教育质量和效益为目的，以向管理对象提供支持服务为宗旨，体现解决实际问题的管理功效，对现代远程开放教育的教学过程行使计划、组织、执行、协调、控制功能，并在实践范畴内形成的相对规范的、可以普遍遵循和操作的标准行为样式。

这个表述包含着以下的基本内涵：

（1）模式本身是在一定实践范畴内产生的，在有效的范畴之内体现了集中统一的规范意志并可以令人遵照执行。

（2）关于管理的表述融会了古典和现代管理学派的基本观点，突出了管理过程的功能和解决实际问题的功效，强调支持服务是管理的宗旨。

（3）教学管理模式的现代性特征包含了现代方法论中的系统论、控制论，现代教育论和学习论中的人本主义、建构主义学说及认知派理论、现代信息技术和教育技术革命的成果等。

（4）强调随着现代技术，尤其是互联网技术的产生与发展，带给管理技术、管理方式与管理理念的巨大变革。

二、远程开放教育教学管理模式的历史与现状

(一) 第二代远程教育教学管理模式的状态分析

按照国外远程教育学者的划分，我国的广播电视教育属于国际远程教育发展史上的第二代远程教育。这种划分的基础主要是远程教育的传输技术和设施条件。第二代远程教育的特点表现为，师生之间可以实现准分离，但缺乏必要的、方便快捷的交互手段和媒体，教育机构也很难全方位地为学习者提供支持和服务。因此，学生还做不到完全意义上的个别化自主学习。由于这样的特点，第二代远程教育的教学管理模式还不能脱离传统的教学管理模式。出勤考核的约束手段在一定程度上还在作为管理手段并把学生统一集中到指定地点，通过视听手段获取教学信息。受学习资源和学习手段的限制，学生学习过程中的许多环节都需要在教师的统一组织下集中完成。由于同样的原因，加上国家的有关政策，对象开放、资源开放、过程开放也无从谈起。所以，第二代远程教育的教学管理模式除了加入网络化的要素以外，本质上还属于稍有改良的传统教学管理模式。

(二) "人才培养模式改革和开放教育试点"项目教学管理模式的实践

开放教育试点项目贯穿的是一种全新的教育理念和国家教育宏观发展战略。面向全民开展大众化高等教育、构建学习型社会和建立终身教育体系是试点项目的政策性依据；以计算机网络为基础的现代信息技术革命成果和电子工业的飞速发展，是试点项目得以开展的技术保障；现代社会科学和人文科学的前沿研究成果是试点项目教育理念和学习理念的思维支撑；我国城乡基本进入小康社会是现代远程开放教育试点项目可以面向全民、面向基层、面向偏远地区的物质基础。在这样的总体框架下形成了现代

远程开放教育的基本特点。我们将这些主要特点概括为：

（1）以便于学生自主学习为目标的丰富多样、方便快捷的多层次、多规格的教学资源。

（2）以广泛普及的连接互联网的计算机和多媒体设备设施为基础的学生个别化自主学习的现代学习方式。

（3）以学生个别化自主学习为中心的全方位的、立体化的支持服务体系及其实用有效的功能。

（4）适应以上特点的教学设计、教学行为、教学过程、教学环节、教学组织和教学活动。

在"人才培养模式改革和开放教育试点"项目的实施过程中，由于整个教学活动和过程发生了重大的变化，教学管理的思想理念和具体模式也必须主动适应所发生的重大转变。教学管理的理念更侧重于以人文关怀为核心的为教学和学习提供支持服务的宗旨，教学管理的职能转向组织、协调教学和教辅人员执行导学服务和支持服务的任务，教学管理的目的仍然是质量和效益，但这种质量的目标是培养应用型人才的大众化高等教育的培养目标，效益则建立在现代远程教育功省效宏基础之上的社会效益和经济效益。

在5年多的试点项目实践中，各地在以学生自主学习为中心的教育理念的指导下，结合本地实际，探索出许多行之有效的具体模式。有的侧重于教学方案的制定和实施，有的侧重于教学过程的管理和监控，有的侧重于帮助学生自主学习，有的侧重于教学资源的利用和管理，有的侧重于教学任务的定位和教师职能的管理，所有的这些模式都围绕着学生自主学习做文章。如何防止学生把自主学习变成"自主不学习"，如何让自主学习变成"自觉的自主学习"，如何使教师把教学中的中心地位让位给学生，如何帮助指导学会并习惯于利用远程教学资源，如何引导学生利用现代学习手段和资源进行协作学习，如何督导和规范师生利用多种媒体方式实行教学双边的互动。试点项目中的广大远程教育工作者确实动了不少脑筋，下了不少功夫。

三、现代远程开放教育教学管理模式的构思

借鉴历史上教学管理的经验，归纳各地在试点项目中的实践结果，我们对现代远程开放教育的教学管理模式框架作如下构思：

（一）以现代远程开放教育的系统建设论为基础，建立适应教学改革需要的教学管理模式体制

广播电视大学在我国现代远程教育事业中因起步早、规模大，而形成了系统办学的主要特色。"统筹规划、分级办学、分级管理"的体制在电大 25 年的历史中发挥过不可替代的作用。现代远程开放教育的试点项目以中央电大为龙头，以省、市（地）、县各级电大为面向地方的办学机构，通过"天、地、人"三网合一的办学体制进行人才培养模式改革和开放教育试点的实践，它有力地向世人证明，系统办学是中国现代远程开放教育规模性主体机构的基本特色。我们在建造教学管理模式时必须加强系统管理的力度，这是管理的两大基本作用——维护组织的存在、提高组织的效率的根本所在。

（二）围绕着"以学生自主学习为中心"的现代教育理念，建立起帮助学生自主学习的教学管理运行机制

以"学生自主学习为中心"是现代远程开放教育的核心内容，这不仅仅是因为现代远程教育理论和技术手段为学生自主学习提供了必要的条件和环境，更重要的是体现了代表先进文化发展方向的现代教育理念和学习理念。自主学习的内涵充满着人文精神，体现发挥人的学习潜能、最终实现人的全面发展的科学发展观。

现阶段，自主学习还处于一种设计和努力的阶段。还需要有

相应的运行机制来帮助和保证学生实现自主学习的状态和结果。具体说，应由人文服务、导学服务、支持服务、管理服务四个方面构成。

人文服务：在学生自主学习的过程中，要始终贯穿着教育者的人文关怀，要利用一切形式帮助、引导、影响和教育学生树立健康的学习心态，端正学习动机和目的，养成自觉学习的习惯，发挥自主学习的潜能。

导学服务：在学生自主学习的全过程中，给予全方位的指导和辅导。

支持服务：为学生自主学习提供全方位、全过程的环境、条件、培训和资源。

管理服务：通过充满服务意识的管理行为，对学生的自主学习活动进行规范、教导和约束。管理的重点是那些学习动机和目的欠端正，经常不自主学习的对象。

（三）按照 ISO9000 质量管理的基本原则，建立质量管理的保证体系

1. 确定质量管理的标准和目标

试点项目人才培养的质量标准应该符合大众化高等教育的实际，充分考虑到成人在职学习的特点，突出实践经验丰富，能够解决社会、单位和岗位工作实际问题的优势。最终将培养目标定位在具有创新意识、协作精神和实践能力且真正能够为社会所用的坐标上。

2. 根据质量管理的标准和目标，设计实施面向对象的计划、执行、协调和控制程序

这些对象的主干部分有：教学方案的设计和实施；帮助学生解决自主学习问题；规范教师按照实现要求转变职能并履行新的职能；教学过程的管理和监控；教学资源的收集、整合及综合利用；支持服务体系的建设和运转；实践教学各个环节的管理；学

习效果的检测和教学效果的评价等。

3.为确保设定程序有效实施的支撑材料和操作规程

这部分内容分为两类：一是国家和政府有关的法律、法规、方针、政策；一类是教育机构内部制定的条例、办法、制度、措施等。

4.进行"PDCA 循环"

ISO9000 质量管理体系的基本方法就是"PDCA 循环"。其中：P（Plan）代表策划，D（Do）代表实施，C（Check）代表检查，A（Action）代表改进。

第二节　现代远程开放教育管理模式的探索

一、现代远程开放教育教学管理的经验性成果

广播电视大学在 25 年的办学历史中，尽管作了多方面的尝试，但从性质特点等概念来判断，电大教育并没有达到真正意义上的开放教育。参与试点项目研究工作的全体电大工作人员是用一种"摸着石头过河"的心理状态、思维方式和工作方法来进行开放教育的试点实践的。因此中央电大在布置开放教育试点工作的同时，也将其作为一个课题研究项目，要求各级电大深入开展。试验研究在"人才培养模式改革和开放教育试点"项目研究的总课题下，设立的 7 个子课题，本文所涉及的是第 6 子课题，即"现代远程开放教育教学管理模式和学习支持服务系统的研究和实践"。在 5 年多的试点项目研究与实践中，全省电大系统按照中央电大的要求，从多方面、多角度形成了符合实际需要的教学管理的经验和办法，为管理模式的构建奠定了坚实而丰厚的基础。我们将这些经验和办法作如下归纳：

（一）按照培养目标和规格的要求，注重人才培养方案的编制和实施

试点项目的人才培养模式和传统的电大教育相比，具有创新性、实践性和应用型的特点，各地在编制和实施人才培养方案时普遍注重了这方面的特点。

1. 专业设置应适应社会和学习者的需求

全省各地电大在申报开办专业和招生计划时，充分考虑到本地社会经济发展的实际需要和求学者的意愿，努力创造条件满足经过专家论证的专业设置和具体课程教学计划的各项要求。需求与可能基本达到了和谐统一。

2. 教学设计满足于学生自主化学习的需求

试点项目的教学管理内容是由以教师为中心转向以学生自主学习为中心，由以教师教学为主转向以学生自主学习为主的崭新内容。全省各级电大围绕着教学内容的转变，以帮助学生自主学习、充分利用多媒体教学手段和教学资源为重点进行了教学设计。这些设计充分考虑到学生学习全过程中的个别化学习、小组协作学习和运用网络及其他教育技术的各种需要。

3. 教学检查贯穿于教学实施的各个环节

《"中央电大人才培养模式改革和开放教育试点"项目教学教务管理暂行办法》在明确中央电大和试点单位各自责任的同时，要求省级电大和各试点单位结合实际制定相应的实施方案和细则。省电大坚持每年集中两次对试点分校和试点教学点进行教学检查，同时开展入学水平测试、形成性考核、集中实践环节、终结性考核等专项检查。通过检查狠抓教学方案的组织和落实。

（二）适应试点项目需要建设和创新教学管理制度

黑龙江电大在实行教学制度改革过程中的指导思想是：把教学管理制度的改革与完善作为整个教学改革的重要组成部分，紧密围绕"人才培养模式改革和开放教育试点"项目，边研究，

边建设，边完善，主动适应教育思想、教育观念的转变需要，以学生及学生的自主学习为中心，树立管理为教学服务、为学生和教师服务的意识，适应现代远程开放教育的需要和成人在职学生学习的特点；体现弹性与刚性相结合的基本原则，既要有利于学生的自主学习，有利于发挥和提高教学人员的积极性和创造性，又要有利于加强教学全过程的管理和监控，有利于教学工作的有序化和教学管理的规范化，有利于保证应有的教学质量，有利于人才培养目标的实现；坚持试行与逐步完善相结合的原则，既要符合现代远程教育的理论和方法以及试点工作的需要，适时建立并试行相应的教学管理制度，又要遵循远程教育规律，根据电大系统教学特点，结合试行实际，不断修订和完善已形成的教学管理制度，特别是要遵照试点项目的目标要求，对过去已经建立的一系列与试点工作不相适应的教学管理制度进行认真的修订和完善，按照试点单位教学改革的总体目标，在综合清理的基础上，以教学过程管理、教学资源建设管理和学籍管理为重点开展教学管理制度的改革，做到制度为先、制度配套、制度完备、制度保障，为试点的总体目标的实现提供服务和保障。

1. 优化试点管理机制，注重制度的开拓性和创新性

坚持改革与创新相结合、清理与完善相结合的原则，积极对原有制度进行合理化改造，研究制定新制度。为适应试点需要，省电大以教学改革为核心，对省开课程的教学计划、教学大纲、课程教学设计方案、教学资源、教学过程考核、终结性考核等方面提出了一系列新的改革措施，制定了较为完整的省开课程教学管理办法。

2. 针对实际需要，加强制度的协调性与互补性

根据电大系统分级管理、分工协作的特点，全省各级电大在制度建设上各有侧重，注重相互协调与互补。省级电大主要负责制度的宏观设计，侧重于制度的导向性、规范性和可行性；市

（地）级电大负责制度的微观设计，侧重于制度的操作性和实效性。例如：对专业实施方案和课程教学设计方案的编制，在中央电大的基本要求之下，省级电大制定出编制实施细则的基本要求，市（地）级电大则主要负责制定微观层次的制度设计，即编制具体的实施细则。

3. 满足学生学习需求，加强制度的适应性和开放性

在制度建设中，突出适应性和开放性的特点，强调为学生个别化自主学习提供多种选择机会，例如弹性学制、课程滚动播出、学生自主选课、课程注册、课程替代、课程免修免考、入学水平测试、分层次教学等方面的规定，还相继出台了关于学生制定自主学习计划、教师指导学生个别化自主学习、加强学生个别化学习管理等方面的制度。

（三）课程教学资源的管理既抓建设又抓利用

课程教学资源建设是学校的基本建设，是远程开放教育实施的重要基础。而课程教学资源的利用则是试点项目深入发展并检测试点项目是否成功的重要标志。为配合教学内容和课程体系的改革，适应现代远程开放教育发展的需要，各级电大积极探索课程教学资源的开发建设机制、监控利用机制，以加强课程教学资源的管理，促进课程教学资源的建设和利用。

1. 推行课程资源开发项目管理机制，加强课程资源的设计开发

在20多年课程建设的基础上，制定了以课程建设为基础内容的教学资源建设整体规划和切实可行的实施计划，通过项目管理的方式建立以课题组为核心、一体化方案为先导、学科专家和教育技术专家联合把关的课程建设开发机制，以推动电大文字教材、音像教材、直播课堂、网上教学资源等多媒体教学资源的开发建设。

2. 建立和完善课程建设流程，保证教学资源的质量

为确保多种媒体教学资源的高水平和高质量，制定了一系列

教学资源建设文件，明确教学资源建设的工作内容、工作方式、工作进度、质量要求、验收标准和评价办法，严格课题组成员的资格要求和聘任程序及考核方式，规范课程建设工作流程，从而加强对各类教学资源建设的管理和监控。

3．采用企业化运作方式，促进课程网上教学资源建设

为加大网上教学资源建设和管理力度，适应现代远程教育对网上教学资源的需要，省电大与科技公司合作，研发了网上双向视频系统和教务论坛系统，同时和省内高校开展广泛的协作，全方位地开发省开课程的远程教育资源，使黑龙江省的远程教育具有了非常前卫的时代特色。

4．建立课程的反馈渠道，开展课程评价

课程评价包括课程教学大纲、一体化方案设计、文字教材、音像教材、直播课堂、IP 课件、CAI 课件、课程实验、形成性考核和期末考试等内容，核心是教学资源建设。各级电大建立了覆盖面广的教学反馈评测点，通过计算机网络等现代媒体和手段，对教学资源、教学服务、教学管理、教学质量等进行经常性评价和检查。

5．完善电大系统课程资源共建共享机制，促进多种媒体资源的交流和应用

地方电大为实现课程资源管理的科学化、规范化，充分利用中央电大在"办公自动化系统中"的《课程建设管理系统》和《课程管理系统》，实现课程资源建设的数字化管理，建立课程资源的信息库，通过地方电大间的合作，避免重复建设，开发建设了大批优质的教学资源，促进了地方电大间多种媒体课件和网络教学资源建设应用方面的交流、协作及资源共享。

6．通过帮助学生自主学习和教师职能管理的运行机制，促进各级教学资源的充分利用

省电大和试点分校一方面引导教师和学生自觉利用网上资

源，一方面通过管理和约束制度督促师生进行网上实名注册和实名登录。

（四）运用现代化的管理手段进行现代远程开放教育教学管理

试点项目的启动前提是基于现代教育技术（尤其是网络技术）手段的教学和管理模式改革，电视大学十分重视现代化手段建设，取得了革命性进展，电大系统教学工作数据化、网络化管理能力、管理手段现代化水平都得到了较大幅度的提高。在实现管理模式改革过程中，地方电大充分利用和使用中央电大网络版教务管理系统，实现电大系统网络化管理；充分共享中央电大《开放教育电子公务系统》，提高电大系统办公自动化水平；有效地疏通信息渠道，保证信息的时效性；加强培训，提高管理人员现代化手段的应用水平。

（五）积极开展有效的教学过程管理和监控

教学过程的每一个环节都是人才培养的重要组成部分，教学过程组织、实施与管理的好坏，直接影响和制约着人才培养目标的实现和质量。试点工作开展以来，各级电大在不同层面上分工协作，从专业设置、教学点选择到人才培养方案制定、过程监控、实践教学等各个教学环节，狠抓教学全过程的组织与实施、管理与监控、考核与评价，逐步形成了比较完善的教学质量考核与保证体系。

1. 严格执行教学点设置、专业设置的审批程序，杜绝了不规范办学和违规招生

黑龙江电大在教学点的设置上，严格遵照中央电大的有关规定，申报、审批程序符合要求；专业设置和招生工作也按照有关的规定实施，为教学过程的有效控制奠定了基础。

2. 规范了教学点的管理

根据办学条件和社会需求调节和控制试点单位的试点规模。对试点分校和试点教学点实行动态管理，互检互审，年报年检。

对教学点实行动态管理，建立系统的准入制和淘汰制，以使电大办学系统充满活力和竞争力。

3. 细化教学过程的设计与管理

依据中央电大的教学设计方案，制定适合当地需要和特点的专业教学实施细则和课程教学实施方案；周密规划、部署和组织教学，搞好多种媒体教学资源的规划与建设，强调多种媒体一体化设计，注重实物教学与动态教学的结合；遵循远程教育规律，以课程为单元组织教学，强化多媒体手段教学和教学方式方法改革；组织多种形式的协作学习形式，为学生提供学习场所、导学助学等支持服务和学习环境。

4. 重视对师资培训和教研活动的管理

中央电大在专业和课程开出之前，都对各省级电大相关责任教师进行集中培训，实行持证上岗，还根据学科发展和专业教学的需要，有计划地组织电大教师到国内外高校进行较长时间的学科进修培训，省电大在按中央电大要求开展二级培训的同时，还积极开展省开课程的教师培训，每一个教学部、每一试点专业都组成了"大教研室"或"中心课题组"，并在基层落实教学实践基地，帮助基层开展教学科研活动。

5. 加强教学过程的质量监控

各级电大自2001年起，根据中央电大制定的《关于开展试点项目教学检查的实施方案》和统一部署，坚持经常性的教学检查工作，逐级对下一级电大和试点教学点的教学过程实施监控，有力地推动了试点项目研究工作的深入开展。电大系统还通过覆盖面广泛的教学反馈评测点，运用计算机网络等现代媒体和手段，对基层电大教学资源、教学服务、教学管理、教学质量进行经常性评估检查，全面监督和控制教学实施方案的落实情况。每学期各级电大都要组织系统的巡考蹲考，对考试考核情况进行及时、深入的质量分析，对考风考纪问题严重的考点严肃查处。

全省电大系统认真执行年报年检制度，规范了管理，监控了质量，促进了发展。

二、现代远程开放教育教学管理的基本模式

黑龙江电大在 5 年多的试点工作实践中，坚持用现代远程开放教育的理论和试点项目的方针政策以及评估指标体系作指导，积极总结电大系统办学 25 年的经验，以提高现代远程开放教育条件下学生培养的质量为核心，以形成质量保证体系和支持服务体系为目标，围绕着"三环互动"的教学模式，积极探索，大胆创新，及时归纳总结各地教务教学管理的经验成果，基本形成了黑龙江省电大现代远程开放教育教学管理模式。这一模式的主要内容为：以"两个网络"为基础，以"五化"原则为指导，构筑"七个实践模型"，简称"二、五、七"管理模式。

"两个网络"是：作为办学基础的电大系统网络、作为手段基础的现代技术网络。

"五化"原则是：管理精神人文化、管理内容法治化、管理过程流程化、管理环节责任化、管理手段现代化。

"七个模型"是：作为基础的系统管理实践模型、作为前提的计划管理实践模型、作为重点的对象管理实践模型、作为关键的过程管理实践模型、作为条件的资源管理实践模型、作为手段的技术管理实践模型、作为保证的质量管理实践模型。

鉴于试点工作尚在进行中，理论的检验还缺乏循环反复多次的实践过程，这里推出的管理模式只是对黑龙江电大开放教育试点工作经验成果的采撷并更侧重于课题研究的范畴。

（一）作为基础的"两个网络"

1. 电大系统网络

广播电视大学的基础、特点和优势，首先体现在它形成系统的办学网络。网络既控制着电视大学的一切，又支撑着电视大学

的一切。在日益激烈的市场竞争中，这种由全国44所省级电大及其众多市（地）级电大、分校（县级电大）所组成的系统办学的网络，不但没有因为系统的庞大而失去灵活的竞争反映能力，反而形成了鲜明的差异化的特色，具有了强大的市场竞争力，确立了独特的市场定位。教育部决定的在中央广播电视大学进行的开放教育试点项目，就是在全国电大系统进行的试点项目。因此，系统的管理网络，是构建试点项目管理模式的首要基础。系统的网络是由系统的机构、职能及其管理体制和运行机制所构成。5年多的试点实践充分而有力地证明，系统的网络在形成办学规模、规范办学行为、保证办学秩序、完成办学任务、保证办学质量、提高办学效益等方面的不可替代的作用。可以这样说，没有系统的网络建设和作用，就没有适合中国国情的现代远程开放教育事业，也就没有也不可能有试点项目的成功。

正是基于对"系统网络"重要性和意义的认识，我们始终在维护办学系统上倾心倾力，出台了《黑龙江广播电视大学系统建设与管理规范》，协调教育行政主管部门出台了《关于广播电视大学系统建设的意见》等文件和制度，以打造"电大系统网络"这一核心竞争力。

2．现代技术网络

这里的现代技术网络是指通过网络化手段所实现的现代远程开放教育的教学管理所形成的虚拟的网络环境及其虚拟校园。远程教育的教学是基于网络条件的教学，对这种特殊教学活动行使管理职能的教学管理工作起码在理论上也要通过网络进行。没有这个做基点，管理就永远也不能适应教学。与此相对应，以学生自主学习为中心的开放教育是以远程教育方式进行和通过现代化的网络平台为载体的。师生在场所上分离、教与学活动的非实时常态、学生的个别化的分散学习、自主学习的协作需求和信息需求等因素，使得传统的手工管理根本不可能完成远程和分散管理的任务。实践证明，手工管理现代远程开放教育除了顾此失彼和疲于奔命外没有什么好的结果。因此，应用计算机管理网络进行试点项目的教学管理就成为别无选择的选择。我们在试点过程中已经很成功地通过网络实现了一些教务管理工作，但还很不够。在现阶段，还需要进一步研究和开发利用网络进行学生自主学习管理、教师转变职能管理、教学过程和环节管理、系统建设和维护管理、支持服务和设施保障管理、资源建设和利用管理、教学效果和教学评价管理等网络管理软件，向网络管理要质量、效率和效益。

"两个网络"在构建和实施电视大学现代远程开放教育教学管理模式、深入进行试点项目研究过程中，犹如一个全方位经纬网络，将全部管理活动和管理内容置于其中。成为全部管理活动和管理内容赖以实施、得以落实的基础设施、基本途径和主体手段，最能体现广播电视大学不同于其他办学机构的系统优势、规模优势和效益优势。省电大在构建试点项目的教学管理模式中感受最深、受益最大、坚持最好的基础工作莫过于此。

"两个网络"在存续方式和形态上各有特色，"电大系统网络"是实有的网络，是形成"现代技术网络"的强大基础；"现代技术网络"是虚拟的网络，依存于电大系统这个实有的网络而覆盖全国。

教学管理模式中对于"两个网络"概念的提出，既是广播电视大学在全国 68 所开展网络教育的高校中，基于历史和现实所形成的鲜明特色，也是网络教育的优势在广播电视大学办学中最集中的体现。"两个网络"使我们在实施一切教育行为时，处处感受到了"网络"的存在及其对于我们所产生的无所不在的影响，同时也使我们时时以"网络"的理念有意识地指导和规范自己的行为。

（二）"五化"原则

1. 管理精神人文化

以学生自主学习为中心的现代远程开放教育教学管理工作是充满人文关怀的管理工作。管理的主要职责是为学生个别化自主学习和教师的导学工作提供良好的支持和服务，因此在管理的全部过程和各个环节中都要体现以人为本的精神，所有的规章制度、措施、办法都要奉行一个宗旨，即：帮助学生自主学习和教师导学，实现试点项目确定的培养目标。

2. 管理内容法制化

开放教育的管理工作所提出的各种规范、要求都必须要有法律、法规、政策、规定作依据。这里不是提倡本本主义，而是强调依法办学、依法教学、依法治考、依法管理。黑龙江电大在5年多的试点项目中始终坚持规范办学、师德师风和考风考纪建设，严格按照国家教育行政部门和上级电大所制定的各项政策规定办学和教学，学校内部的各项管理制度亦符合法制化的原则。法制化的另一个要求就是对于教学的全过程管理具有明确的要求、规范、流程和控制手段；从管理者的角度讲，法制化所传达的信息是教学行为的规范化导向；从被管理者的角度讲，法制化的目标就是教学行为实施人的行为标准和检验其行为的评价体系。

3. 管理过程流程化

流程，引于现代工业管理术语，是指在工业品生产过程中从原料到制作成成品的各项工序安排的程序，也叫工艺流程。随着市场化进程的发展与完善，应运市场竞争的激烈化，组织要获得生存与发展的机会，往往将流程再造作为打造组织竞争力的核心之一。我们把管理过程的流程化作为管理模式建立的一项原则，目的在于使管理的内容更加科学，更加有效。严格来说，管理工作从试点项目开始就有内容涌入，面对蜂拥而至，较为复杂的局面，用什么办法能够使各项工作有条不紊，产生效率和效益。最好的办法是全部过程流程化。流程不是一般的自然过程，而是按照优选法的原则，遵循教育基本规律，把需要管理的内容统筹安排，时间、顺序、人员、结果丝丝入扣，项项到位，以实现最高的效率和效益。

4. 管理环节责任化

责任管理是现代管理的基本要素。在现代远程开放教育的管理过程中，每一个环节都要责任到人。没有责任就没有效率、效益和效果。管理责任化原则的提出，就在于让开放教育教学过程中的每一个环节都体现责任的约束力，从而使整个教学过程及质量保证落实到位。

5. 管理手段现代化

现代性是现代远程开放教育的主要特征。面对人数众多的教育对象，丰富多样的教学资源，细致繁杂的教学过程，依靠传统的手工管理方式肯定达不到提高效率、效益、质量的管理目标。因此管理手段的现代化是教学管理必须坚持的原则。现阶段除了使用中央电大已有的《教务管理软件》和《办公自动化系统》以外，还应该开发更细致一些的管理软件，如学生实名上网学习的统计记录、适用于个别化学习和协作学习的自检自测软件、方便教师和管理人员利用全国各级电大网络资源的软件等。

（三）七个实践模型

1. 系统管理的实践模型

系统是同类事物按照一定的关系组成的整体。系统论认为，系统具有整体性、结构性、层次性和开放性的特点。在中国乃至世界的远程教育领域内，中国中央广播电视大学的突出优势就在于它的系统性。在长达25年的办学历史过程中，广播电视大学一直都在坚持"统筹规划，分工协作，分级办学，分级管理"的工作方针，并产生了管理学意义上的成功的效益和效率。这个工作方针的理论基础就是系统论。事实上，试点项目开展以来也一直贯彻这个建立在系统论基础上的工作方针。因此，开放教育的教学管理模式的建设首先要遵循系统管理的原则。

（1）教学管理模型的整体性功能。管理活动是一种有意识、有组织的群体活动，活动的目标是通过组织活动实现的。管理的两大基础作用也是维护组织的存在和提高组织的效率。教学管理的目标是效益、效率和质量，为了保证目标的实现，就必须要发挥教学管理的整体性功能。有了整体性功能，就有了统筹规划、资源共享、政策平衡、优势互补、号令一致、服务地方从而创造共同的效益、效率和质量。坚持教学管理工作的"五统一"原则就是这种整体性功能的具体体现。"五统一"是指全国电大对统设专业和统设课程实行统一的教学计划、统一的教学大纲、使用统一的教材，实行全国统一命题考试并执行统一评分标准。这五个统一有效地保障了电大办学具有相对统一和较高的质量标准和教学水平、较高的资源共享程度和较强的资源优化配置能力、严格有序的教学管理、权威和有声誉的考试考核质量保证体系。省级电大在教学业务管理上也要坚持这个原则，并使其具体化。市（地）级电大在日常工作中更要严格遵循这一原则，形成管理规范。

（2）维护教学管理模式的结构性稳定。结构是指系统内各要素之间的搭配和排列，管理的运行机能通过结构的途径进行运转。在管理实践中，结构具有两方面的意义，一是建立可以行使管理职能的组织机构，二是规定系统运行的流程和秩序。教学管理模式中的结构性体现在中央电大、试点学校、试点分校和试点教学点都搭建了行使教学管理职能的主体机构、分支机构，配备了职能人员。同时明确了进行教学管理的运行机制、工作流程及作为保证的规章制度。

（3）发挥教学管理模式的层次性作用。系统的层次性主要指系统内部的机构和职能的上下次序和相互关系。作为系统管理的教学管理，同样具有这样的层次关系。中央电大、省电大、市（地）级电大和各个教学点是自上而下的次序和教学业务领导关系。系统的各层次间不但有确定的次序和关系，而且有明确的职责、权力和利益关系。系统的各层次只能在自己的职责范围内行使权力、发挥职能同时获得利益。系统的层次性一旦形成就不能轻易打破，否则将会造成系统内部的混乱甚至瘫痪，从而使组织的存在出现危机。

（4）重视教学管理模式的开放性特点。系统的开放性是指系统和系统以外的联系。任何一个系统都不是绝对封闭的体系。教学管理模式的开放性表现在，从系统的结构性看，要和系统内部的非教学管理部门进行联系和合作；从系统的层次性来看，要和上一层次或下一层次进行联系和合作。现代社会是开放的社会，教学管理工作必然要和系统以外的部门、单位和地区进行联系和合作，这是教学管理模式开放性的又一表现。

系统管理的实践模型在实际工作中可以产生很多有益的功效。通过系统的对外开放我们可以争取政府的领导，发挥政府的作用，可以广泛地实现资源共享、技术合作、资金融入等。坚持系统的整体性原则，可以最大限度地发挥电大系统的优势，在现代远程教育领域激烈的竞争中永远保持不败之地。维护系统的结构性稳定，可以保证电大系统的机构和职能健全，工作秩序和流程有条不紊，效率和效益得到提高。发挥系统的层次性作用，可以调动电大系统从上到下各个方面的积极性，避免越俎代庖、力不从心等低效率现象的产生。

2. 计划管理的实践模型

这里的计划管理包含着专业设置和课程设置计划和招生办学计划的管理内容。计划管理的目标是保证办学实力适应办学的培养目标和规格，满足社会需求和学员的求学愿望。从宏观形势来分析，随着构建学习型社会宏伟蓝图的提出，社会各界办学的积极性空前高涨。正如我国的市场经济是不成熟和不完善的市场经济一样，我国的大众化高等教育也处于不成熟不完善的状态。教育资源配置的不协调和趋利主义办学行为使教育的竞争不可避免地出现不规范现象。因此我们在实行计划管理时必须要考虑到需要和可能的辩证关系，防止一哄而起、蜂拥而上的办学现象出现。从微观性来分析，我们的开放教育试点项目必须坚持以学生自主学习为中心、由教学为主向导学为主转变的计划指导思想。我们在归纳设定教学管理模式中的计划管理实践模型必须考虑到以上诸方面因素。

（1）试点分校和试点教学点的设置必须满足教育部和中央电大规定的各项条件。这是计划管理实践模型中的把关内容。现代远程开放教育的内涵规定了开展试点项目的办学机构必须具备现代的教育思想和理念，现代的传播技术和手段，能够利用现代教育资源的设备设施，能够确保远程开放教育人才培养质量的管理体制、运行机制和成体系的规章制度、能够行使导学服务、支持服务和管理服务职能的教职员工队伍。

（2）专业设置和课程设置以满足当地社会经济发展的实际需要和求学者的意愿并能够为相应专业和课程设置提供三种服务为基本原则。在遵循这个原则的基础上，建立申报、考核、论证、审批程序和运行机制。

（3）专业教学设计和课程教学设计适于学生个别化自主化学习的特点并能够体现培养目标的要求。上述设计必须满足以下条件方能成立：

①具备充足的以网络为主的多媒体教学资源。

②能够提供以网络学习环境为主体的支持服务。

③配备帮助学生自主学习和协作学习的导学师资和管理力量。

④具有完成平时实践环节和集中实践环节的设施和基地。

（4）通过教学检查评估督促教学实施。教学检查侧重于教学过程中每个环节的到位程度，教学评估侧重于教学效果、效率和效益的整体评价。教学检查每学年进行一次，教学评估按照学制每个周期进行一次。教学检查和教学评估坚持系统的整体性、层次性和开放性特征。

3. 对象管理实践模型

按照抓主要矛盾和矛盾的主要方面的理论，我们将开放教育教学管理的重点和难点定位在对象管理上面。所谓对象，一是指选择开放教育个别化自主学习的学生，二是指由传统教育教学职能向开放教育教学职能转变的教师。在开展试点项目的过程中，因思想观念、学教习惯、技术技能等方面的缘故，这两种对象因素事实上成为决定现代远程开放教育在许多基层办学机构能否顺利开展并取得宏观设计者们预想效果的瓶颈所在。全省电大系统在试点项目实施的过程中，本着实事求是，一切从实际出发的原则，几乎倾尽教学人员和管理人员的精力，锲而不舍地攻关克难并取得了相应的成果。

（1）把帮助学生个别化自主学习的概念引进教学管理模式。"以学生自主学习为中心"作为近代先进的教育理念，正在远程开放教育中得到弘扬；学习的革命和学习型社会的构建使"以学生自主学习为中心"成为远程教育的基本理念。以计算机网络技术为主体的现代信息技术革命以及多媒体资源和手段的应用，使自主学习具备了充分的条件。以自主学习为中心教学活动的实践和教学模式的形成，要求管理手段和管理模式与其相适应。学生，尤其是经济和社会发展欠发达地区的学生，本身存在的各种因素使自主学习管理成为开放教育管理中必须强化的薄弱环节。

①支持服务是帮助学生自主学习的基础条件。远程开放教育中，由于学习者学的行为与教师教的行为在时空上的分离，就特

别需要作为人才培养机构——学校的连续关注和周到细致的服务，这不仅意味着要运用现代远程教育理论和技术手段为学生提供自主学习必要的条件和环境，更要体现代表先进文化方向的现代教育理念和学习理念。自主学习的内涵应充满人文主义精神，体现发挥人的学习潜能，体现管理就是支持服务新理念。以"学生自主学习为中心"是远程开放教育过程中"以人为本"精神的具体体现，学校应将其作为一个观念"平台"，无论是学习资源环境的建设还是教学模式的改革，无论是学习支持服务还是质量监控和保证，都可以在此形成结合点和互动点，从而保证试点项目的成功。

支持服务的具体内容为：

人文服务：

——在学生自主学习的过程中，教育者的人文关怀要贯彻始终。学校应告诫其属下的教职工，教育的基本职能是为求学者提供服务。特别是在非义务教育阶段，求学者是教育的消费者，教育机构是求学者的服务机构，必须按照承诺，尽心尽职地做好各种服务。

——教育者有义务帮助学生通过各种形式了解开放教育的性质、学习方式和培养目标，使学生在入学伊始就能够基本了解开放教育的特点，树立自主学习的观念。

——可根据学员背景、学校学习资源条件和开放教育学生管理的有关规定，为学生提供多种学习形式，供学生选择。

——可依据开放教育学分制管理、教学计划弹性掌握、课程开放等原则，帮助学生根据自身学习能力、条件、需要最大限度地自主选择每学期所学课程。

——可根据学校情况建立课程教学班专职辅导员队伍，制定辅导员工作规范，明确帮助学生自主学习、为学生提供心理咨询服务是辅导员工作的首要任务。

——可根据学校情况和学生自愿原则，组建以协作学习、素质教育为主要活动内容的开放教育学生会和学习小组，开展学习互助活动和社会实践活动，提高和培养学生自主学习的能力和兴趣。

——可充分利用校园网站，开辟虚拟校园活动窗口，为学生提供心理咨询、协作学习、习作展示、体会交流的平台。

导学服务：导学服务是自主学习不可或缺的领航活动，教育者在学生自主学习的全过程中应给予全方位的指导和辅导。

——指导学生根据地方经济发展状况、个人岗位的具体需要以及择业就业的实际，选择所学专业。

——指导学生根据自身情况选择学习形式。

——指导学生根据学习能力和条件选择课程。

——辅导学生明确课程教学目的，理解课程教学的内容和知识结构，提出课程学习目标。

——摸清学生文化基础和知识结构，帮助学生制定切实可行的自主学习计划。

——督导学生学习进度，检查学生学习笔记，批改学生平时作业，督促指导学生完成形成性考核作业。

——指导学生根据自己的条件和需要运用多媒体手段获取学习信息和教育资源，为学生进行各种学习技术的培训。

——组织学生开展以学习小组为主要形式的协作学习活动。

——引导学生开展多种形式的自检自测学习活动，为学生提供网上或自建资源，进行集中性考核的指导和考前辅导，提高学生学习成绩。

——根据成人在职学习的特点，发挥教育者在集中实践环节教学中的导学作用，在指导学生完成毕业设计（论文）过程中，坚持策划设计、把关定向、画龙点睛，最大限度地培养和提高学生的实践能力、创新意识和协作精神。

　　支持服务：学生自注册缴费起，他们的身份就不仅仅是通常意义上的"受教育者"，同时也是教育资源的消费者，学校责无旁贷地应该为其提供学习支持服务。由于远程开放教育过程的复杂性，学校为学生提供的支持服务项目应包括除了通过教师的劳动所能提供的包括信息、知识、文化、思想、观念在内的专业教育和课程教学之外，还包括学校管理人员为学习者提供的学习条件、学习资源、教学安排、学籍管理，乃至生活服务等一系列非教学方面的活动，尤为重要的是基于计算机网络的软硬件学习环境。

　　②管理服务是学生自主学习达到预期效果的必要保证。这里阐述的管理服务是指通过充满服务意识的管理行为，对学生的自主学习活动进行有效的监控，从而对学生的学习活动进行规范、教导和约束。调查表明，由于学生背景情况的不同，学习目的存在着很大的差异，学习习惯和方法也不尽相同，致使部分学生中存在着"不自主学习""不会自主学习"和"自主不学习"的不良学风，严重妨碍了开放教育试点工作的开展。这是现阶段对学生自主学习进行管理服务的主要任务。

　　——建立对学生自主学习进行养成教育的环境氛围。作为一种新的学习理念，自主学习也必须经过转变思想，更新观念，克服盲目性，增强自觉性的过程。因此利用各种形式坚持不懈地对学生进行自觉学习的教育，最终实现建立在自觉学习基础上的自主学习效果，是开放教育学生学习管理的永恒主题。

　　——在具体的课程教学中，把自主学习的方式方法列入教学设计的内容之中，由导学教师和课程班辅导员负责向学生"授之以渔"，帮助学生形成和提高自主学习的能力。

　　——根据成人在职学习的特点，结合社会需要、工作需要、岗位需要和个人需要，改进课程教学，让学生感受到学习的作用，增加学生学以致用的兴趣，吸引学生进行自主学习。

——针对工学矛盾的问题，设计多种多样的学习形式，创造适应多样性学习形式的环境和条件，使学生在方便快捷的学习过程中增强自主学习的自觉性。

——建立规范学生自主学习的管理体制和运行机制，约束学生把自己的学习行为限定在符合学习基本规律的轨道上。制定对学生学习过程实施控制的管理条例，以达到对自主学习过程的有效监控。对于严重违反学习规律并通过不正当手段获取学习成绩的学生给予必要的处罚。

——建立学习契约关系，通过学校与学生签订学习协议书的方式，将双方的权利、义务和责任用协议的形式确定下来。契约关系既保证学生的合法权益，也对学生学习期间学习行为作了规范和约束。

——建立课程班辅导员管理体制，明确工作职责，制定管理条例，实行激励和约束机制。通过行使辅导员的工作职能，实现对学生自主学习的有效管理。

——建立学生自治组织，组织开放教育学生会及其分支机构，积极开展学生社团和青年志愿者活动，以此加强学生的自我管理和自我约束能力，并将素质教育的内容融入自主学习的活动中。

（2）把教师职能的管理贯穿试点期间的教学管理模式之中。以"学生自主学习为中心"是现代远程开放教育的核心内容，它的确立促使教师在教学过程中发生了角色的转变。尽管在现代远程开放教育中，教师从台上走到了台下，从台前走到了台后，从教学变成了导学，从主体变成了辅体，但他们的作用并不能弱化和取消，相反教师作为学生学习的组织者、教学资源的开发者与提供者、教学过程的引导者和监控者、学习活动的服务者和激励者、学习效果的评价者和反馈者的作用应该得到不断的加强。

教师在远程开放教育教学过程中的主要职能任务包括：

①教学业务管理职能。地方电大专职教师应承担系统内教学业务管理职能。由于编制的原因，地方电大专职教师人数一般较少，应实行全员坐班，承担起教学部门的来人来访接待、基层电大和学生教学意见信息反馈、接听值班电话、受理学生学习咨询和心理咨询、远程监控省内教学活动进展情况等日常教学业务管理工作，保证系统教学活动井然有序。坐班期间还可利用学校提供的多媒体教学设备提高远程教学技术能力和水平、制作电子教案和多媒体课件、开展网上教学活动。

②课程教学责任职能。

——教学部门教师都应根据所学专业，担任若干门课程的责任教师并对责任课程负质量责任。负责责任课程的教师培训、教学研究、教学安排、教学进度、教学资源建设、教学信息反馈、教学质量、实验课教学、集中实践环节教学、期末复习指导等教学业务管理工作和教学效果评价。

——负责省开课程教学大纲、课程教学实施细则、课程说明、教学资源的建设工作。

——负责协助系统内教师开展网上教学活动，检查基层电大教师在中央电大、省电大网站实名注册情况和是否在电大在线教学平台开辟了课程讨论区和答疑区，统一安排网上教学课程表，检查系统内网上教学活动开展情况并予以总结评价。

——负责与上级电大对口联系责任课程的教学业务和对下级电大对口视导责任课程的开设情况。

③课程教学导学职能。电大专职教师每学期都应承担一门课程的导学教师职责，具有高级职称以上的教学人员还应同时开设一门新课，将导学作用贯穿教学过程的始终并对所任课程承担质量责任。

——负责所任课程多媒体教学方案一体化设计和实施工作。

——负责所任课程教学资源建设和整合工作并及时以网络或

实物形式向学生提供，指导学生提高信息采集能力。

——负责为所任课程教学班学生提供自主学习的课程教学支持服务，督促检查学生自主学习情况。在提出课程教学学习目标和教学进度的前提下，帮助学生制定个性化自主学习计划，检查批阅学生自学笔记，参加并指导学习小组活动，批阅平时作业，综合学生自主自学情况，参加网上教学活动情况，参加集中学习，了解学生自检自测情况和完成平时作业情况，评定学生形成性考核成绩。

——负责开展所任课程网上教学活动，每学期应组织不少于三次的网上实时答疑、小组讨论、心理咨询、学习方法指导等内容的活动。在电大在线教学平台开辟课程答疑区，经常与学生进行非实时网上交流，及时回复学生提出的问题。还应通过电子信箱和电话与学生保持经常性的联系，了解学生自主学习情况和心理情况，解答学生提出的疑难问题。

——根据课程教学一体化设计方案和"三环互动"教学模式中"导学三步骤"的设计思路，运用多媒体教学手段为课程教学班开出面授导学课，所用电子教案作为学生学习资源在课后应及时上传学校网站；

——负责搜集整合所任课程自检自测试题，组织学生进行阶段性检测，用以检查学生知识掌握情况和自主学习效果，便于下阶段有的放矢地开展课程教学活动。

——负责指导学生期末考试前的复习应考。根据所任课程教学大纲要求，参照往届考试试题，结合中央电大"期末大练兵"综合练习题，期末考试前为学生整理提供综合复习题，提高学生终结性考试质量。

④开放教育科研课题研究职能。开放教育试点是由教育部提出、中央电大实施的课题研究项目，由于地方电大的教学人员从事着开放教育试点教学工作，在教学实践中获取了大量的鲜活素

材和第一手材料，有利于在教学实践中开展课题研究活动。根据试点研究工作边实践、边研究、边产出的方针和教学与研究工作相结合的原则，教学人员更应该担负起开放教育课题研究的职能。省级电大应组织全省有能力和资格的教学人员，成立若干个课题研究组，有计划地完成省级立项的科研任务；基层电大的教学人员也应在学校制定的科研计划指导下，定期完成各自的科研任务，运用具有指导意义的科研成果指导试点工作的实践。

⑤教师完成职能任务情况的考核。

——学校根据开放教育教师岗位职能，在教学人员中选聘开放教育教学人员，签订聘任合同书；

——学校制定并实施开放教育教师学期工作目标考核制度，实行以岗位工资和授课酬金为主、奖励工资为辅的工资分配方案。

——学校将教师完成职能任务情况记入教师业务考核档案，作为教师评优、晋级、提干的主要依据。

——学校设立科研奖励基金，对获得科研成果的教师予以重奖；同时，对无开放教育科研成果的教师，在技术职称评聘时，实行一票否决。

4.过程管理实践模型

（1）教学过程管理实践模型产生的实践基础。关于开放教育教学过程管理和监控的实践活动，前文已作了阐述。各级电大在试点工作中，对教学过程实施的有效的管理和监控，为形成电大教学过程管理实践模型提供了较为厚重的实践基础。教学过程管理是保证教育质量的根基所在，是教学管理模式改革的重点内容，这个实践模型是在上级电大规定的政策范围内，结合本省开放教育实践形成的。

（2）教学过程管理实践模型的主要内容

①明确地方电大教学过程管理的主要环节。这些环节应包

括：专业设置及审批程序、教学点建设及管理机制、人才培养方案的制定及实施、教学过程的设计及管理、教学过程的质量监控及评价、教学资源建设及利用、集中实践环节教学和实验教学、师资培训及科研活动、形成性考核和终结性考核、学籍管理和毕业程序等。

②建立健全教学过程管理的规章制度。在制定管理制度时要抓住重点，体现制度的完整性和实践性；适应试点工作需要，注意制度的延续性和发展性；优化试点管理机制，注重制度的开拓性和创新性；针对系统实际需要，加强制度的协调性和互补性；适应学生需求，增强制度的适应性和个性化。

③形成教学过程管理的运行机制。建立教学过程管理的运行图，并制定具体工作流程和合作流程，明确各职能部门、各级电大的职能任务、岗位责任和工作分工，实行责任追究制，保证教学过程的主要环节在规章制度规范下健康有序地运行。

5. 资源管理实践模型

教学资源是开展现代远程开放教育的前提条件，教学资源管理就是负责创造和提供这种前提条件。教学资源的管理主要包括两方面的内容，一是教学资源的建设，二是教学资源的利用。

（1）教学资源的建设。在现代远程开放教育的条件下，教学资源的种类有文字教材、音像教材、VBI 数据广播资源、IP 直播课堂、CAI 课件、网上教学资源、流媒体等多种媒体教学资源。教学资源的建设分为两大项，一项是教学资源的开发，另一项是教学资源的整合。在开放教育试点的过程中，教学资源的开发一般由承担开课职能的电大来完成，如统开课程由中央电大负责，省开课程由试点学校负责。近年来，电大发挥系统的整体性功能，建立资源建设组织机构，集全国或全省的力量共同建设课程资源，取得了实际的效果；教学资源的整合主要是由办学的实体单位和导学教师来完成。

　　教学资源的开发一般以专业规划为指导，以课程建设为基础单位，组成专家委员会或小组，拟定教学计划和大纲，编写文字教材，设计多种媒体资源一体化的方案，利用多种媒体手段制作课程教学资源。

　　教学资源的整合实际上是落实专业教学计划和课程教学大纲的具体行为。一般由承担导学任务的任课教师或教研组来完成。教学资源整合的内容和任务是浏览、查阅、综合网上和其他多媒体资源，利用现代技术手段和设施设备编制导学教案，指导学生利用多媒体资源并为其提供学习信息。

　　教学资源的建设管理内容是下达计划任务书、组织资源建设力量、设计实施资源建设任务、运用激励和约束机制、进行鉴定和验收、传播和保管教学资源、建立课程教学资源的反馈渠道、组织教学资源的评价、根据系统的开放性特征积极开展教学资源的共享工作等。

　　（2）教学资源的利用。随着试点项目的深入开展，各级电大对教学资源的开发和整合取得了量的积累和质的提高，教学资源的建设工作日见成效。与此相比较，教学资源的利用反倒显得落后。形成了教学资源的大量闲置与浪费，师生囿于传统的教学资源形式，致使现代远程教育的资源优势得不到发挥。因此，中期评估以后资源的利用问题成为教学管理工作的重要内容。

　　加强资源利用的管理力度，有效的方法主要有：

　　①从教师的职能管理入手，把资源开发和资源整合作为教学工作任务直接下达。利用多媒体教学手段和资源开展导学活动，是"三环互动"教学模式的基本环节，每位任课教师只要对完成教学任务有承诺，就必须进行教学资源的开发或整合。对于不能利用多媒体教学资源的教师视为不胜任岗位工作，予以调离或解聘。

　　②从帮助学生自主学习的管理角度入手，督促学生自觉利用

多媒体资源。

　　——要为学生提供利用多媒体资源的条件和服务环境（网络教室、视听阅览室、电子图书馆和阅览室及相应的服务措施等）。

　　——通过教学平台的管理功能，监控学生利用网上教学资源的情况，并将其作为形成性考核成绩的主要考核内容，在所制定的形成性考核管理办法中，加大学生利用网上教学资源时数的权重，并严格执行形成性考核成绩不及格就不得参加总结性考核的制度。

　　——入学伊始，即组织学生进行网上实名注册。开发能够统计学生网上学习点击率的管理软件。

　　——对学生进行以网上学习技术为主的现代学习技术培训。

　　6. 技术管理实践模型

　　试点项目的启动前提是基于现代教育技术（尤其是现代网络技术）手段的教学和管理模式改革。在试点过程中，各级电大都十分重视现代化管理的手段建设，取得了飞跃性进展。电大系统教学管理的数据化、网络化能力都得到了大幅度的提高。在实现管理模式改革过程中，地方电大充分利用和使用中央电大网络版教务管理系统，实现电大系统网络化管理；充分共享中央电大《开放教育电子公务系统》，提高电大系统办公自动化水平；有效地疏通信息渠道，保证信息的时效性；不断地提高了管理的效益、效率和质量。黑龙江电大在上述内容的基础上，形成了利用现代技术和手段建立教学管理的实践模型，这个模型同时又具备符合自己办学实际的具体特色。

　　（1）全省电大系统的教学管理人员具备了计算机操作技术、网络利用技术，能够熟练使用中央电大网络版的《教务管理系统》和《开放教育电子公务系统》。

　　（2）全省电大教学管理部门基本实现了办公设备的现代化，市（地）级电大全部实现了人手一台计算机。

（3）所有市（地）级电大和部分开设本科的县级分校建设了网络平台，全部的县级分校均可利用所在市（地）级电大的教学平台，在省电大的平台上建立了联通全省的《教务论坛》，实现了系统各层次之间信息的瞬息交流。

（4）通过校企联合，建设了连接全部教学点的双向视频系统，为教学和教务管理工作开辟了便捷的通道。

7．质量管理实践模型

质量管理的实践模型由两部分组成。一是质量管理的标准和目标，二是质量管理的保证体系。标准和目标是质量管理活动的努力方向和终极目的，保证体系是质量管理活动的运行保障。

（1）从实际出发，科学地确定质量管理的标准和目标。开放教育是面向全民的大众化高等教育，因此，它的人才培养标准应该符合大众化高等教育的实际，即受众面广，求学者的主体是成人在职学生。

这个主体的特点是年龄结构和普通高等教育学生相比偏大，理解力强，记忆力差，社会活动偏多，工学矛盾突出。与此相对应，这个主体社会经验和实践经验丰富，怀有解决社会、单位和岗位工作实际问题的学习目的和学习动力，这是成人在职学生接受大众化高等教育的优势。按照这些特点和优势进行分析，人才培养的标准应该用能否解决实际问题来衡量，学习成效的检测也应该以分析和解决实际问题为主体内容，最终将培养目标定位在创新意识、协作精神和实践能力上。

我们现在的教学内容和考核标准基本套用精英教育的陈规，读死书、死背书仍然是应付考试的有效办法。明明是面向大众化高等教育，在教学设计上偏偏无视大众的长处和优势，用精英化的考试标准评价大众化的考试结果，并得出否定的结论，这显然是不科学的。

在设计开放教育的质量管理标准时，还必须考虑到质量、规模和效益的关系。既然是大众化的高等教育，规模大就应该是这种教育的突出特点，但规模大小和质量标准有直接的关系，质量标准定得偏苛，大众化的高等教育就不可能具有规模。此外，在教育供养体制实行重大改革的形势下，没有规模就没有效益，没有效益，就不会有质量，这也是管理科学的起码常识。因此开放教育的改革不仅仅是模式的改革，起龙头导向的质量标准和培养目标的改革也势在必行。

（2）按照培养目标和质量标准的要求设定并实施教学质量管理的总体步骤和分项程序。总体步骤分为4个环节：

①在科学论证的基础上，制定质量管理的可行性计划方案。

②组织教学和管理人员执行计划方案并进行监督检查。

③协调管理过程中的机构性或职能性的工作关系，解决具体问题。

④控制质量管理的总体进程，把握好质量、效益和效率的关系。

质量管理是一项系统工程，这里将保证质量的工作分成9个运行程序：

①系统管理的运行程序。从系统的整体性、结构性、层次性和开放性角度入手实施质量管理。

②人才培养方案的编制和实施程序。设计和落实符合社会和求学者需要，满足人才培养目标和规格的专业教学计划和课程教学大纲，确保质量标准符合实际并能够达到。

③帮助学生制定自主学习的程序。重点解决学生的学习动机、学习目的、学习习惯和学习观念等学习意愿方面的问题，通过自觉学习，保证学习质量。

④督促教师履行开放教育教学职能的程序。强化教师的思想观念转变，适应开放教育的教学需要，提高教学业务素质和教学技术能力，通过教学服务，提高教学质量。

⑤管理和监控教学过程的程序。确定从入学水平测试开始到毕业答辩结束的各个教学环节的管理监控职责和操作办法，向管理要质量。

⑥教学资源的建设和利用程序。建立教学资源的建设和利用机制，形成获取资源、利用资源的条件和环境，为质量保证提供前提条件。

⑦为教学双边提供支持服务的程序。建设支持服务的人文环境和设备环境，开展技术培训，形成契约性质的运行机制，为质量建设提供雄厚的支撑。

⑧管理平时实践和集中实践环节的程序。设计符合培养目标要求的实践环节教学方案，建设好实践教学的实验设施和实习基地，抓好实践教师的资源共享。

⑨进行教学检测和教学评价的程序。基本内容为入学水平测试、入学指南考核、学生的自检自测、教师的听课评课和学生反馈、教案的检查和评比、集中实践环节考核和终结性考核、毕业生追踪调查和社会反馈等。

（3）质量管理运行程序的支撑材料和操作规程。这部分内容分为两类：

①国家和政府有关的法律、法规；上级电大方针、政策、规章制度等。如教育部批准试点的文件、中央电大关于下达教学计划的通知等。

②试点学校、试点分校和试点教学点为确保教学质量而制定的条例、办法、制度、措施等。如课程选修和报考制度，教师教案检查制度，实践环节教学实施细则，考试工作管理条例等。

三、现代远程开放教育管理模式的运行

在试点工作实践中，黑龙江电大构建了现代远程教育条件下人才培养模式的基本框架，形成了具有黑龙江特色的教学管理模

式。为使模式高效运行，在远程开放教学活动中切实成为"可以使人照着做的标准样式"，推进试点工作，为我省经济建设和社会发展培养大批高质量的、适应地方和基层需要的应用性高等专门人才，需要引入与之相适应的机制以保证模式的顺利运行。

（一）模式运行的长效机制

教育部已经确定广播电视大学办学形式就是开展远程开放教育，其主要任务就是为构建学习型社会提供终身教育服务。这一长期的历史使命决定了远程开放教育教学管理模式将长期发挥作用。因此各级电大和实施模式运行的职能部门在远程开放教育教学中，应把坚持实施模式作为长期的工作任务，保持模式的稳定性，坚持模式的长效性。

（二）模式运行的执行机制

模式一旦确立就具有了严肃性和权威性，模式中的实践模型又体现了模式的可操作性和适用性。省电大及相关职能部门是模式推广和执行模式运行的领导机关和组织单位，应加大执行模式所确定的操作规范力度；基层电大是模式实践和运用的具体实施操作单位，应负责模式及实践模型在本单位的有效实施和实施情况的反馈。

（三）模式检验的评价机制

教学管理模式及实践模型目前还缺乏循环反复多次的实践过程，虽然源于实践但还需要通过实践的检验，使其不断完善合理。根据 ISO9000 质量管理体系的基本方法，进行"PDCA 循环"，省电大应在部分试点分校和教学点设立若干"教学管理模式实施情况观测点"，结合教学检查，搜集整理观测信息，并做出阶段性分析。"观测点"届时应填写统一报表并递交书面报告。省电大在公布教学检查结果时同时公布教学管理模式运行情况评价报告，使模式不断趋于完善。

（四）模式运行的协调互补机制

电大系统分级管理、分工协作的办学特点，要求在不同层面实现模式的协调运行，省电大负责模式总体设计和组织实施，基层电大负责模式的具体实施，因此，应欢迎和允许基层电大根据地方特点在实施过程中为完善模式而进行的积极探索和实践，进而加强模式运行的协调性和互补性。

（五）模式运行的保障机制

模式的运行需要充分的保障条件：

（1）利用和发挥电大系统办学的优势，自上而下地推广和推进模式的运行，上级电大负责监督检查下级电大模式实施和运行质量。

（2）省电大确定专门部门负责全省电大范围内模式运行的组织工作，基层电大要有分管校长和职能部门负责模式在本地电大具体实施运行。

（3）省电大成立有领导、专家、职能部门负责人和基层电大科研人员参加的"教学管理模式课题研究组"，负责模式运行质量的评价和模式结构内容的完善与提高，负责组织全省电大的模式研究工作，提交阶段性研究成果，在省级以上科研部门立项和取得成果认定。

（4）各级电大要设立模式研究和推广专项资金，用于模式研究和推广的基本投入和奖励支出。

第三节 现代远程开放教育教学管理模式展望

一、现代远程开放教育的发展对教学管理模式的新需要

现代远程开放教育即使是对传统教育而言，也不可能完全取代非远程教育的各项功能，从而达到用远程教育一统天下的局

面。但是我们必须看到，现代远程开放教育因其独具的特点和优势，在我国建设学习型社会、实现高等教育大众化和构建终身教育体系的宏伟规划中所展示的无限广阔的前景。

无论是构建学习型社会，还是大众化高等教育，开展全民教育和全民学习，都是我国教育和我国社会未来发展的基本趋势。事实上，无论哪个国家、那种社会，在相当长的历史阶段中，都不可能主要依靠传统的、集中的教育方式来满足全民教育、全民学习的巨大需求，更谈不上实现大众化高等教育。因此必须有一种覆盖面广阔、普遍适应求学者个别化自主学习，而且在资金投入上能够使国家和社会承受得起的教育形式，来承担如此庞大的教育使命。现代远程开放教育正可以在这个领域里大显身手。

现代远程开放教育开展全民教育的基础优势在于它的开放性。对象开放、资源开放和过程开放是构建学习型社会和面向全民教育的前提条件。没有这个前提条件，学习型社会就无法构建，高等教育还会回缩到精英教育的围墙内。

"有教无类"的古代理想，延续到现代社会才能得以实现。但是，全民的概念并不等于市民的概念。教育的对象也不仅仅是聚集于城市里的人员（而且国家的发展水平也不可能在短时期内将所有的公民都变成城市居民）。这就引出了用什么方式和手段，解决分散的同时又是数量众多的人接受高等教育和进行继续学习的问题。

既是大众化学习的需要，又是由于个别化自主学习的需要，教育资源必须是开放的。只有开放的资源才能使人们对学习资源有了更广阔的选择性，而传统的、集中的教育方式，因受体制和条件的限制，根本不可能满足人们对选择性的渴求。同时，资源开放的本身，也受一定条件的限制。具备了这种条件，资源才能开放，不具备这种条件，资源即使开放，也不可能收到预期的效果和效率。

传统的教学和学习过程是封闭的，只有经过一个周期后，过程才可能开放。即使这样，求学者也只能从过程的起点，进入周期的循环。开放教育使过程的刚性循环变成了弹性循环。学习型社会中的求学者完全可以从周期的某一个环节进入自己选定的过程起点。不过，这种大自由度的过程开放也必须有相应科学技术条件支持。

显而易见，"现代远程"是开放教育必备的前提条件。业内人士有将远程教育三代划分之说。虽然划分的标准定位于技术层面，但仅此层面也已充分地说明了三代远程教育的功能所呈现的递进式意义。因为我们所看到前两代远程教育的功能只能作为我国高等教育的一种补充功能，并不能承担起构建学习型社会和面向全民的更大的教育使命。而第三代远程教育的崛起的条件却是基于电子工业革命和信息技术革命的计算机网络。从技术意义上说，正是这两个革命，才使面向全民的大众化的开放教育有可能成为现实。

党的十六大提出要构建学习型社会和发展大众化高等教育。在中国这样一个人口众多且文化素质偏低的国家，为全社会提供广泛的继续学习机会，开展不断递增的高等教育，需要政府和社会投入大量的资金，设置不计其数的高等教育机构才可能实现，这显然是不可能的。在发展中国家，特别是在中国这样人口众多的发展中国家，通过远程教育完成学习社会的构建和大众化高等教育的主要任务，是社会发展水平和具体国情所做出的必然选择。所以邓小平同志亲自倡导创办了中国的广播电视大学，十六大之后，国家又明确地要求，电大要在大众化高等教育中发挥重要作用。适应国家和社会发展以及民众学习的要求，现代远程开放教育的发展方向更应该定位在使现代的、远程的、开放的教育手段和教育形式更加接近和满足学习型社会和大众化教育的需要上。与此相关联，现代远程开放教育对管理模式的新需求也主要表现在这些范畴内。

首先是对开放性的需求。对象开放、资源开放、过程开放是开放性的三大逻辑范畴。按职能划分，三大开放首先是对现代远程开放教育的管理职能的需求。没有开放的管理思维和管理理念，没有在这种管理思维和理念指导下的管理办法和管理措施，开放的内容和开放的程度就会受到限制，开放本身也就无从谈起。因此我们说，现代远程开放教育发展对教学管理模式的新需求首先表现在对管理开放性的需求。构建学习型社会和大众化高等教育是一项需要亿万人参加的伟大工程，这项工程的服务对象也将是数量同样宏大的群体。随着生产力的向前发展和社会的不断进步，劳动力因素对知识的需求会愈来愈迫切，人们获取知识的层次、内容、方法和途径也会变得更加丰富和多样化，这些都会对现代远程开放教育的管理提出层出不穷的、不断变化的新的需求。

其次是对远程性的需求。如前所述，在中国这样一个幅员辽阔，贫富差距较大的国度里构建学习型社会，开展大众化高等教育，运用远程教育的方式起码是现阶段可能选择的唯一方式。严格来说，我们此前所进行的远程教育还远远没有达到完全意义上的远程教育。远程教育的传感效应并没有达到遍布城乡每一个角落的学众神经。大多数网络的结点还只是在县一级的教学机构附近徘徊。按现状推论，没有远程教育就没有大众化的高等教育。因此，非常顾及远程性特点的教学管理体制、教学管理机制、管理程序和流程、管理办法和措施也将是现代远程开放教育对管理模式呼之欲出的新的需求。

第三是对现代性的需求。无论从思想理论层面和设备技术层面来看，现代性都是远程开放教育的基础条件。早在150多年前，我们这个星球上就有以印刷技术和邮递方式开展的远程教育，那是一种效率极低且只能作为普通教育补充的远程教育，根本不可能适应构建学习型社会和开展大众化高等教育的需要。信息化是现代社会的基本特征，远程教育从根本上说也是信息的传递与反馈过程。当现代远程教育的信息以高于传统方式几十万倍的速度传递和反馈时我们很容易非常明显地感受到现代远程教育的发展对管理现代性的强烈需求。

这种需求首先表现在对现代管理理念和现代管理知识的需求。真正意义上的现代远程开放教育在我国仅有几年的历史，我们的实践完全是探索性的实践，我们的理论仍然是苍白的理论。一方面学习和借鉴国外远程教育的先进理论和经验，另一方面按照邓小平同志所倡导的实事求是，一切从实际出发的原则，以及科学发展观的要求，总结出符合中国国情的现代远程开放教育的崭新理论，形成现代远程开放教育教学管理的崭新理念和知识体系，是发展中的现代远程开放教育对其管理模式的迫切需要。因而，转变思想、更新观念、实践探索、理论升华是现代远程开放教育教学管理模式建设的贯穿性内容。

这种需求还表现在对现代远程教育管理技术的需求上。开放教育对资源的要求是丰富的、多层次、多规格的。开放教育所面临的是广泛而分散的学习对象，实行的是体现现代远程开放教育特点的教学过程。传统的手工操作的管理手段和办法根本无法适应现代远程开放教育教与学的需要，因此，迅速开发和利用以计算机网络为主要载体的现代远程教育管理技术和手段也将成为管理工作上的新的需求。

第四是对高素质管理人员的需求。管理人员的素质决定着管理活动的水平。不断发展的现代远程开放教育对其管理者的要求是具备现代教育的理论储备和思维习惯；善于用现代教育的理念来观察分析教育现象，解决实际问题，指导实践行为；懂得现代远程开放教育的基本规律和特点并按照规律和特点开展管理业务；熟练掌握现代远程开放教育的管理技术和手段，方便、快捷、高效地行使管理职能。

二、现代远程开放教育管理模式的新趋势

举办现代远程开放教育的宗旨是为了提高整个中华民族的科学文化素质，在构建学习型社会和面向全民开展大众化高等教育中发挥重要作用。与之相适应，为广大求学者提供资源丰富、形式方便、信息快捷、过程简约的管理服务则是现代远程开放教育教学管理模式发展的新趋势。

（一）教育教学的管理理念必然要有较大的更新和突破

现代远程开放教育在我国教育发展历史上具有极其广泛和深远的意义，在一个人口众多，经济落后，教育欠发达的国家，只有大力发展现代远程教育事业，才能有效地实现科教兴国的宏伟战略。未来的远程教育必然要面对着极其广泛的求学对象，具备极其丰富的教学资源，形成简约而有效的组织形式。这就要求教学管理工作必须完全形成以人为本的管理理念，围绕着帮助学生自主学习的中心开展各项工作。树立管理就是实行服务，通过服务加强管理的意识。在远程教育领域里，办学机构和求学者之间应该是一种契约关系，办学机构有义务提供教学的支持服务，求学者有权利享受教学的支持服务。教与学的关系不再是"一日为师，终身为父"的宗法制关系。而且随着社会发展的水平不断提高，越来越多的求学者充分具备了个别化自主学习的硬件条件，学习积极性会愈发高涨，管理的理念也将趋向对学生学习的个性化管理和服务。

（二）在所有的社会经济关系中，资源共享是最具有效益和效率的

如果远程教育能够在城乡各地形成网络，全社会的资源就会形成共享。现代远程开放教育的管理工作将会最大限度地对社会各种优秀资源进行整合和利用，并侧重于网络各个节点的充分利

用。

（三）系统建设的作用将会大大地加强

电大的最大优势就是系统的优势，这个优势主要由三部分构成：一是由卫星传输系统组成的天网系统；二是由国际互联网构成的地网系统，这两个系统主要用于资源的传输；三是由电大各级办学机构组成的办学系统。这三个系统的有机结合是其他任何远程教育机构所不能比拟的。适应对象广泛，资源组织丰富是未来远程教育的发展方向，为适应这种发展，不断加强系统建设，充分发挥系统的作用，从而增强系统的活力和竞争力是教学管理模式的又一发展趋势。

（四）质量管理的目标将由精英化向大众化转移

自 1999 年高等院校扩招开始，我国的高等教育已经开始向大众化转移，电大系统的"人才培养模式改革和开放教育"试点项目更是在现代远程教育的条件下，实行大众化高等教育的有益尝试。大众化高等教育和精英化高等教育由于生源构成不同和适用社会不同在教育标准和培养目标上必须有所不同。在设计新的教学结构，确定新的培养目标上一定会更多地考虑成人在职学生理解能力、实践能力、应用能力强的特点，编制出更适合大众化高等教育的教学方案、实施办法和考核标准。

（五）管理手段更加先进，更加现代化

远程教育的对象是非常广泛和具有个性化特征的，远程教育的资源是非常丰富和多样化的，远程教育的过程既是非常严格、缜密又是非常简约、便捷的。这就要求现代远程开放教育的教学管理模式必须是非常先进的、完全现代化的。主要是开发各种各样的网络管理系统，使对象管理、资源管理和过程管理都非常适合开放教育的特点和为教师和学生提供支持服务的要求。

（六）管理的内容更加趋向多层次、多规格、多类型的复合型管理

目前，无论是在普通高校，还是在电大系统，远程开放教育的主体部分都是开展学历教育。随着高校扩招和大众化高等教育的不断延续，我国未来人口中对第一学历是高等教育的需要比例会有所减少。与此同时，随着知识更新的步伐越来越快，构建学习型社会成为我国社会总体发展的目标，各种各样的继续教育需求会越来越大。远程教育最有条件承担继续教育任务，从而为教学管理工作注入更加丰富的内容。

参考文献

[1]　王绪君. 管理学基础［M］. 北京：中央广播电视大学出版社，2003.

第八章　素质教育论

第一节　素质教育的基本理论

一、素质教育的定义和特征

（一）素质教育的概念

从文字学的角度考察，"见素抱朴，归于自然"，反映了"素"的本意是事物原本状态，或纯白无杂色等，"质"从哲学的角度去分析，是事物内在属性的规定性，当将素质合一内涵界定在教育领域时，可以把它理解成：人在遗传基础上，通过后来的社会实践而逐步形成的、相对稳定的内在品质结构。包括品德、智力、体质、审美能力、劳动态度与习惯，以及当今学校教育格外注重的良好个性心理和善于动手实践的技能本领及相关的心理倾向。

透过现象看本质，参照古今中外有代表性的人才成长的个案，如北宋的"仲永"，先天虽然聪慧，有良好的遗传素质，但后来却放弃努力，终致"泯然"于众人，另有著名画家齐白石大器晚成，盲人阿炳自学不止，终有演奏二胡的高超技艺等，充分说明人的素质是其先天因素与后天实践的结果。因此，素质一经形成便具有遗传性、个体差异性、相对稳定性、多样性、可塑性等属性。这就决定了无论是基础教育还是高等教育，在对人的素质培养上要考虑个别差异，要重视因材施教，要关注环境对人成长的影响因素，要创设宽松的条件，尤其是在使学生主观能动性的发挥上下大的功夫。总之，把全体受教育者的全部潜能充分发挥出来，应当是一种适应时代需要，具有较高境界追求的教育实践活动——素质教育。

迄今为止，对素质教育这一概念的解释还没有，也不可能有完全绝对一致的说法，总体状况是"看法各异，见解趋同"。

一般来说，素质教育是以开发儿童身心潜能，全面提高和完善新一代合格公民应具备的基本素质为目的的教育。

素质教育是依据人的发展和社会发展的实际需要，以全面提高全体学生的基本素质为目的，以尊重学生主体性和主动性精神，注重开发人的智慧潜能，注重形成人的健全个性为根本特征的教育。

素质教育是以促进学生身心发展为目的，以提高国民的思想道德、科学文化、劳动技术、身心素质为宗旨的基础教育。素质教育的要点有三：其一是面向全体学生；其二是使学生德、智、体、美、劳、身心（心理素质，动手能力）诸方面全面发展；其三是使学生积极主动地发展。

综上所述，素质教育相对教育方针来说，教育方针是学校教育教学工作必须遵循的总的指导方针，而素质教育是贯彻、落实教育方针的具体教育实践活动，从教育方针与素质教育的关系看，两者不能相互替代，彼此缺一不可。如何把素质教育实施好，也就是能否真正落实教育方针的问题。

教育方针在我国对各级各类学校教育都具有现实的指导意义。这就意味着远程开放教育也同样需要实施好素质教育，广播电视大学也必须深入研究新的社会历史时期怎样实施素质教育等实际问题。

（二）素质教育的特征

素质教育是针对以片面追求升学率为典型特征的应试教育而提出的，从功能价值的角度考察，是为了使学校教育走出应试教育的误区。所以素质教育的基本特征体现在下列诸方面：

1．教育目标的全面性

这里所说的全面性，是指国家教育方针规定的使受教育者在"德、智、体、美等方面全面发展"。基于马克思主义关于在大工业生产背景下，人的全面发展的理论基础，比照现代社会生产及生存竞争体现在日常生活的各个方面，要求教育所培养的人必须在身心个性等方面全面发展以适应社会发展与人的发展的协调。但全面发展并不意味消除个别差异，也不是每个受教育者都同步发展或某一个体学生在其素质结构构成的诸要素之间均衡发展，而是使每个受教育者在各项素质合格的前提下，使其中的某一方面或某几方面最大限度地发挥潜能并倡导张扬个性，以体现我国目前新课改的精神实质。

2．教育对象的全体性

当把素质教育的内涵用最简捷的方式表达时，无非两个字，即"两全"。稍加诠释则为"使全体学生全面发展，在发展中反映时代需求"，注重创新精神和实践能力的培养是其核心。

教育对象的全体性，从广义上讲是要求每个社会成员都必须通过正规或非正规的渠道接受一定时限、一定程度的教育，为全面提高全体国民的素质而努力。在这个意义上说，隶属于成人高等教育的远程教育和教学也必须在日常工作中突出素质教育的内在要求。

教育对象的全体性，从狭义的角度看，专门指学校教育在培养学生全面发展过程中，首先从"量"上关注所有受教育者，做到"一个都不能少"；其次在育人的"质"上，兼顾个别差异。借鉴"多元智力"的理论，扬长避短，使每个学生在发展中都有机会展示他们最亮丽、最成功的一面，使包括后进生在内的学生都能得到发展，这也是充分尊重人的权力与发挥人的潜能的人本主义精神在教育目标上的体现。

3. 教育内容的基础性

素质教育的实施侧重于基本技能、基础知识、基本行为规范、基本学习生活能力等方面的教育。着眼于使受教育者增强生存与发展的潜力，为了更好地适应未来社会的现实需要，而有别于专业性、职业性的定向专业训练。在学会求知、审美、健体、合作、做人诸方面奠定基础。反映的是可持续发展对教育培养人的内在要求；预期明天的社会需要，更多地体现"教育要面向未来"。尽管在教育的具体内容上，包括电大开放教育的课程设置与中学、小学有着明显的区别，但就教学过程来说却表现出共同的规律：在抓好"双基"教学方面，在良好行为习惯的养成与巩固方面，在充分发挥学生的主体作用方面，在学生良好个性品质培养方面，各级各类学校都承担着为造就合格的社会成员"奠基"的任务。

4. 教育过程注重学生创新精神和实践能力的培养

素质教育较之传统的应试教育，特别强调培养学生具有创新精神和动手实践能力。

江泽民同志指出："创新是一个民族进步的灵魂，是国家兴旺发达的不竭动力。"在1999年全国教育工作会议上，江泽民同志进一步指出：面对世界科技飞速发展的挑战，我们必须把增强民族创新能力提到关系中华民族兴衰存亡的高度来认识。创新有赖于人才，人才培养要靠教育，素质教育承载着培养创造型人才的特殊使命。

随着我国各级各类学校教学改革的不断深化，在实施素质教育过程中格外注重培养学生的创新精神和实践能力，使应试教育、"读死书，死读书"的僵化局面，转变成为社会培养真正的"适用型"人才。

除了以上四个方面有关素质教育基本特征的典型表述，还可以将其特征概括如下：

（1）相对于昨天的传统教育，素质教育是面向明天、面向未来的教育，在主要学习前人积累的知识成果的同时，素质教育更重视培养善于适应未来社会需要的创新型人才。

（2）相对于只顾少数尖子生的"英才教育"，素质教育是面向多数人的教育，它强调的是全体受教育者基本素质和总体水平的提高。

（3）相对于用一个模式、统一的标准去要求和衡量所有学生的应试教育，素质教育是强调以个性发展为基础，重视差异的个性教育。

（4）相对传统教育的"三中心"，即以教师为中心、以课堂为中心、以教材为中心，甚至潜在的以应试为中心、以选拔为中心，素质教育主张以学生学习为中心，联系生活实际需要，挖掘学生潜能，张扬学生个性，突出学生主动探究学习的自觉性，通过自主的学习活动，由学生自行发现建构知识，从"题海"中解放出来。

（5）相对"应试"过程的智育至上、片面发展，素质教育更注重学生全面、协调的发展。突出创新精神、实践能力和良好心理素质的培养。

二、素质教育的产生与发展

素质教育在我国教育领域的实施，起始于1985年，迄今历经20年之久。在相应的观念转变、人的素质全面发展，尤其是扭转片面追求升学率错误倾向等方面已取得了一些成绩，这都是毋庸置疑的。但就其实施的具体情况看，在有些地方还存在着"素质教育搞得轰轰烈烈，应试教育办得扎扎实实"的现象。在现实教育教学过程中出现了一种时断时续的问题，即：在小学低年级与高校里，谈及素质教育的主张，进行相关的实践活动，还有一定的号召力及对应的举措，当面对处于中考、高考的学生或这个阶段学校教育工作来说，素质教育的活动少了，要求差了，一切为升学考试的风压过素质教育的号召力。

在当前世界范围内科学技术日新月异地发展，国际竞争日趋激烈的情况下，以培养人才为己任的学校教育务必"面向世界及未来"，在人才培养的规格上务求综合素质的提升以应对来自各方面的挑战。"教育要面向现代化"，不仅是观念的现代化，还在于教学内容、方法、手段的现代化，通过教育的持续作用，实现民族素质的整体增强，才能在竞争中处于不败之地。

从历史上看，我国提出大力开展素质教育的原因是："文化大革命"结束，恢复全国统一高考后因国力有限，高等教育资源相对万千青年求学需求明显不足，社会就业门路又比较狭窄的时刻里，教育领域的片面追求升学率现象愈演愈烈，千军万马"挤"高考"独木桥"的现象日益严重。为扭转这类局面，国家在逐步扩大办学规模的同时，开始致力于以全面提高学生整体素质为目的的素质教育。

与此同时，社会主义市场经济的确定，中国加入"WTO"组织等实际情况对人才的整体素质也提出了更高的要求，这就进一步为素质教育的全面实施奠定了现实需要的基础。

我国开展素质教育的大体历程是：

1985年5月19日，中国改革开放的总设计师邓小平在全国教育工作会议上，发表《把教育工作认真抓起来》的讲话。他明确指出："我国国力的强弱、经济发展后劲的大小，取决于劳动者的素质，取决于知识分子的数量和质量。"

1985年5月27日，第一次全国教育工作结束后，形成的《中共中央关于教育体制改革的决定》中明确提出："在整个教育体制改革的过程中，必须牢记改革的根本目的是提高民族素质，多出人才，出好人才。"可以确认，这个决定是我国开始实施素质教育启动性文件。此后有关素质教育的理论研究与实验性的教育实践活动日渐增多，在各地出现一些教育整体改革的活动以及经验介绍。多表述为"愉快教育""成功教育""和谐教育""创造教育""主体性教育""我能行教育"等。

这些方面的探索，为素质教育的发展奠定了实践基础。但是，直到20世纪90年代初期，并没有正式提出"素质教育"的称谓，尽管一些学校的教改实践中体现了"全体学生，全面发展"的素质教育精神要领。

1993年2月13日，中共中央、国务院发表了《中国教育改革和发展纲要》强调中小学要由应试教育转向全面提高国民素质的轨道，面向全体学生，全面提高学生的思想道德素质、文化科学、劳动技能和身体心理素质，促进学生生动、活泼地发展，学校办出各自的特色。该纲要中提到"素质"的地方有20多处。进一步以国家的意志、政府的行为奏响了实施素质教育的号角。

1994年8月，《中共中央关于进一步加强和改进学校德育工作的若干意见》明确提出："增强适应时代发展，社会进步，以及建立社会主义市场经济体制的新要求和迫切需要的素质教育。"这是第一次在中央有关教育的文件中正式使用了素质教育的概念。

1996年2月，《人民教育》《湖南教育》联合推出长篇报道，对湖南汨罗实施素质教育的经验进行了充分的介绍，掀起了素质教育实践的区域性高潮，同时在全国其他地方，如上海建平中学、北京前方小学等也建立了素质教育实验区，渐呈遍地开花之势。

1996年9月，八届全国人大四次会议通过《中国经济和社会发展"九五"计划和2010年远景目标纲要》，明确提出：要改革人才培养模式，由应试教育向全面素质教育转变，首次以法律性文件的方式，确立了我国教育特别是基础教育由"应试"为主向全面培养人的素质这一方向转变。

1997年9月，在山东烟台召开了全国中小学素质教育经验交流会，进一步总结，推广汨罗、烟台等地实施素质教育的经验，扩大积极影响。这样，在国家最高教育行政部门领导下，素质教育在全国全面推开。同年10月，原国家教委颁发《关于当前积极推进中小学实施素质教育的若干意见》，把素质教育作为热点问题进行专门研究。1998年初发表专题文章《面向21世纪的基础教育改革：素质教育》。

1998年是深化素质教育的又一个标志性岁月。在这个年度里，教育部针对当时推进素质教育面临的新情况，诸如传统的教学内容还存在"编、难、繁、旧"的现象，有些脱离社会生产生活实际的地方，教学方法多为注入式，教学过程忽视学生的主体作用，教学模式在实质上还以"应试"为主等。反复磋商制定了《面向21世纪教育行动振兴计划》，经国务院批转于1999年开始实施。该行动计划明确提出要实施"跨世纪素质教育工程"。要求素质教育由前一阶段的典型示范转向整体推进和制度创新为主——即主要通过课程教材革新、评价制度变革和师资队伍建设来全面深入实施素质教育，理论界将其称作"新课改"，现正在进行。

为唤起社会各界对素质教育的关注和共识，1999年6月中共中央、国务院召开规格层次是新中国成立以来最高的第三次全国教育工作会议，出台了《中共中央国务院关于深化教育改革全面推进素质教育的决定》，指出："全党全社会必须从我国社会主义事业兴旺发达和中华民族伟大复兴的大局出发，以邓小平理论为指导……全面推进素质教育……为实施科教兴国战略奠定坚实的人才和知识基础。"江泽民在这次会议上发表重要讲话，要求"各级各类教育都要把全面推进素质教育，提高受教育者的全面素质，作为教育战略工作的重点"。第三次全国教育工作会议的召开，标志着全面推进素质在我国进入了新阶段。

时至今日，培养学生具有"创新精神和动手实践能力"作为素质教育的核心，通过坚持德育为主，倡导学习合作、探究、自主，把学生作为学习的主体，积极参与各种活动，全面改革教学内容、方法及教学手段与形式的课程改革正把素质教育推向新的历史阶段，相应的有关教育教学的评价体系也在逐步形成。

三、现代社会对素质教育的一般要求

（一）现代社会的基本特征

提出现代社会对素质教育的有关要求，首先必须明确现代社会的基本特征或典型特征。

一般说来，现代社会是相对于古代乃至近代经济落后，政治专制，科技不够发达，生产力的水平低下，人们的物质、精神生活不具有现代水准层次的以往一切旧的时代而言的。

着眼世界，可将现代社会的典型特征定位于：经济信息化、知识网络化、科技全球化；人们的生产生活及日常交往等方式广泛地体现着对现代化科技成果的应用；在各个领域里，竞争更加激烈，对人的心理承受能力提出了更高的要求。

（二）现代社会对人的素质要求

社会对人的素质要求通过实施素质教育来实现，现代社会对人的素质要求不仅体现在心理承受能力需格外加强，还体现在要求年轻的受教育者应该自觉树立创新的精神、动手实践的能力；既勇于竞争也善于合作，在享受现代化成果的同时，绝不放弃艰苦奋斗的努力；在生活方式、民主平等的意识等方面主动适应现代社会要求。尤其是面对着社会主义市场经济的大环境，富于创新、有所作为、张扬个性、追求独立、弘扬传统之优秀，"终身学习的态度，主动学会求知，学会审美，学会生存，学会合作沟通"等现代人应该具备的素质都应努力去具备。致使现代社会里的学校教育对人才素质的培养方面有了更为新颖、丰富的内涵，正如《学会生存——教育世界的今天和明天》一书所言：

未来的学校必须把教育的对象变成自己教育自己的主体，即受教育的人必须成为教育他自己的人，受教育者的主体地位被空前地突出了。

综上所述，不难看到：单纯追求考试至上的应试教育已远不能适应现代社会对人的综合素质培养的要求，而能够使人的身心素质得到全面发展的素质教育成了时代的必然选择。同时，必须充分认识到，在现代社会里，对素质教育的要求较以往更为迫切。

第二节　远程教育中的素质教育

人的良好素质的形成是以人的遗传素质为基础，经后天环境的影响和教育的作用，逐步分阶段、多方面的、贯彻终身的过程。其中，教育起着主导作用。所谓主导作用，就是教育是按计划、有目的、沿着一定的方向自觉地塑造人。相比之下，环境的影响就缺少这种计划性、目标性和方向性。既然人的良好素质是在一定基础上逐步分阶段，通过多方面形成的，那么素质教育就不仅仅是人生某一个阶段应该接受的教育，也不仅仅是哪一个教育层次，哪一种教育模式独有的责任。因此我国各级各类教育都理所应当地承担着素质教育的使命。只是不同类型的教育所处阶段不同，办学模式不同，因而各自承担的任务不同及所承担的教育内涵、所应遵循的原则以及素质教育内容、特点等有所区别罢了。

因此，远程教育同样具有对学生进行素质教育的职能和任务。

一、远程教育中素质教育的内涵

内涵是反映于概念中的对象的本质属性的总和。素质教育这一概念的本质属性，正如中共中央《关于深化教育改革全面推行素质教育的决定》所述，实施素质教育，就是全面贯彻党的教育方针，以提高国民素质为根本宗旨，以培养学生的创新精神和实践能力为重点，造就"有理想、有道德、有文化、有纪律"的德智体美等方面全面发展的社会主义接班人。这里素质教育的根本宗旨是提高国民素质，其中，特别强调素质教育的重点是培养学生的创新精神和实践能力。

首先，国民素质可概括为生理素质、心理素质和社会文化素质。其中，生理素质是指人先天遗传素质和后天成长中所获得的健康素质的总和。心理素质是指人在先天遗传的基础上，经过后天环境和教育的作用形成的稳定的心理特征。社会文化素质一是道德素质，也就是人们共同生活及其行为的准则和规范。道德素质的内容十分丰富，包括对待祖国、对待人民、对待劳动的态度及社会公德等诸方面；二是科学素质，包括对科学文化掌握的程度和运用水平以及科学精神；三是审美素质，包括审美观念、审美标准、审美情趣、对事物美丑的审美能力。

在上述三种素质中，社会文化素质是人的素质的重要方面，它在人的生理素质和心理素质上打上社会的烙印，决定人的素质的性质。

其次，远程教育中的素质教育同普通教育及普通高校所开展的素质教育并不矛盾，而且完全是一致的。只是因为教育的阶段不同、教育模式不同，素质教育的内容不同罢了。远程教育中的素质教育是在普通教育的素质教育的基础上进行的，是素质教育的延续过程、提高过程，也是专业化的过程。因此，中共中央《关于深化教育改革全面推行素质教育的决定》特别提出的"高等教育要培养学生的创造能力、实践能力和创业精神"，这是对高等教育，当然也包括对远程教育提出的素质教育的要求，而这一要求也正是对人的素质教育的重点内容之一。

最后，培养高级专门人才是远程教育中素质教育的主要任务。人的一生是分阶段的，其本身在不同发育阶段所需要的素质教育的内容是不尽相同的，所以，国家对不同教育阶段所规定的素质教育内容也不尽相同。远程教育中的素质教育的主要任务就是培养高级专门人才。但这并不是说远程教育就没有其他方面的素质教育的任务，这种高级专门人才也必须是全面发展的人才，在身心素质、思想道德素质方面的教育，同其他国民的素质教育的要求是相同的。这里强调全面素质的提高是造就全面发展人才，而远程教育中强调培养高级专门人才是使全面发展的人才素质专业化，以适应人的发展要求。因此，两者并不矛盾。显然远程教育中的素质教育必须克服重智轻德、重专业轻人文的倾向，注重培养学生的刻苦精神、实干行为和自律精神，以使学生发展更完善和更符合社会发展和经济建设的要求。

二、远程教育中素质教育的基本原则

在研究远程教育中的素质教育基本原则时，我们必须弄清楚以下两个问题。

一是素质教育同应试教育的关系。应试并不是错误，古今中外，一直到今天，人们还是把考试作为选拔人才和评价教育成果的一种手段广泛应用着。工人晋级要考试，取得教师资格、招聘公务员等也要考试。况且，至今人们还没有想出来某种更科学更合理的方法将应试取而代之。问题是在于是把应试仅仅作为手段、办法，还是作为目的。应试教育的错就错在将应试作为目的。人们的行为是受其所要达到的目的支配的。应试教育从教育指导思想、教育教学方法，一直到知识的整个传授过程，乃至课程设置等诸方面，始终将应试作为目的，亦将考试得多少分作为目的来追求，只要考了高分，目的就达到了。考什么就学什么，不考的就被忽视和弃置，哪里还有什么全面发展？素质教育的目的是什么？素质教育的目的就是提高人的素质，以实现人的自身发展的要求和社会发展及经济发展的需求。素质教育也要考试，学生也要参加考试。考试的目的是检验人的素质水平，并针对检验结果提出新的素质教育要求，使人的素质水平逐步提高。

二是远程教育同普通教育的关系。素质教育首先是针对普通教育的应试教育提出来的，所以素质教育也是在普通教育中开展起来的。针对普通教育阶段学生不同的年龄特点和普通教育阶段的任务要求，已经探索出若干行之有效的素质教育原则。远程教育同普通教育相比较，是一种新的办学模式。远程教育区别于普通成人教育和普通高校教育有其独有的一些特点。因此远程教育中的素质教育应该有一套同其他普通教育既有联系又有区别的素质教育原则。

1. 开放性原则

所谓开放性，就是学生入学方式变选拔考试录取为资格审核、注册录取。用这样的方法录取的学生之间年龄差距较大，文化水平参差不齐，他们由于各种原因不能入普通高等学校学习，而远程教育确定了的开放性的原则，降低了入学门槛，满足他们自身求发展的要求，同时也适应了社会发展和经济建设对不同专业人才的需求。因此这一原则是符合客观实际的。

2. 全面性的原则

全面性的原则一是面向全体学生，实行全员教育，而不是淘汰教育。素质教育的本质就是水平教育，凡进入远程教育的学生，都应在受教育过程中得到素质水平的提高，尽管这种水平的提高有高低之分，但是受教育的学生都在不同基础上有一定的提高，这也就达到了教育的目的。远程教育可以根据他们的学习结果，给予相应的评价，发给相应的文凭。二是强调对学生进行全面教育，使学生在德、智、体、美诸方面都获得一定的提高，使学生的生理素质、心理素质和社会文化素质相辅相成，形成一个统一的整体。这就要求每一位教师，不管是"两课"教师还是专业课教师或其他基础课教师，都肩负着全面提高学生素质教育的任务。

3. 专业性原则

这一原则是依据远程教育培养专门高级人的任务、目的而确定的。远程教育根据教育对象和社会需求的实际情况来确定专业和开设相应的课程。这种专业与课程设置使学生真正能掌握一门适合当地经济建设需要的一技之长，使学生能够真正为当地经济建设和发展做出贡献。

4. 主动性原则

在远程教育中，一是以学生为主体。从事远程教育的管理者和教学人员都是为主体服务的。在教学活动中，主动创造条件帮助学生学习，解学生学习所急，满足学生学习所需。二是以学生主动自觉完成学业为主。这就要求我们教学与管理人员要做好学生思想政治教育工作，调动学生自觉学习的积极性，培养学生的刻苦精神，充分发挥学生在学习中的主体作用。

5. 公平性原则

在远程教育中，教育资源共享性，教育内容的开放性，使学生学习机会均等，接受教育表现出一种公平性原则。在远程教育条件下，无论学生个体差异有多大，能力水平多么参差不齐，都不会受到轻视或歧视，这是远程教育公平性原则的客观性决定的。

6. 竞争性原则

一是教与教的竞争，通过教与教的竞争，使优秀教师脱颖而出，优化了教师队伍。二是鼓励学与学的竞争，学生虽然参差不齐，但也存在先进更先进，后进赶先进的竞争现象。要鼓励后进赶先进，先进帮后进，后进变先进。这种竞争不是优胜劣汰，而是通过竞争，合理重组，使学生各有所学，各得其所。

7. 因材施教原则

远程教育在体现因材施教原则上是十分充分的：远程教育最大限度地实现了学生个别化学习。在教学组织形式上，无论是以课程为单元组织教学，还是小组学习；无论是 BBS 讨论，还是教师在网上的答疑都是因材施教的具体体现。

8. 实践性原则

远程教育中的素质教育实践性原则，是由远程教育的性质所决定的。它所追求的目标不是学术研究型人才，而是具有一定基础理论的应用型人才。因此，远程教育特别重视实践教学。在实施实验、实习、社会调查、课程设计、毕业设计等实践性教学环节中，强调培养学生分析问题和解决问题的能力。要求学生将学到的理论知识应用到实践中去。这是一个理论与实践结合的过程，通过这个过程，使学生将知识转化为自身能力，进而提高学生的素质。

9. 动态性原则

素质教育是一个动态过程。主要表现在受教育者人生的阶段性、时间的长期性、素质教育内容的阶段性和时代性、社会发展性以及管理制度的变化性等诸多方面，因此，素质教育是一个时空变化过程。在这个过程中，存在着多方面、多角度的"转移"。素质教育要遵循动态性的原则，以适应这种客观存在的要求。远程教育的大门是开放的，新学员可以随时入学，入学后修满学分又可以随时毕业。因此，其学籍管理就不同于普通高等教育，更不同于普通教育中依法实施的九年义务教育。坚持动态性的原则，给了远程教育一个很大的灵活性，而这种灵活性正是学生所需要的。

综上所述，远程教育中的素质教育的原则也不是一成不变的，随着远程教育的发展和人们认识的不断提高，有些原则可能不适用了，又有一些新的原则会应运而生，这是一个不断探索的和完善的过程。

三、远程教育中的素质教育的内容特点

（一）远程教育中素质教育的内容

素质教育的内容是由素质教育的目的决定的，确定怎样的培养目标，就相应选择怎样的教育内容。既然前面我们已经谈到，人的素质包括生理素质、心理素质和社会文化素质三个方面，那么素质教育的内容也相应地包括生理素质、心理素质和社会文化素质这三个方面。远程教育中的素质教育的三个方面内容，同普通教育和普通高等教育是既有联系又有区别的，它具有自己的独立特征。

第一是生理素质教育。生理素质教育包括体育教育和卫生教育两个方面。

首先，体育教育历来就是学校教育的一个组成部分。体育的内容包括运动锻炼和自然锻炼两大类。运动锻炼包括体操、田径、球类、武术等。自然锻炼包括利用日光、空气、水等自然条件锻炼身体。

其次，卫生教育包括生物学和人体解剖生理知识教育、个人清洁卫生教育、生活习惯教育、营养卫生教育、公共卫生教育、疾病预防教育、意外事故的预防和急救教育、青春期教育和性教育，还包括心理卫生教育。在疾病预防教育中，当前和今后一个时期，要特别强调预防艾滋病教育。

第二是心理素质教育。心理素质教育包括学员智力和非智力因素的培养，这里应该特别强调创新素质的培养。

上述两个方面，亦即生理素质教育和心理素质教育在远程教育中体现得并不十分明显。而在普通教育的过程中体现得十分明显。远程教育阶段所接受的学生均已达到了成年人阶段，他们的生理素质和心理素质已基本稳定，其可塑性相对变小。再加之远

程教育中师生分离，这种办学模式本身就存在对这两方面进行素质教育的不利因素，使得诸多的体育活动等无法开展。但是不能因此认为远程教育中可以没有生理和心理素质教育的内容，而应当结合学校的各种教育活动，不失时机地渗透这两方面的教育。

第三是社会文化素质教育。社会文化素质教育在远程教育中占有十分重要的位置，是远程教育中素质教育的重要内容。社会文化素质教育包括道德素质教育、科学素质教育和审美素质教育三个方面。

首先，道德素质教育，远程教育中的素质教育包括爱国主义教育、集体主义教育和社会主义民主与法制教育、劳动和艰苦奋斗教育，日常行为规范养成教育五个方面。

道德教育内容的确定，是以党和国家所坚持的思想政治体制和道德行为规范为基础的。远程教育在培养高级专门人才的过程中，始终要将学生的道德素质教育放在育人工作的首位。江泽民同志在第三次全国教育工作会议上指出：“思想政治素质是最重要的素质。不断增强学生和群众的爱国主义、集体主义、社会主义思想教育，是素质教育的灵魂。”

其次，科学知识素质教育。包括科学知识的传授和基本技能的培养。

科学知识的传授是科学素质教育的基本内容。远程教育是培养专门人才的教育，担负着特殊的专门知识的传授任务，这种传授不是把教育对象当成容器或仓库，知识的传授更不是知识的机械“搬迁”过程。而是要重建知识素质化的新模式，把知识的传授着眼点放在提高人们的认知素质上，达到提高人的素质水平的目的。我们强调向学生传授专门科学知识是符合远程教育培养高级人才目标要求的，但是同时，又不否定在教育的过程中，适时适当地传授与学生所选专业密切相关的其他方面的科学知识。

基本技能的培养。技能是运用一定的知识和经验顺利完成某种任务的活动方式。知识最后是通过技能发挥作用的。如果知识不能转化为技能（动作技能和心智活动技能），那就派不上用场。知识转化为技能的条件就是坚持素质教育中的实践性原则。

（二）远程教育中素质教育的特点

远程教育中素质教育的特点主要包括素质教育的主体性特点、身心素质相对稳定的特点和专业化特点。

第一，主体性特点。素质教育的主体性特点在远程教育中体现得特别明显。这是因为学员远离学校，师生分离，学员各自为战。加之学员为成年人，有自己的工作要做，甚至有自己的家庭要照顾。这种特殊的教与学的模式，使得集体的作用弱化了，而个体的作用显得突出了。学员在多数情况下，完全靠自觉、自律，这样，离开学员主体作用的发挥，素质教育就成了一句空话。如果教师忽视学员的主体作用，不考虑学员的需要、动机、态度、情感等实际情况，一味灌输，那么，学生被动接收的知识便不能内化。因此，在教师心目中，必须清醒认识到素质教育的主体性特点。

第二，身心素质相对稳定的特点。远程教育对象是成年人，他们社会实践比较丰富，身体发育已经完成。他们获得的经验体会、对社会的了解比较多，世界观、人生观已基本形成。总的来说，他们身心素质的发展已经达到一个比较稳定的状态。所以，他们的可塑性比较小，但也并不是就没有可塑空间，人终其一生，总是可以变化的。可塑性较小并不是坏事，而恰恰是一件好事。远程教育正是在一个较高的起点上开始进行素质教育的。由于是成年人，各方面比较成熟，远程教育就是在巩固他们已经达到的素质水平的基础上，进一步提高他们的素质水平。

第三，专业化特点。这是由远程教育的培养目标决定的。远程教育要培养专业化高级人才，就要设置以专业化课程为主要内容的课程体系，并且由于远程教育师生分离，使一些文体活动难于开展，这就使专业化特点更加突出。远程教育中专业化特点对进行素质教育有利亦有弊。有利，就是利于专业人才的培养。但如果过分强调专业化特点，则可能影响学员全面发展。因此，要求远程教育在对学员进行专业化知识传授的同时，进行"两课"，其他各科要合理地渗透相关知识，以达到全面提高学员素质的目的。

远程教育中素质教育还处在初始阶段，有许多问题尚未显露出来。远程教育中的素质教育的道路还很长，需要我们不断学习、研究，掌握特点、探索规律，使远程教育中的素质教育健康向前发展。

第三节　素质教育在现代远程教育中的贯彻实施

一、如何在实践中改革传统应试教育，实施素质教育

（一）应试教育的特征及起源和表现

应试教育是社会各方面对教育领域特别是基础教育领域广泛存在的片面追求升学率的现象的统称；或者应试教育是以考试和教育成绩作为评价教育成果的主要手段和标准，并在此基础上围绕提高成绩能力和应试而形成的教育模式。

从以上的定义可见，应试教育的典型特征是高分至上，考试唯一。它所追求的终极目标无法实现现代社会对人的德、才、学、识、个性品质的完善，身心健康，善于创新，在于合作等素质的养成。然而在现实中如果想彻底取消应试教育的事实存在，绝不是一件容易奏效的事。

素质教育作为一种实践活动，效果不显著，不甚理想，它的阻力究竟在哪里。对此，我们有必要从本源上探究一下其症结所在。要解现实之难，也非常有必要查查思想根源，这自然涉及与

它相对应的应试教育之根深蒂固的历史原因和现实"依据"。

应试教育由来已久。

"学而优则仕"是中国古代自春秋战国以来就广泛存在的一种"教育理念"。把书读好，以求取功名，其影响深远可谓沉淀到了华夏子弟的骨髓里。特别是隋唐及其以后历代把这一理念制度化了的就是科举制度。

"万般皆下苦，唯有读书高"，支配了一代又一代的青少年。曾经在封建社会中后期起着稳定社会的积极作用，在面向全社会各阶层，通过考试选拔人才方面它毕竟比"任人唯亲"的"九品中正"制度进步许多。但至后来，明末清初之际，面对西方列强的崛起，众多的中国读书人在那里"醉于社会功名，读死书，死读书"以至"两耳不闻窗外事，一心只读圣贤书"看似"腹藏诗书气自华"，但却不能学以致用，解决实际问题，不能扭转落后挨打的局面，科举制也终究被淘汰出历史舞台。但是，它的遗风古训今犹在，"状元榜眼"等称谓和在现实中"考高分"便可实现功利的满足却几乎从没被人淡忘过、忽略过。因此说应试教育有它深远的历史背景，甚至成了中国文化的组成部分，让多少人刻骨铭心，想迅速转变应试教育的影响很难。

从现实的角度看，近几十年来考试作为升学、就业的手段，作为光宗耀祖的途径也一直被强化着。在各地，片面追求升学率的现象越来越激烈，关键时刻考试（如中考或高考）仅"一分之差"足可以决定一个人终身命运。今天，争夺高分生源的大战仍没有休止，都是相关的表现。这样的案例比比皆是，相伴而来的弊病也越来越严重，概括地说，严重束缚了学生身心的健康发展，制约教育质量的全面提高，影响了教育方针的贯彻落实。具体地看有以下三方面的表现：

其一，驱赶全部学生去挤升学的"独木桥"，导致学校只重视少数升学有望的学生，忽视大多数学生的健康成长。家长、教师，尤其是学生长年累月为应试而学习，疲惫不堪，难承重负，难以减负。许多少年的天真快乐都被无止境的"苦读"抹杀了，甚至有人自杀以求解脱。

其二，应试教育成为主宰时，大量的中小学校成了高校招生考试的预备校。频频出现重智、轻德、废体（育）、弃美（育），忽视劳动技术教育的现象，更为严重的是，长时间里学生惟"标准答案"是取。创新的意识和能力，独立分析解决问题的习惯无从养成，做人必备的一些素质，诸如坚韧、关爱、奉献以及孝心等优秀传统美德越来越淡化，在学校里自杀或杀害他人等个案却时常见于新闻媒体的主要版面。

其三，在教学的功能上，虽然"十年寒窗"给学生许多应考的知识，但与此同时，却没能使大多数学生养成良好的人生态度和健康稳定、善于适应各种环境的情绪、情感，缺乏正确的人生观和价值观。苛刻一点说，教学除了教会一些应考的知识，学一些试题答案以外，没教会其他，关键是没学会做人。

（二）实施素质教育的举措

基于上述理性的分析，要扭转应试教育的消极影响，施行素质教育，必须着力做好以下几个方面的工作。

第一，在转变观念上狠下功夫，利用各种宣传媒介，帮助人们提高认识，认清应试教育走向极端的现实危害和潜在危机，小到误人，大到误国，这并非危言耸听，实有历史先鉴。

第二，必须加大政府行为的力度，从舆论引导，到资金投入、政策调控、改变评价机制等，处处都要体现政府行为的积极影响作用。

第三，加大新课程改革的步伐，在试验的基础上，使更广大的区域全面展开新课程教学，全面提升教师运用新课程的本领。

第四，学校领导人要带头构建学习化校园，使自主学习、终身学习的理念成为师生的共识。营造"科技领先、人文见长"，强化综合素质培养，注重发展个性特长的教育质量观；树立主体参与、师生平等、因材施教、学习知识、技能与发展创新精神和实践能力相统一的教学观；在学校日常教育教学中，以课堂为主、课外活动为辅，学用灵活、有效，符合学生的心理特点，为学生易于接受的方式，向学生进行理想信念教育、艰苦奋斗教育，勇于开拓，在竞争中学会合作，在处理平常的事物中锻炼健全的人格，培养良好的身心素质。

形成社会、学校、家庭三位一体的教育合力，把素质教育真正落到实处。

二、学生技能训练与修养

不论小学、中学还是大学，在素质教育实践中，除了传授知识的难易程度有区别之外，一个具有共性的问题是普遍要解决好"双基"教学——不仅掌握知识，还要形成基本技能，即通常所谈的处理事物的本领及良好的道德行为习惯，以健全人的素质结构。

就技能而言，是指个体运用知识顺利完成某项活动时所表现出的行为方式及相应的心理特征。技能是以知识为基础的，并会进一步促进知识的掌握、能力的培养。技能是通过练习形成的，可以分为外显的动作技能、内潜的智力技能，通常为人们共有的一般技能如听、读、写、算等和具有特殊才能的人具有的特殊技能等类别。如专业化明显的绘画、歌舞、演讲、演奏及善于发明创造等方面的技能，展现人的综合素质。

各级各类学校都担负使学生具有一定技能的教学任务。通常通过大量有目的的练习来完成技能的培养，以全面完善学习者的素质。电大远程教育工作同样需要帮助学生顺利实现"双基"所规定的教学任务，以使学生成为"具有健全素质、合格加特长"的全面发展的人。

　　要对学生进行优秀的技能训练和培养，除了按照教学计划开好所设的课程外，教育者还必须通晓学生技能形成的过程所独具的规律和特点。

　　一般说来，运作技能形成的过程分为以下几个阶段：对动作要领的认识阶段、整套动作的分解阶段、动作之间相互联系的定位阶段、动作的娴熟自动化阶段。

　　在技能形成的练习中还要掌握科学、正确、有助提高练习效率的方法。包括实地练习：在实习基地依据所学的知识从事实际操作；程序训练法：运用程序教学原理，把动作技能化分若干阶段，由易到难、循序渐进，由教师对正确动作给予肯定强化，对错误动作进行矫正；在时间分配方面将分散练习和集中练习相结合；注意练习效果的反馈调控作用；培养积极练习的心理意向；对持续练习中出现的练习成绩波动起伏甚至暂时停顿、倒退等"高原现象"要有客观的了解，采取针对性措施指导提高。

　　由于智力技能是借助内部言语在头脑中进行的智力活动方式，如阅读、心算、演讲腹稿的形成、某项任务完成过程中相关计划的缜密思考等，在训练与培养的过程中要特别强调学生的言语表达训练、提高思维在应变中的敏捷性和深刻见地。同时创设宽松、和谐、民主、融洽的教学氛围，善于运用启发式，鼓励学生直抒胸臆，表达对事物的看法和感受，教师注意精讲多练等，都会对智力技能的形成起良好促进作用，使各种技能相互影响，共同提高。相关事例，如计算机操作、组织活动、进行演讲、文学创作等方面的本领形成都反映了上述训练的必要性和适用性。学生通过技能的形成，使所学的抽象知识能转化为解决实际问题的能力，也符合成人高等教育培养社会所需要的"应用型高等专门人才"的办学目的，提升了受教育者生存、生活技能方面的素质，这有助于人的整体素质的提高。

三、在远程教育中实施素质教育的实践意义

远程教育是随着现代信息技术的发展而产生的一种新型教育形式，是构筑知识经济时代人们终身学习的主要手段。也可理解为：远程教育是指学生和教师、教育机构和学生之间主要采用多种媒体手段进行系统教学的教育活动。

其主要特征具有间接性、开放性、广泛性。在整个学习期间，原则上不组班教学；学生学习以个体学习为主，强调自学的有效性；利用各种技术媒体联系师生并承载课程内容；通过提供双向信息交流向学生施加教育影响；在教育对象的来源上，更多地体现"有教无类"的大众化教育追求。

基于上述分析判断，在远程教育中实施素质教育是很有价值的，其实践意义主要在于：

（一）有助于完善在整个国民教育体系中，全方位地贯彻教育的理念，有助于提升全民族素质水准

就国民教育体系而言，不仅仅由全日制中、小学及职业高等院校构成，还应包括以广播电视大学为主的各级成人高教组织机构。

实施素质教育初期，曾有一种片面的看法：似乎认为一个人的素质如何，主要看在中小学阶段是否奠定了良好的素质基础。而事实上伴随"终身教育"观念的日渐普及，有包括电大教育在内的各级各类学校都应该把实施素质教育当作工作重点，这样办学符合现代社会发展需要创新精神和实践能力，培养有利于学生具备良好的素质。会使尽可能多的社会成员实现这一点，能直接提高整个国家的综合实力——因为高素质的人才在更多的领域、更广泛的层面有所增加，是国家个人资源的基础。

况且，以成人学员为主体远程教育，其学员更多来自社会生产实践的主场地——不同的职业场所。他们对社会竞争的激烈体验尤

深，而对更多挑战他们在工作、家庭、生存、发展等方面比通常意义的中小学生承担着更大的心理负荷，他们个人修养也需不断完善，面对重重压力更需要具有良好心理素质在内的健全的素质结构。从这个意义上说，远程教育中实践素质教育显得格外迫切。

（二）丰富终生教育内涵

远程教育是现代意义的终身教育的重要组成部分。以往那种接受一次性的中、小学及普通高等教育，凭借所学知识技能，即可以受用终身的想法已经被日新月异的社会变化证明过时了。如马克思所说的：大工业的本性和技术不断更新进步决定了人们职业变换和流动……对劳动者提出更高要求。这就表明即使成人教育、高等教育、远程教育里也必须渗透素质教育，以更多地体现"教育要面向未来"的前瞻性。

（三）有利于扭转远程教育中同样存在的应试教育倾向，增强办学能力

一般认为片面追求升学率的倾向只在基础教育领域顽固地存在，其实不然，现代远程教育也被创新不足、应试现象较为严重的局面困扰着。在办学思想上过分强调共性而忽视个性发展，重智轻能；在教学方式上注入式为主，学员机械记忆、被动地学习，在评估上，强调标准化的静态评估缺乏富有活力的多元评价。结果使学员"本本至上"，创新意识与能力的提高不明显。要改变这种僵化的局面，办出活力，办出具有特色的远程教育，选择科学实施素质教育的途径是非常必要的，从现实意义或深远意义的角度去看，能把素质教育的理念加以具体落实，是提高远程教育生命力、竞争力的重要举措。

（四）促进师资水平整体提高、推动学校硬件建设，使办学质量全方位上层次

就这个意义来说，远程教育中实施素质教育，对从业其中的教师的观念、教学方式的变革都提出了更高的要求。"大学者，

在于有大师，非有大厦也。"这一特征在远程教育领域似乎格外贴切。"远程"注定了师生的空间距离，完全有别于全日制在校学习师生之间"近在眼前"的接触。借助现代通讯视听手段所产生的教学影响在效果上可能会自主地打折扣，因为多的是"言教"，少的是"身传"。这种情况下，怎样更好地做到"善教者使人继其志"，的确成了远程教育中需要教师格外考虑的问题。教学难度也随之加大了。况且，教学观念内容的及时更新，教学方式生动、形象，善于"遥远地感染对方"，成为更加迫切需要解决的问题。优秀的素质是需要优秀素质的教师来培养的，简言之，远程教育实施素质教育势在必行，且已"成行"，置身其中的教师首先要在主动地提高自己综合素质方面下更大功夫。

与此同时，现代信息与设备能否及时更新也直接决定远程教育教学的效果。落伍的设备可能导致"电大不电、开放不开"的现象存在，损耗教师为教学做出的大量努力，降低了远程教育的吸引力。因此伴随素质教育的实施，为能把素质教育落到实处，使远程教育教得生动活泼，学得积极主动，保证教学质量，必须创造条件，争得各方面支持，加速远程教学设备硬件建设的更新换代尤为迫切。

第九章　远程教育支持服务论

第一节　远程教育支持服务的运行环境

现代远程教育与传统教育有着相同的目的，同样遵循教育规律，教育的最终产品是学生而不是课程材料。远程教育是一个产业化的教与学的过程，首先它是一种在一定的背景环境下的活动，是无形的，与传播的方式方法有关而不能被装运或储存，产品（教育内容）与消费者（学生）总是相关联的，在生产的同时被消费；其次，它又是有形的，大量的文字印刷材料、音像教材和智能化课件，均是以制造业的方式生产出来的，也就是说，现代远程教育同时具有制造产业和服务产业的双重特征。

现代远程教育以人为本，以学生为中心，是一个资源流动、资源整合的过程，具有很强的传递功能，因此具有强烈的依附性。所依附的主体，同时又是其整合的对象，也就是决定现代远程教育价值取向的背景环境资源、制造业资源和服务业资源，这就意味着资源已经成为现代远程教育运行和发展的充分必要条件。而令现代远程教育既始终依附又需不断整合的背景环境资源、制造业资源和服务业资源这三个资源组成部分由此形成了现代远程教育资源体系的基本架构，这同时也为现代远程教育资源建设的研究提供了分析的框架。

一、背景环境资源

（一）政治环境

现代远程教育是教育现代化的具体化。对于现代远程教育，仅仅追求办学条件的现代化是远远不够的，旧的观念不改变，旧的体制不变革，现代远程教育只能在有限的范围内取得成功，而不可能向纵深发展。社会政治、经济、文化等因素的变革对现代远程教育的影响是决定性的。国家对教育行使管理权力是国家对内职能的重要组成部分，这种权力涉及立法权、行政权和司法权。国家教育行政机构主要行使的是行政权。教育管理体制是一种制度化的东西，其发展、转化体现了国家行政权力对教育的渗透力度和范围。权力使用的理性化、合理化是现代教育行政的重要特征。依法治教，是国家教育管理走向成熟的标志。只有强有力的权力参与和法律参与才能使现代远程教育得到支持、协调和发展。

（二）经济环境

经济发展状况对教育发展的影响是巨大而显著的。工业革命不仅给教育结构带来冲击，其所导致的都市化、城市化使人口的分布趋于集中而对传统教育形式提出了挑战。经济政策也影响到教育政策，经济结构的变化也影响到教育的结构和内容。国家权力对教育干涉的迟缓，是教育现代化的大众性，无疑都体现了文化的现代化走向，这种文化走向影响了教育，教育反过来又强化了这种变迁。教育中存在的双轨制反映了文化等级的存在，而教育中民主性的突进则意味着大众文化和文化教育普及的推进。讨论文化对教育的影响，尤其关注文化教育精神的变迁对教育的影响，关注宗教变迁、科技发展对教育的影响。可见文化环境也是发展现代远程教育的重要背景环境资源。

（三）理论环境

教育作为一个独立的学科，其建设和发展需要相应的理论基础的支撑。现代远程教育并没有，也不可能从传统教育分离出来，甚至与之对立。现在有一种观点已基本取得了大多数教育同行的共识：各类教育构成一个连续的系谱，其一端是面对面的传统教育，另一端是在整个利用课程材料学习的过程中没有人际交流的封闭式自学，而现代远程教育被安置在这个连续系谱中的某个位置。对于这个系谱位置上的学习方式，理论研究者们经过多年探索和实践提出了许多颇有建树的理论观点。现列举有代表性的观点如下：

（1）魏德迈的独立学习理论。魏德迈的远距离教育理论的核心是独立学习和学生自治。认为远距离教育的目的是为校外学生提供在他们自己的生活环境中继续学习的机会，并且促进所有学习者发展成为成熟的受教育者应具备的自学能力。

（2）彼得斯的远距离教学的工业化理论。彼得斯认为，当媒体教学成为主要学习手段时，学习者就能够把学习地点从教室或演讲厅转移到家中或公司的工作场所；它比其他的教学形式更多地呼唤自我依赖、自我指导的学习者；远距离教育总是促进学生之间的社会交互作用，它对新的电子媒体具有很强的亲和力。

（3）霍姆伯格的有指导的教学会谈的理论。霍姆伯格将在时空上分离师生间的交流描述为"非接触性通信"。认为远距离教育是建立在学生个体学习活动基础上的。学习是在非连续对话手段的指导和支持下进行的。远距离教育适用于独立学习并能进一步发展学生自治能力。

（4）基更的教和学再度综合的理论。基更指出，人际交流不只限于面授辅导，电话辅导和其他双向通信技术都能提供人际交流。印刷材料和非印刷材料都要设计成包含尽可能多的人际交流的特征。当课程开出后，教学活动的重新综合要通过各种双向通信来实现：函授、电话辅导、在线计算机通信，辅导教师或计算机作业批改、电话会议、视频会议和计算机会议。

基础理论的探索和研究即是现代远程教育科学有序运行和推进的典型体现。教育的经济功能的发展，是现代远程教育发展进程中的一个重要特征。经济发展水平还决定着现代远程教育发展的速度与规模，现代远程教育发展所必需的经费需要经济发展提供后盾。

（四）文化环境

文化与教育的联系也不容忽视。文化教育的范围极其广泛，一般指国家和社会的精神文化，包括伦理、科技、宗教、文化、习俗、传统等。现代文化的特征之一就是世俗化。由宗教文化走向世俗文化，由人文性质的世俗文化占垄断地位到科学技术性质的世俗文化，由文化的等级性到文化现代远程教育与传统教育有着相同的目的，同样遵循教育规律，教育的最终产品是学生而不是课程材料。远程教育是一个产业化的教与学的过程，首先它是一种在一定的背景环境下的活动，是无形的，与传播的方式方法有关而不能被装运或储存，是产品（教育内容）与消费的主要背景环境资源之一，同时又是现代远程教育事业向纵深方向健康发展的重要标志。

二、制造业资源

（一）课程材料的制造

（1）多种媒体教材。其制造过程符合制造业原则，属有形产品，产品是物质化的，但最终仍然是辅产品，因为所有教育包括现代远程教育的最终主产品不是生产令人欣赏的艺术化课程材料，而是培养出成功的学生。多种媒体教材优化组合是构成辅产品的重要而有效的内容。

（2）素材库。也称为学科资源库，其主要功能是能提供给教师选择适合自己需要的素材，组成具有特色的教案。这不是为一门课程服务的而是为培养一类人才服务的，是为学校及社会各界提供广泛服务的。

（3）教学动态资源。现代远程教育是一个动态的教与学的过程，许多在传统教育中的人性化教学活动、教育内容和教学环节相关信息需要不间断地通过学习支持服务系统中相应的媒介传递给学生。虽然是时空分离的，但这些动态的学习资源会让学习者感受到其实时存在的效果。

（4）网络课程。教与学的时空分离以及传播媒介的局限决定了学习所需的课程材料必须经过规范化处理，即网络课程。目前的网络课程主要是单向的教师录像所制成的视频流媒体课件，辅以电子化教案和试题等，与传统高等教育在校的全日制学生的学习内容和路径并无根本区别。而学习者期待的适合于个性化自主学习的网络课程，应该更加注重学生与课程内容的交互，学生与网上教师的交互，学生与学生之间的交互，以及学生学习效果的自行检测等。

（二）教学内容传播手段的制造

（1）课程材料的传播媒体。为了实现个别化学习的功能，现代远程教育需要利用工业已有的系统，比如大量的印刷、出版、邮政和电子通信等，将经过极大努力设计开发制作完善的课程材料教学包，凭借一定的传播媒介运送到学生手中。这里所涉及的媒介即通常所说的"天网"和"地网"，诸如卫星传输系统、互联网、邮政及电子通讯业等。当学生在学习过程中，在渴望与教师之间的交互的同时，还渴望与其他同学联系，这类交流也可利用计算机会议提供的复杂的电子环境来完成。而这些交流的媒介也同样需要有人按照制造业的原则进行精心设计后生产出来。

（2）教学支持系统软件。现代远程教育的工业化形态，目前在一定程度上仍没能摆脱传统教育等级制管理、机械化模式及组装生产线的方式，若实现以学习者为中心的个别化教育的服务性宗旨，则呼唤非线性的教育教学管理方式。教务管理系统、考务管理系统、"电大在线"教学平台的推出，就是适应这一需求的典型范例，尽管这两个系统、一个平台的功能至今仅处于浅层次上的使用，还没得到淋漓尽致的发挥，但毕竟在为学生的个别化学习提供服务上迈出了可喜的一步。这样的管理软件和教学平台，同样是遵循制造业的市场化原则设计产生的。

三、服务业资源

(一) 教师资源

现代远程教育的运行过程中，教师的作用由丰富的学习资源和智能化课件替代。教育过程不是由一位教师担任，也就是说教师不是作为单一的角色出现的，而是呈现出群体化趋势，是由一个教师的群体组合而成，有人称其为教师"角色丛"或"角色集合"。经过细致的分工，教师至少承担起以下四种角色。

（1）专业知识的传递者。在长期的社会实践中，教师的角色是通过对文化教育知识的传播而发挥其功能的，没有文化教育知识传播的需要，也就不能产生教师的职业角色。人类积累了丰富的经验，创造了灿烂的科学文化，社会要持续发展，不断前进，就必须继承、延续和发展前人所创造的科学文化教育成果，教师职业的产生就是适应了这一客观需要。现代远程教育是教育的一种形态，必须完成教育的最基本职能：传道，授业，解惑。当然这也是教师要承担的最基本职能。

（2）智力资源的开发者。每个人身上，每个学生身上，都蕴藏着极为丰富的人力资源和智力资源，教育不能仅限于传授知识，而应更为关注唤醒未被知晓或沉睡中的能力，使每个人都能分享到完全发挥自己才能的快乐。远程教育的广大在职求学者在这方面的需求显得更为现实和强烈。

（3）课程材料的设计制造者。现代远程教育的实现，首先依靠课程材料的质量，课程材料的产品就是一系列教材，可以是印刷文字教材或视听节目，是由专业教师在教学设计专家、美工、编辑、音频和视频制作和技术人员的协作下完成设计和制作的。这其中的每一个环节、每一部分的任务承担者，确切地说都是教师"角色集合"中的一个因子。而所产生的课程材料，则通过依照服务产业原理运作的支持服务系统来传递给学习者。

（4）现代远程教育的研究开拓者。现代远程教育是教育改革和发展的重要趋势，是教育现代化的重要体现。现代远程教育是前无古人的伟业，功在千秋。作为教育改革的主体，教师直接从事教育教学工作，对此最具有发言权，应当以现代远程教育为己任，勇于成为现代远程教育的开拓者和实践者，为探索现代远程教育的人才培养模式做出贡献。

（二）传统教育资源

现实中，学生对于文凭和名牌大学的外部特征性指标表现出了强烈的关注。这一点显示出目标市场现阶段的主要需求心态，也说明了学习者对于优质教育资源的仰慕心理。在我国，现代远程教育目前主要应用在高等教育领域，基础教育也有所涉及，但远不如高等教育发展迅速。其中的原因有二：

一是，现代远程教育对学习者自身的素质提出了较高的要求，要求其学习目的明确，掌握一定的学习方法，尤其是现代教育信息技术，并有较强的自制力。这些更适用于接受高等教育的成年人，这使现代远程教育在高等教育领域的发展和应用更为广泛，更具有鲜明的特征。

二是，多年来，国内高等教育资源一直由政府主控，大量的高等教育资源主要掌握在国家教育主管部门的手中，如果想进入这一市场，就必须与通过审批的拥有远程教育办学权的高等学校合作，这就形成了目前高校网络教育与社会各界合作的火爆局面。试点高校之间各自为战，也人为地造成了竞争的无序和资源浪费。实际上是剥离了高校名师效应，而且这种运行代价高昂，满足不了市场需求，也没能体现出现代远程教育从教到学的转变、个性化学习和自主化学习的特点。

要解决依附于传统教育资源的问题，发挥现代远程教育自身的真正优势，必须进行资源整合，科学有效地完善学习支持服务系统。

（三）学习支持服务

（1）计量学生单位成本。现代远程教育公共服务体系，是现代远程教育最具战略意义的"人网"资源，其构成要素之宽，超出人们的最初想象。对城市里相对集中的学生和对农村地区居住的分散的学生提供相似的学习支持服务，对残疾人和健康的学习者提供相同的支持服务，其成本计量是有一定差异的，是纯粹按学生单位成本从事的教育服务。

（2）丰富的服务方式。现代远程教育公共服务体系从定位市场、课程材料、传播手段、经济文化环境等诸多因素入手，利用职权和创造条件为学生提供教学信息、教学资源、教学设施等方面的服务。可通过各种方式开辟学生与学校及教师沟通信息的渠道。视听阅览室、多媒体教室等设施对学生开放，并且实行新的市场化的服务办法和观念，通过网络课件实现以学生为中心的宗旨，由学员根据自身要求决定学习内容、顺序、进度等，将学习的主动权交给学生，同时确定一个可以接受的淘汰率水平。实行符合实际的服务办法和管理制度，将音像课程制作成录像带和VCD，供学生选购和借阅。

现代远程教育公共服务体系的建立，有利于改变全国68家试点高校各自为政的无序现状，规范现代远程教育的教学支持服务，促进现代远程教育教学质量的提高，从而保证我国现代远程教育的发展健康、有序。

（3）以学生为主体。现代远程教育公共服务体系主要依托全国各级电大建立并逐步完善，旨在为各试点高校和校外学生之间架构相互沟通的桥梁，为学生提供良好的学习环境和支持服务，以提高我国现代远程教育的教学质量与办学效益。按照现代远程教育的先进理念，教育不仅要"教书"，同时更要"育人"。面对知识经济时代和当今世界激烈竞争，人力资源的开发显得越来越重要。

第二节　影响支持服务质量的因素

作为一种新型的高等教育形式，远程教育已经成为高等教育的重要组成部分。这是实现高等教育大众化的主要途径，可以使很多人用比较便宜的方法和比较快的速度得到比较好的、高质量的教育。近几年，由于普通高等学校的参与，使中国远程教育获得迅速发展，在社会上得到前所未有的重视，网络学习环境正在逐步形成，并呈现出培育基于互联网学习的先进文化的发展趋势，这实质上是对远程教育提出了跨越式发展的更高要求。

针对目前远程教育存在的质量良莠不齐、缺乏评估标准的实际情况，本节对远程教育教学支持服务过程中质量进行评估的几个参量进行阐述。

一、满意度

同其他形式的教育系统一样，教育者和学习者是远程教育系统的两个重要元素。教育者和学习者的满意程度是衡量远程教育教学支持服务成功与否的重要因素。

（一）教育者满意度

1. 教育属性

远程教育是教育的一种实现形式，而各种技术手段只是其运行所需的重要工具。

在远程教育系统中，首先应强调的是其教育属性，即远程教育是一个教育系统，而不是一个技术系统。教育者所关心的是，各种技术手段是否符合教育属性的需要、是否能够为教育者实施教学服务。

2. 教学信息的传播

远程教育的主要特点是师生在时间和地理位置上的相对分离。在这样的条件下，教学信息能否有效地传递给学习者、能否实现教学过程中的师生信息交流，是教育者所关心的另一个问题。

（二）学习者满意度

1. 学习者个体因素

按照马斯洛个人梯度需求理论，从生理需求、安全需求、社会需求、尊重需求直到自我实现需求的层次递增，其中自我价值实现是人生的最高需求境界。远程教育能否满足个体学习者功利性、实用性、高效性的学习需求，是学习者考虑的一个重要问题。

2. 社会因素

社会认可程度是远程教育最有效的质量检验尺度。学习者经过远程教育学习后，其能力和水平能否得到社会的认可，也是学习者考虑的一个问题。从这一点上看，社会因素是决定学习者个体满意程度的基本指标。

基于教育手段的特殊性，远程教育的难点是解决教学工业化和学习个体化的矛盾。如果能解决这一矛盾，则意味着同时达到了教育者的满意度和学习者的满意度底线，标志着远程教育开始走向了成功。

二、影响因素

影响远程教育教学支持服务质量的因素有很多，其中，教师资源、课程资源、管理服务是几个重要因素。

（一）教师资源

从严格意义上说，教育者在网络教育中不应是自然人的概念，而是一个群体，是一个与教育内容、网络环境、技术手段、服务理念等诸多因素密不可分的分工明确、合理调配的有机群体。远程教育的教育者应该是远程教育资源体系中的一个构成因子即教师资源。简而言之，教师资源的基本职能主要有四个：专业知识的传递者、智力资源的开发者、课程资源的设计制造者、远程教育的研究者。

（二）课程资源

1. 实用性

随着经济社会的发展，劳动人口流动性越来越大，岗位再培训、知识爆炸式更新成为人们现实生活的重要内容，终身教育的观念已经开始深入人心。身处时代变革和经济大潮中的现代人，如果让其放弃手中拥有的一切，重新全脱产走进传统课堂已经不现实，往往是缺什么补什么，而远程教育势必成为人们的首选，在学习内容选择上则具有更强的功利性和实用性。

2. 针对性

学习者个性化的学习需求，对课程资源的针对性要求则越来越突出。近几年，各试点高校经过努力，制作了大量的课程资源，但智能化程度较高的课程材料却不多。

一些试点高校通过双向视频会议系统实施的实时直播课程，或者是在此基础上加工而成的 IP 课件，挂在网上，外加一本文字教材就构成了课程资源的主体。聘请的主讲教师原本在本学科领域是行家甚至是专家，但他们对网络教育却很可能是外行，苟求他们迅速成为深刻理解、身体力行的远程教育的资深实践者是不公平的，没有人能在极短时间内科学、准确地告知他们远程教育是什么，该怎么样做。由他们一步到位来完成较高的智能化程度的课程资源也是不现实的。

3. 趣味性

通过实时记录制作成传授型的 IP 课件，几乎没有智能化教学设计过程，绝大多数都不过是广播电视的翻版，属低水平的重复建设，看不出先进性体现在哪里。这样制成的课程资源针对性较差，缺乏互通和规范化标准。

学生对网上课程资源缺少内在的趋同性，宁可采取自己读文字教材的方式学习，这一方面说明学习者一定程度上还有对传统教育的依赖，同时也说明现有课程资源在趣味性方面的欠缺。

（三）管理服务

基于教育手段的特殊性，将教育者和学习者有效衔接在一起的纽带是学习支持服务。

然而有些试点高校并不重视学习支持服务体系的建设，导致管理脱节、服务不到位，严重制约了远程教育的发展。首先是劳动强度——人力成本：十几或几十人的远程教育学院，要对跨省跨区的数千甚至数万学习者进行超级扁平化的管理是不现实的；其次是管理强度——心力成本：在缺乏远程教育管理经验和有效约束机制的前提下，调度对远程教育理念较陌生的松散系统完成支持服务与学习过程管理，其管理效力是很有限的。这构成了远程教育的管理瓶颈。有人说"远程教育呼唤垂直管理"，有一定的道理，至少可以在数量限定条件下实现系统管理时效。

令人欣慰的是，一些试点高校在教务教学管理上，率先开发并使用了具有一定的智能化特征的管理软件，在网络环境下拉近学习者与教育者之间的距离。但不可否认仍有些远程教育试点高校至今还在实行手工操作，面对数千学生，就已经力不从心，如何想像学习者人数规模呈几何递增后的情形呢？

三、质量保障因素

为保障远程教育的质量，应该考虑以下几个方面的问题：教育者的质量、学习者的质量、学习支持服务质量。

（一）教育者的质量

1. 服务质量

根据远程教育学习者的特点，如何利用特定的教育实施手段，完成教育内容实施的全过程，提高其受教育程度，从而为实现高等教育大众化做出贡献呢？为学习者提供服务，已经是多数试点高校的共识。既然是服务者，那么该怎样做，做到什么程度才能算服务做好了呢？应当建立服务保障制度，乃至建立服务的标准。

2. 队伍建设

在远程教育从业群体中，对技术和教育均有深刻理解的复合型人才极其缺乏，同时技术性条件之外的服务性"人网"管理思路和方法的指导尤其苍白。试点高校网络教育学院至今最长时间的也不过4年，人员的构成主体来自于计算机技术专业领域，有相当一部分是专家级人才。但这一领域的专家很难摇身变成远程教育领域的专家。

3. 理论支撑

远程教育的研究队伍是实战的队伍。在中国远程教育高速发展的20年里，远程教育的从业者多年来在实践过程中对远程教育理论进行了不懈的探索，如今到了网络教育时期，更是孜孜以求，然而至今还没有建立起自己完整的理论体系。由于没有成熟的理论支撑，远程教育的操作者对远程教育理解的个体差异直接体现到运行过程中，其社会影响是巨大的。

（二）学习者的质量

学习者，就是接受远程教育服务的受体，是远程教育经营的终端客户，是教育产品特征的最后体现者。学习者要有能力、意识和文化水准的收获和提升。笔者曾撰文评说，网络教育的学习者完成受教育过程至少要满足三个标准：

（1）具有熟练的计算机操作技能：计算机是网络学习的基本操作工具，是这些行业在职人员所应具备的基本能力；

（2）具有较强的认知能力：解决实际问题和完成既定性或突发任务的能力更具明显优势；

（3）解决专业实际问题的能力：学习者通过学习具备系统的专业知识和技能。本文不再赘述。

（三）学习支持服务的质量

1. 手段与媒体

远程教育的服务手段和媒体是与服务对象的特点相对应的。现在，教育部要求将网络教育定位于在职人员的继续教育。针对在职人员分散学习为主、集中学习为辅的特点，应该采用学习者个别化学习为主、教师授课为辅的技术手段。在媒体选择上，可以运用互联网、卫星通信、视频会议、光盘等多种形式，尽可能为学习者提供优质服务。

2. 反馈与交互

媒体只是远程教育实施过程所采用的手段，是用来为学习者服务的，应该通过多种媒体优化组合，实现教育内容的有效传输，使得因为时空分离而没有条件接触到名校名师名资源的学习者可以进行教育信息的反馈、师生间的交互、生生间的交互。

远程教育的学习者更渴望人文关怀。除完成传道、授业、解惑的基本职能，了解和掌握学习者的学习状况及效果外，远程教育还应该针对缺乏师生之间、同学之间面对面情感交流的有关校园文化教育环境不足的现象而采取措施，尽可能加以弥补。

3. 管理与服务

远程教育将高等教育办在了大学校园之外、办在了学习者的家门口。远地的学习者能否按教学计划的要求来学习，是高校办学者所关心的一个重要问题。这就要求各学习中心以高校的各种规章制度和教学要求为准绳，对学习者进行严格管理，督促学习者完成学习过程的各个环节。

对学习者严格要求的同时，学习中心应该树立为学习者服务的思想，尽最大努力为学习者提供网上学习、辅导答疑、学习方法、信息咨询等方面的服务，使学习者能够在远程教育环境下学有所获、学有所长。

4. 考核与评价

课程考核。远程教育的课程考核主要还是采取传统的笔试，即由试点高校派专人押送试卷到分布于全国各地的学习中心巡考。试点高校的学习中心建设发展较快，至 2003 年春，66 家试点高校共建学习中心2 061个，招生人数累计 40 多万人，占国内远程教育学生总数的 26.7%。每次考试，试点高校均要派出庞大的巡考教师队伍，给高校增加了巨大的经济负担。考试方式的改革势在必行。

评价体系。科学合理的、符合学习者特征的评价体系是教育主管部门从试点初期就意识到的主要问题，它是远程教育发展必备的质量卡尺。

第三节　支持服务的运行

远程教育是什么？远程教育是教育；远程教育是需要在网络环境条件下运行的远距离的教育；远程教育是收费的教育，是教育服务贸易。是贸易就必须面对市场从事经营，而贸易的供与求之间的自然衔接，需要一个不可或缺的舞台，那就是市场。

市场是什么？马克思指出：市场是商品交换关系的总和。

远程教育的市场是什么？按照市场营销学的概念，市场＝人群＋购买力＋购买动机。其中，人群——远程教育施予服务的对象，包括现实的和潜在的；购买力——学习者的消费水平，包括心理上的和经济上的；购买动机——学习者的学习需求，包括个体的和社会的。

如何知道远程教育市场运行是否具有生命力？对此，首先需要了解远程教育与市场的内在联系。如果说远程教育的运行要归属于市场，那么其自身是否具备市场经营的属性则是最基本的条件之一，也是充分必要条件。

一、远程教育的经营属性

既然是教育就要遵循教育规律，以此可以明确远程教育的最终产品是学生而不是课程材料。首先，远程教育是有形的，大量的文字印刷材料、音像教材和智能化课件，都是以制造业的方式生产出来的；同时，它又是无形的，是服务，有形产品与消费者总是相互关联的，在生产的同时被消费。这在客观上决定了远程教育本身具有制造业和服务业的双重属性。

（一）制造业属性

1. 物化产品

一是课程资源，包括多种媒体教材、学科资源库、教学动态资源、网络课程等。远程教育是一个动态的教与学的过程，教与学的时空分离以及传播媒介的局限决定了学习所需的课程材料必须经过规范化处理，许多在传统教育中的人性化教学活动、教育内容和教学环节相关信息需要不间断地通过学习支持服务系统中相应的媒介传递给学习者。这些课程材料和信息的制造过程符合制造业原则，属有形产品，产品是物质化的，尽管最终仍然是辅产品。

二是学习支持服务手段，包括课程材料的传播媒体和教学支持系统软件。为了实现个别化学习的功能，远程教育需要利用工业已有的系统，比如大量的印刷、出版、邮政和电子通信等，将经过极大努力设计开发制作完善的课程材料，凭借一定的传播媒介运送到学生手中。这里所涉及的媒介即通常所说的"天网"和"地网"，诸如卫星传输系统、互联网、邮政及电子通讯业等。远程教育教学支持系统软件的使用，目前还没能摆脱传统教育等级制管理、机械化模式及组装生产线的方式，若实现以学习者为中心的个别化教育的服务性宗旨，还需要进一步探讨非线性的教育教学管理系统软件的设计。教务管理系统、考务管理系统、"电大在线"教学平台的推出，就是针对这一问题而产生的应用实例。毫无疑问，这些交流的媒介也需要有人按照制造业的原则进行精心设计后生产出来。

2. 需要进行成本核算

面对教育经费十分短缺的现实和国家对远程教育的现行政策，普通高等教育已自顾不暇，投入到远程教育上的资金数量必然受到很大限制，这就要求远程教育必须在策划好资金投入的同时，通过科学的成本核算追求有效的利润率。因此，远程教育运行中方方面面的内容，如教学资源制作程序、注册学习的学习者人数、所提供的课程数量、网上课程多媒体组成部分的数量、由教师带领完成学习互动、网上教学平台的种类、同步与非同步的网上互动的比重、学生完成课程学习任务的比重等，无一例外牵涉成本的核算问题，否则就难以运行。

（二）服务业属性

1. 是一种活动

加入WTO，远程教育成为教育服务贸易的一部分。服务贸易本身是一种活动，顾客永远是服务产业的中心。这一点非常重要，不论对有形的远程教育系统和操作的程序，还是对远程教育机构的总体战略和机构中提供服务的人员都是不可疏忽的工作指针。远程教育服务的活动与传播的方式方法有关，不能被装运或储藏。一旦顾客（学习者）与远程教育机构发生接触，会在这一瞬间产生"活动实效"的愿望，而这种实效的积累是顾客（学习者）对服务效果满意与否的判断依据。如果有足够数量的顾客表示满意，表现为通过网络环境修完所选学的课程，完成学业，则意味着远程教育的服务活动被市场所接受。因此，活动是实施远程教育的唯一有效的表达方式。

2. 是一种过程

网络教育生存在教育市场竞争的大环境中，如果不能为学习者提供个别化的学习支持服务，就不能与传统教育竞争，也不能在网络教育内部展开公平竞争，结果只能面对传统教育所不能达到或者不愿意达到的那些狭小的市场。如果网络教育想让自己有一个光明的发展前景，必须面对并且有效完成学习支持服务这样一种过程：通过信息咨询、课程资源提供、学习交互、成绩考核与评价等环节，让每一位学习者从不同的背景出发在各自现有的丰富经验的基础上构建从高等教育获得的知识体系。可见，远程教育在完成学习支持服务的过程中，产品（服务）与消费者（学习者）紧密联系在一起，在产品生产的同时被消费。

无论是制造业还是服务业，都属于产业的范畴，应该遵循市场经营的基本原则，并具有产业化的共性特征。尽管当前关于远程教育能否产业化的争论仍在继续，客观上远程教育自身已显现出明显的产业化特征。

二、网络教育的产业化特征

（一）遵循价值规律

远程教育具有制造业和服务业的双重属性。不论是制造业还是服务业，都不可避免要服从市场规则，遵循价值规律。价值规律是商品经济的基本规律，其表现形式是：等价交换；价格总是以价值为轴心；全社会的价格总额与价值总额是趋于一致的。

理论上，远程教育具有低成本、高效益的特性，但其存在的基本前提是规模效益。如果课程或所提供的服务缺乏吸引力和竞争力，形不成一定的消费人群，则价值无从实现，价格也就没有存在的意义，效益自然也就无从体现。

（二）具有竞争性

走向市场参与竞争成为远程教育机构发展的必由之路。竞争的目标之一是生存，注重经济效益，追求利益最大化；竞争的目标之二是发展。远程教育机构必须努力提高自身实力，积极参与竞争，以特色取胜，以实力取胜。

有竞争就会有风险，即投入的风险和生存的风险。竞争会产生发展的动力和压力，促进远程教育机构向前发展，但伴随竞争到来的必然是优胜劣汰，几家欢乐几家愁。因此，远程教育若想在教育的市场份额中占有一席之地，必须做好承担投入的风险和生存的风险的思想准备；远程教育机构若想在远程教育市场竞争中获得较大的市场占有率，就必须各展所能、各施所长，逐渐形成优势项目、"拳头项目"，从而有利于优化配置教育资源，提高社会效益和经济效益，最终优化远程教育整体结构和布局。

（三）视质量为生命

远程教育属教育学范畴，质量是教育永恒的主题。远程教育在重视效益的同时，并没有偏废质量，多项研究表明，远程教育学习的效果与传统面授方式并无显著差异。尤其是引入远程教育的竞争机制，使得远程教育机构不得不从生存和发展两个层面壮大自己的实力，前者主要侧重服务实效和市场占有率，后者则主要侧重品牌，即尽可能满足远程教育的质量标准底线，提高教育教学质量。

质量就是生命，是吸引学习者最强有力的核心磁力，只有提高了教育教学质量，才能在社会上形成较高的知名度和美誉度，使远程教育自身处于比较好的健康发展态势。

（四）注重信息畅通

远程教育是建立在信息产业高速发展的基础之上的，注重信息畅通是保证其资源传输、信息反馈等正常运行活动最基本的前提。今天的远程教育已经被推向了市场，成为需要为自己的商品做广告的商家。而学习者作为消费者，不仅希望了解相关的学习性质，而且要知道自己要花多少时间、交多少作业、付出多少学费，以及在完成学业后将获得含金量多大的文凭。反过来，远程教育机构有义务随时掌握学习者的学习进展、学习需求和学习效果等。

（五）讲求诚信

中国远程教育经历了广播电视大学 25 年的独立运行之后，在取得了长足的发展的同时，也体会了丧失机遇的磨砺，但很快就纳入了正确的轨迹。如此迅速的调整速度和强有力的适应能力，说明远程教育面对社会、面对历史是讲求诚信的，在为自己的职能定位以后，从名校、名师、名资源的努力兑现，到学习支持服务体系的规范；从资源菜单的日渐丰富，到个别化学习需求服务渠道的开通，均使远程教育定义中的服务内涵小荷初露。远程教育因为有诚信而被社会所接受，诚信是远程教育发展的灵魂。

（六）全球观念

根据世贸组织各方签署的《服务贸易总协定》，远程教育成为教育开放的四个领域之一，面对这一机遇，定时、定点、长期连续进行的传统教育已远远不能适应这种巨大的却又是多样化的需求，于是远程教育成为人们的首选。加入 WTO，在履行义务的同时还可以享受到许多权利，"准入"门槛儿的降低，有利于运用相应条款，将我们的远程教育出口到国外。因此，可利用本土远程教育的比较优势，探索新形势下远程教育的教育教学方法、运行模式和管理机制，从而有效提高远程教育的国际竞争能力。

产业化的特征不仅诏示了远程教育经营的属性，而且圈定了其成本决策的影响因素。在发展初期，远程教育的投资（直接成本）是相当高的，把握好成本决策，对保证其进一步降低成本、提高效益至关重要。关于当前影响远程教育成本决策的因素，不妨从四个角度加以点题。

三、成本决策的影响因素

（一）市场竞争法则

市场竞争法则就是成本领先战略。远程教育服务产业化经营的决策成本不排除四个层面：

差异成本——两个备选方案的预计成本之差。

由自身属性所决定，远程教育加入市场竞争的行列中，只有两种选择：要么发展，要么消亡。两个备选方案的差异成本实质上是与远程教育的存在价值相对等的，因此选择发展应该是没有异议的。

机会成本——放弃方案的利益计入被选方案的机会成本。

2002 年国家引导远程教育的运行机制进入转型期，预示着让远程教育利用 21 世纪的文明手段，在高等教育大众化进程初期走一条跨越式发展道路的梦想破灭了。对于远程教育，在国家实现高等教育大众化进程中，曾一度失去了宝贵的机遇，机会的丧失是历史性的，代价是昂贵的。这其中的机会成本是需要较长的运行周期来核销。尽管如此，远程教育的运行空间依然是巨大的，不论从历史的角度还是从市场的角度，所以抓住机会，制定正确合理的运行方案是远程教育降低机会成本的关键。

沉入成本——某种程度下不能回收的过去成本。

没有市场需求的融资走势必然是转化为沉入成本，只有在有市场需求的前提下，研究远程教育的存在、宗旨和市场运行才有意义，因此必须明确远程教育的市场定位，包括融资目标、服务群体和需求尺度。

专属成本——有明确归属对象的成本。

本章涉及的成本主要是远程教育运行过程中的课程资源制作和学习支持服务两个方面所耗费的有明确归属对象的物化成本，即专属成本。远程教育的专属成本，按照远程教育制造业和服务业的双重属性，可以从三个角度来分析：一是资本费用和经常性费用；二是生产成本和传递成本；三是固定成本和可变成本。

（二）价值规律的作用

高等教育大众化的使命要求远程教育必须找准市场定位，从社会效益和经济效益两个角度实现规模效益，所以必须让价值规律在远程教育的市场运行中真正发挥作用。

毫无疑问，试点高校对自己连续几年投入大量人力、物力、财力所制作的课件等教学资源拥有知识产权，包括耗资巨大的硬件设施的建设。应该说，这些先期投入可记入跨期摊配账户的待摊费用，要经过相当时期的"学生流"的会计周期来完成该专项成本的回收。试想：一位客户 A 来购货（接受远程教育服务），拿回去一试不灵（知识掌握不到位，考试没过关），则返回来提出维修或更换（继续学习）。按市场规则，只收取维修费或手续费（课程考试费用）就可以了，可商家（网络教育学院）却另行收取一份原价货款（课程重修费）。即使客户 A 被迫接受了条件，那么客户 B、C、D……据此意识到这是一种无底洞式的消费后，还有多大的热情来购你的货（接受远程教育服务）呢？如此一来，你明天的市场份额还能有多少呢？答案不言而喻。

在当前远程教育的市场，优势项目、特色项目还不多，试点高校的结构，尤其是学科结构具有很大的相似性，也就是说相互之间具有较强的可替代性，市场细分相当有限，市场占有率还很低。对于远程教育来说，为逐步实现较高的市场占有率，可持续发展要比短期的高额利润更为重要。因而在进行成本决策时则须从教育实施成本和学生认知成本两个角度进行思考和设计。

（三）学习者的消费水平

城乡二元结构的基本矛盾是中国的国情之一。不可否认，广大农村地区的经济收入水平还很低。由于经济条件、社会公益配套设施以及实际生活习性等因素制约，使得有机会、有实力、有条件上网的人员绝大多数集中在经济发达、选择受教育机会更多、条件优越的中心城市，而在教育领域实际上真正处于弱势的群体——居住在"三农"地域占户籍人口总数的73%的人群，这恰好是对远程教育有着迫切需求的群体，却难以充分享受远程教育服务。现实中，网络学习的费用对于"三农"地区的学习者无疑是非常高的，昂贵的学分费、课程材料费、注册手续费、电话费、上网费、考试费等诸多项收费，让广大热情洋溢的边远贫困地区的学习者裹步不前，望"网"兴叹。

21世纪中国最大的问题还是解决好"三农"问题，如果远程教育能在提高全民受教育水平、建立学习型社会进程中从"三农"角度做出成效，那么其意义仍将是历史性的，从战略发展的意义上，一定会在未来的市场运行中大大降低机会成本。

（四）价格策略的参照系

目前关于远程教育价格策略的参照系还不够准确，主要表现在以下三方面：

一是没能跳出全日制高等教育消费的框框。现有两种价格策略取向，一种是与全日制普通高校收费持平，另一种是低于这一水平。高等教育大众化所要求的发展大趋势是，教育必须面向市场。远程教育在英国已经是学习商店了，许多国家和地区也在推行课程超市和学分银行；那么拥有13亿人口的大国的远程教育，该如何从价位上与更多的人拉近距离呢？

二是针对不同地区经济发展不平衡的现实，有些试点高校能清醒认识并能及时做出战略调整，但仍有个别试点高校所反映的灵敏度还不是很高。比如在中心城市、在南方经济发达地区和在边远贫困地区，远程教育所采用的运行模式和价格策略肯定要有所不同，否则就很难达到实效。如果市场不接受，现实就会给出没有前途的答案。如果远程教育服务市场化不能改变教育为少数人服务的现实，而使大多数人得不到受教育的机会或是因为受教育陷入贫困，那么这种市场化的代价将是民族的悲哀。

三是放不下名牌高校的架子。迄今为止，降低价格与降低质量并没有理论上的正相关，这似乎是两个完全不同的概念。如果在主观上高举名校招牌认为降价就会"掉价"，则只能与真正对远程教育有迫切需求的边远贫困地区的学习者保持着客观而冷漠的距离。事实上，远程教育已经自觉不自觉地融入以行业在职人员为服务对象的继续教育的市场竞争的漩涡之中，保持曲高和寡的最终结果只能使自己永远地失去这块市场。谁能认清形势抓住这块市场，谁就能拥有远程教育的未来。

四、整合的公共服务体系

当前，试点高校多是自建自用校外学习中心。这种自建模式存在许多弊端：重复浪费、水平较低、管理困难、标准不一。建立资源整合、功能完善、管理规范、标准统一的公共服务体系，是解决这一问题的一个有效途径。

信息时代从客观上对网络教育提出了现代化、大众化、信息化甚至全球化的要求。例如法国有 300 万人口，其中 60 万人在接受网络教育；美国 5 020 所大学，有 34% 从事远程教育，万人以上的大学 400 所，有 87% 开展远程教育。面对我国全民学习、终身学习、建立学习型社会的发展态势，远程教育将如何在如此博大的空间大展宏图，关键在于如何解决教学工业化和学习个体化这一矛盾，这就意味着远程教育的管理与服务瓶颈必须突破。

社会化学习支持服务体系的规范管理，对打开远程教育的管理瓶颈具有重要的现实意义。试点高校缺乏异地办学的经验和条件，缺乏远程教育教学辅助人员，缺乏远程教育专业化管理队伍，缺乏系统化管理的灵活机制。试点高校所缺乏的，正是社会化公共服务体系的存在前提条件和专职功能。如果将试点高校作为核心节点与社会化公服务体系嫁接，如此织成一网，通过这种专职化的学习支持服务的大平台来实现远程教育的扁平化连锁经营，势必事半功倍。因此，从远程教育的可持续健康发展的角度，远程教育真正呼唤的应该是现代远程教育社会化公共服务体系。

虽然，对教育直接产业化当前还有争议，但教育服务产业化则是网络教育发展的必然趋势，其不同于学校，也不同于企业，是以学习支持服务为主旨，严格按照教育规律和市场规则对远程教育资源进行有机整合，为试点高校和学习者提供有效服务的社会化经营实体。

五、运行效果

(一) 政府采纳

黑龙江省人民政府办公厅《关于办理省十届人大三次会议旁听人员对政府工作所提意见和建议的通知》（黑政办综〔2004〕21号）提出"为加快在我省构建学习型社会的步伐，建议：投入一定的财力、物力、人力，对构建我省学习型社会开展科学研究工作，并建立学习型组织研究所，组织省内外专家对我省建立学习型社会的环境和具体的措施进行研讨，制定出科学的实施方案，使我省学习型社会的建设工作沿着正确的方向发展。此外，目前黑龙江广播电视大学建立了现代远程教育服务中心，实现了天网、地网、人网三网合一，建议充分发挥其在构建学习型社会中的作用，在最短的时间内向人们提供最优秀的教育资源。此项工作由省发改委牵头，省财政厅、教育厅、编办协办"。远程教育在构建学习型社会中发挥重要作用的职能被通过人大提案的方式纳入政府事业发展规划。

（二）有效监控

几年来，远程教育存在问题突出表现在监控不利，比如学习中心管理失控、教学过程操作失控和学习效果检测失控等。服务体系的设立有效解决了重大环节的监控问题。

（1）对服务体系的监控。远程教育公共服务体系在黑龙江省教育厅的直接领导下开展工作，受教育厅委托代其对远程教育项目及省内学习中心行使行政监督管理职能，对省教育厅负全责。黑龙江广播电视大学是专科层次的成人高等学校，同时又是黑龙江省教育厅的直属单位，省教育厅对其有着强大的行政监察职能。教育厅按照国家法律法规和教育部有关政策条例对服务体系进行指导和监督。

（2）对学习中心的监控。省管理中心与学习中心存在密切的业务指导关系，更须发挥切实有效的监控职能。首先是严格把握学习中心的设立入口关，原则上是在系统内选择已通过开放教育2002年教育部中期评估的电大分校向委托高校推荐，并配合委托高校按照教育部颁布的学习中心设置标准对其进行实地考察，合格者方可履行相关程序并启动，杜绝不符合标准的学习中心的产生。其次是实行一年2次的动态备案上报到省教育厅，备案的内容包括资质审定情况、承办项目、启动招生规模、教学服务效果、管理诚信等。对发现问题的学习中心，区别不同情况，给予限期整改、通知停招甚至撤销办学资格的处理。

（3）对学生学习过程的监控。实行简捷有效的形成性考核，追求资源的整合与共享，充分利用课程资源和传输媒介，视媒体为工具而不是标志，通过《学生学习媒体利用情况表》记录学习者利用媒体的优化组合情况；走出以一份作业题的单调形式替代形成性考核的误区，出台《导学过程设计及形成性考核实施细则》，对学习者学习过程及效果进行实时监控，让媒体的使用与课程成绩评价衔接，鼓励学习者适应基于互联网学习的信息化环境。

（4）对试点高校的监控。根据教育部教高厅［2002］1号和教高厅［2003］2号的要求，结合我省实际印发年检工作方案，对校外学习中心进行年检与评估。年度检查不仅是检查学习中心的服务质量，同时更是对试点高校的教学质量及资源状况进行综合评价。

公共服务体系的有效监控实现了几个满意：教育厅满意，委托高校满意，学生满意和社会满意。

（三）教、学、研三项合一

其一，公共服务体系本身作为远程教育的教育机构，将试点高校的教育资源进行收集与整合，成为远程教育资源产品的集散地；其二，服务体系内的学习中心是远程教育的功能实体，直接面对学习者给予资源提供、导学、交互和学习效果检测；其三，省管理中心拥有黑龙江省远程教育的群众组织、新闻单位和研究机构，包括黑龙江省远程教育学会及其二级学会，《现代远距离教育》杂志（核心期刊），中国教育电视台黑龙江记者站，还有正在筹建中的黑龙江省学习型组织研究所。三者合一，融为一体，在教育教学实践中开展研究，再以研究成果指导实践。远程教育教、学、研三项合一，构成了远程教育公共服务体系建设的基本特色。

（四）实现资源整合

远程教育资源包括高校资源、电大资源和社会资源，因合作方式的不同，使用资源的种类方式也有所不同，包括专业资源和课程资源。公共服务体系须随时吸纳并更新调整。目前公共服务体系承办试点高校项目的合作方式主要有二：

挂靠式合作。本科层次的合作主要是采取这一方式进行，即由试点高校担负起教学计划、媒体技术、教学资源开发、成绩考核和学历证书的发放等众多职责，提供主体资源，如专业，课件，包括教务管理系统，而远程中心则只承担导学过程的支持服务职责。主要利用电大的人网资源和硬件设施。

嫁接式合作。专科层次的合作充分发挥了电大的作用，委托高校只承担监督教学思想设计、实施过程指导、发放学历证书的职责。避免重复投入，共享使用电大开放教育大量的教学资源，包括课程材料、传输媒介和系统建设、导学、交互、部分成绩评价，也包括教学平台和教务管理系统。事实证明，这种嫁接式的合作，具有较强的再生能力，投入少，回报率高，在服务体系建设中值得关注和深入思考。

（五）电大系统优势得以充分发挥

（1）依托电大设置公共服务体系，获得全省电大系统的支持服务，做到全省集中统管，上下互动，网网相连，充分发挥了电大人网优势，使远程教育支持服务的组织依托落到实处。

（2）电大人把多年积累的远程教育工作经验和研究成果应用到对远程教育试点高校的支持服务中，将所掌握的远程教育理念与思路统一转化成规范化的服务和管理条例，使全系统的支持服务进入良性循环。

（3）相对完善的硬件环境条件，为远程教育服务功能的拓展奠定了物质基础，对引进的高校项目实现了资源共享，基本不再投入。黑龙江是农业大省，分布在全省的教学点具备了为"三农"服务、乡村中小学教师教育所需的组织基础和物质条件。

六、发展目标

（一）构建完善的远程教育公共服务体系

在 2003 年全省电大工作会议暨黑龙江省远程教育服务中心揭牌仪式上，黑龙江省副省长程幼东指出："电大的远程教育面对的人群数量很大，对于推动我国高等教育大众化具有积极意义，终身化学习在很大程度上要依靠电大教育。现在，黑龙江省远程教育服务中心设在了电大，要充分发挥它的职能和作用。"省教育厅张永洲厅长则强调："今后无论是国内试点高校的网络学院，还是国外的远程教育机构，只要你到黑龙江来办远程教育，就要走电大的系统，谁想参加远程教育，就得到电大远程教育服务中心来。"

按照省长、厅长的指示精神，我们正在努力构建统筹规划、严格管理、标准一致的黑龙江省远程教育公共服务体系。从组织形态上，分布在黑龙江省境内的远程教育校外学习中心，不单纯是某试点高校的学习中心，实质上都是省远程中心的学习中心，承办来自各试点高校的办学项目。项目的引入及布局由省远程中心根据实际需求和资源承载能力进行整体规划设计，介入黑龙江省的远程教育的运行均须通过省远程中心，包括即将实施的远程教育学生部分课程的全国统一水平考试在我省也通过这一服务平台进行统一组织实施。

教育厅批准在黑龙江电大设立省远程中心，决定依托黑龙江广播电视大学建设黑龙江省远程教育支持服务体系，计划经过几年的努力，把黑龙江广播电视大学建设成为多规格、多层次、多功能、多种形式办学，具有黑龙江特色的现代远程教育开放大学，同时又是覆盖黑龙江全省、科学规范的远程教育公共服务体系。

（二）建设教育超市和绿色网吧

教育不可以产业化。远程教育从本质上属教育学范畴，具有教育本身所固有的公益性和社会性，因此不可以产业化。固然，远程教育有其产业化特征，也遵循教育经济学原理，可借用"市场"的专业术语进行成本核算设计，但其本质仍然不是工业或商业，教育长期效益的公益性本质拒绝商业的急功近利。远程教育的服务不排斥商业化，但商业绝不应成为其追求的目标。

教育服务本质上是教育教学活动的进一步拓展和延伸。因为广播电视大学系统本身是教育机构，其教学组织职能，尤其是导学职能和学习过程监控职能得以充分发挥，因此服务体系的运行不是代销教学资源的"学商"行为，而是教育教学活动的进一步延伸。发挥服务体系的教育延展功能，有利于呼唤远程教育的教育属性的回归。按照这一思路发展，有望将公共服务体系建设成为教育连锁超市，其教学场所和硬件环境则可构成面向社会的绿色网吧。

（三）在构建学习型社会中发挥龙头作用

远程教育公共服务体系的成立，标志着广播电视大学系统在远程教育领域龙头地位的确立。为充分发挥出在构建学习型社会中的主力军作用，我们要把远程教育公共服务体系建设成远程教育的四大功能中心：

一是资源中心。资源库的建立由试点高校资源、黑龙江电大资源和社会资源三个部分构成。资源形式有三：首先是系统资源，即电大系统宝贵的人网资源；其二是课程资源，包括视频直播、网上视频、网络课件、辅导光盘、文字教材等多种媒体素材；其三是信息传输资源，包括各试点高校的教学平台和教务考务管理系统、电大在线教学平台、贯通全省电大系统的窄带双向视频系统、可以利用的中小学校校通网络传输系统，还有正在建设中的黑龙江省远程中心门户网站"龙育网"。远程中心将在维护《知识产权法》的前提下对相关资源进行广泛积累、不断开发和有机整合。

二是服务中心。服务体系的宗旨在于建立黑龙江省远程教育支持服务平台，充分利用电大系统及现有设施设备，逐步建立起覆盖黑龙江全省、科学规范的远程教育服务网络；探索新形势下远程教育支持服务的建设和运行模式、管理办法及服务规范和标准，探索符合远程教育要求的教育教学方法，保证教育教学质量，为试点高校、学习中心和学习者提供服务。体系的建立尤其"要体现电大面向为三农服务的特色效应。电大恰好有面向农村、农民、农业及边远贫困地区办学的条件、传统和经验，通过体系作用的充分发挥，解决农村、农民子女受教育这个较大、较迫切的难题"。

三是学习中心。要求各级电大分校大力改善办学条件，按照教育部统一颁布的学习中心设置条件搞好基础建设，建成能够承载省内外、国内外远程教育试点高校和其他教育机构的专科、本科、研究生等层次学历教育和多种证书形式的非学历教育资源的学习中心，共享教育资源，拓宽办学渠道，为满足当地经济发展和不同人群的学习需要，提供学习场所、学习资源和导学服务。

四是研究中心。一方面筹备成立学习型组织研究所，办好《现代远距离教育》（核心期刊），凭借黑龙江省远程教育学会的组织基础和研究基础，探讨包括网络教育、开放教育、成人教育、中等专业教育、继续教育、学龄前教育、老年教育、单项服务等服务项目，为终身学习体系的建立，探索远程教育的功能如何发挥的系列问题；另一方面从广播电视大学在建立学习型社会中的作用及现代远程教育教学模式和管理模式等方面开展研究，更重要的是指导实践。

参考文献

[1] 大卫·沃西特. 远程教育中的学生学习支持服务系统 [J]. 开放学习, 1993 (11).

[2] 博瑞·霍姆. 以学习者为中心的教学法及远程教育中个体化教育的尝试 [J]. 展望, 1999 (6).

[3] 任为民. 关于电大教育信息化建设的几点认识 [J]. 中国电化教育, 2000 (4).

[4] 王铁军. 教育现代化论纲 [M]. 南京：南京师范大学出版社, 2001.

[5] 褚宏启. 教育现代化的路径 [M]. 北京：教育科学出版社, 2001.

[6] 郑仁星. 开放教育成本效益研究的现状及思考 [J]. 中国远程教育, 2003 (4).

[7] 韦钰. 在2002年中国远程教育发展论坛上的报告 [J]. 教育技术研究, 2002 (4).

[8] 路新民. 中国远程教育转型期之现象大盘点 [J]. 开放教育研究, 2002 (6).

[9] 丁新. 中国远程教育发展的十大趋势 [J]. 中国远程教育, 2003 (4).

[10] 张爱文等. 中国现代远程教育发展的深层思考 [J]. 中国远程教育, 2003 (1).

[11] 丁兴富. 远程教育学 [M]. 北京：北京师范大学出版社, 2002.

第十章　教育评价论

第一节　教育评价概述

教育需要评价，没有评价的教育是盲目的教育。目前，教育基本理论研究、教育发展研究和教育评价理论与方法研究，已经成为当代教育科学研究的三大领域。随着现代远程开放教育的开展和计算机网络技术的应用，使教育评价理论与评价技术迅速发展，评价内容更加广泛，教育评价越来越受到政府与教育界的重视和人们的广泛关注。

一、教育评价的概念

什么是价值？什么是教育的价值？什么是评价？什么是教育评价？这些问题是教育评价研究者必须明确的问题。价值是由客体满足主体需要的程度而决定的。当主体在某一方面存在某种需要时，客体在某种程度上满足了主体的需要，这就形成了客体对主体的价值。离开了主体的需要去谈客体的价值是毫无意义的。教育的价值是由教育满足人们需要程度决定的，教育活动满足社会或学习者需要的程度就是教育的价值。国家与地区对教育的需要形成教育的社会价值；学习者对教育的需要形成了教育的个体价值。评价是评定价值的简称，是一种价值判断活动，是对客体满足主体需要程度的判断。因为教育评价是一门新兴学科，它的理论体系、评价模式和方法技术等，都处于不断发展过程中，所以教育评价的概念迄今尚未形成统一的为大家所公认的科学定义。我们认为比较适合的提法为，教育评价是一种在收集必要信息的基础上依据一定的评价标准和评价技术对教育活动满足社会与学习者需要的程度做出判断以及提供决策有用信息的活动。教育评价是一个系统工程，由确定的评价目标、评价指标体系、组织机构、资料收集与分析、判断反馈和指导决策等项构成。

应当注意，不要把教育评价与教育测量混为一谈。教育评价是在教育测量的基础上发展起来的，教育测量强调数量化，凡是不能定量分析者，往往不在教育测量研究范围内。教育评价则不然，它既注意定量分析，又注意定性分析；教育评价往往以教育测量为基础，更侧重于对教育活动的分析和判断，教育评价不但要了解结果是多少，还要对结果进行分析、判断，提供决策信息。另外，教育评价强调与一定的教育性质、教育目标相联系，这说明教育评价有一定的政治色彩。还应注意，不要把评价和评估、评定、考评这三个词混淆。关于这些词的用法我们建议如下：评价作为一个总体概念；评估、评定、考评三个并列结构的词作为评价的子概念，用它们区分不同的评价对象。把评估这个词用于对教育机构和教育方案等方面的评价；把评定这个词用于对学生的评价；把考评这个词用于对教师的评价。

二、教育评价的作用与分类

（一）教育评价的作用

关于教育评价的作用有各种不同的归纳，我们从控制与发展的角度把教育评价分为教育作用和管理作用两大方面。

1. 评价的教育作用

评价的教育作用是指教育评价具有促进教育教学目的实现的作用，包括导向作用、诊断作用和激励作用。

（1）导向作用。教育是一种有目标、有计划的活动。教育评价指标体系中的评价标准，规定了达到教育目标所做的教育活动的内容与程度，只要我们严格按照评价标准实践我们的教育活动，就能逐步实现既定目标。教育评价方案就是我们从事教育工作的指南。

（2）诊断作用。正确的指导来自合理的诊断，及时发现教育工作中关键问题所在，及时反馈信息，采取补救措施。比如"中央广播电视大学人才培养模式改革和开放教育试点"项目中期评估（2003 年）发现：远程教育实践教学和基于网络环境下的素质教育是开放教育的薄弱环节，经及时反馈信息与工作调整，保证了"试点"工作顺利进行。

（3）激励作用。科学的评价有利于调动多方面的积极性，有利于事业的发展。通过评价可区分优劣，使评价对象正确认识自己，帮助他们明确方向，互相学习，取长补短，激励人们努力达标，奋发向上。

2. 评价的管理作用

教育评价已经成为一项常务性的教育管理活动，评价的管理作用体现在调控与鉴定两方面。

（1）调控作用。教育评价是一种管理手段，能使经验型管理变为科学管理；能变静态管理为动态管理；能使主观管理变为客观管理。每次评价都是对教育系统的一次调控。教育处于不断发展变化的状态，为使教育达到预定目标，我们必须对教育系统的各个组成部分及各个教育环节进行调控。

（2）鉴定作用。教育评价对评价对象做出某种价值判断是其主要功能。例如"开放教育试点"是否符合要求，教师工作业绩怎样，学生自学效果如何，都可以通过教育评价做出科学的鉴定。

教育评价的教育作用和管理作用，既相互联系又有明显区别，管理作用体现的是社会需要，重视区分、鉴别作用；教育作用体现的是对事业和对人的发展的促进价值。两种不同的作用，代表着教育评价的不同导向：重控制还是重发展，这与具体的评价目的分不开。通常的教育评价既有教育作用又有管理作用。

（二）教育评价的分类

由于教育评价的范围、作用都很广泛，所以教育评价的分类方法很多。

1. 评价的主体分类

教育评价由于主体不同，可以分为个体评价与社会评价两种类型。

（1）教育的个体评价。教育的个体评价是学习者从自身的需要、利益、情感出发，对教育进行价值判断。这里所谓的个体是一个广义的概念，它可以是一个人，也可以是一个具有共同利益的群体。个体评价又可以分为个体的自我评价和个体对他人他事的评价。人们总是通过接收外界对其的反馈信息进行自我评价，以调整自己的行为。例如开放教育学生经常进行某门课程的自检自测，用来评价自己掌握所学知识的程度，以决定今后的学习内容和学习进度。个体对他人他事的评价也经常发生，例如学生对教师的评价；学生对多种媒体教学资源的评价等。

（2）教育的社会评价。教育的社会评价是从国家与地区的需要出发进行的教育评价。社会对教育的需要有当前需要与长远需要之分，与之对应有社会对教育的现时评价和社会对教育的历史评价两种类型。社会对教育的现时评价是以满足社会发展眼前需要为价值尺度的教育评价；社会对教育的历史评价是以满足社会发展长远需要为价值尺度的教育评价。人们常从社会发展需要的角度去考虑教育改革问题，评价过去，预测未来。

2. 依评价的作用分类

依据教育评价在教育活动中的具体作用，可分为诊断性评价、形成性评价和总结性评价三种类型。

（1）诊断性评价。诊断性评价是为了使教育适合于学习者的需要和了解学习者的学习背景，在一门课程开始学习之前或入学前对学习者所具有的知识、情感和技能方面的条件进行测评。其目的在于摸清学习者的学习基础、阅历和特长，以便采取相应的教学措施。例如中央广播电视大学开放教育学生在入学时要进行"入学水平测试"，测试的目的是为了了解学生的学习基础，以便今后的分组学习。诊断性评价一般是在教育教学活动前进行。

（2）形成性评价。形成性评价是通过诊断教育方案、教育活动或教育过程中存在的问题，为正在进行的教育活动反馈信息，以提高实践中正在进行的教育活动质量的评价。例如中央广播电视大学开放教育对学生课程学习进行的"形成性考核"是形成性评价的运用。形成性评价是内部导向，是教育活动过程管理的重要手段，它不以对学生分等鉴定为目的，而是帮助学生和教师把注意力集中在必要的学习（教学）环节上来，以提高教学质量。

（3）总结性评价。总结性评价是在教育活动发生后关于教育效果的判断。一般地说，它以分等鉴定或对评价对象做出某种资格判定为目的。例如学生的期末考试、教师的年度考评、教育部对"中央广播电视大学人才培养模式改革和开放教育试点"项目总结性评估等都属于总结性评价的实例。总结性评价是外部导向，注重考查教育活动的最终效果，做出综合性评价；总结性评价往往在教育活动结束时进行。

除上述两类比较常见的教育评价分类方法外，还有其他各种教育评价分类方法。例如依评价范围分，可以分为：高等教育评价、中等教育评价、职业教育评价、幼儿教育评价、成人教育评价、特殊教育评价等；依教育评价对象分，可以分为：课程评价、学生评价、教师评价、教学管理评价、教育政策评价、教育项目评价等。每种分类里面的不同评价种类，发挥各自作用，互相补充，在实际工作中需要辩证对待各种分类。

三、教育评价工作程序与技术

教育评价程序化是教育评价走向成熟的重要标志。只有科学地按照一定程序开展评价工作，才能保证评价的质量，保证评价过程的顺利实施和评价结果的可靠性、有效性，才能实现评价目的。教育评价的一般工作程序有：背景分析、制定评价方案、建立评价组织、评价的实施和评价结果处理。

（一）背景分析

背景分析是评价准备阶段的一项重要工作，它的主要任务是确定评价活动要解决的主要问题，明确教育评价目的、要求、内容、对象，增强评价活动的针对性和实效性。教育评价的背景分析包括：教育行政主管部门的教育发展方针政策分析、教育发展阶段重要问题分析、评价委托人需要分析和被评价对象可接受程度分析四个方面。

1. 教育发展政策分析

教育发展的方针政策体现了社会对教育的要求，指明了教育的发展方向；教育的发展必须适应社会政治、经济与文化科学发展的需要，教育评价也必须符合社会发展宏观背景的大方向。因此，我们在设计教育评价之前必须研究分析当前教育发展的方针政策，教育评价必须在当前教育方针政策指导下进行。

2. 教育发展阶段重要问题分析

教育在其发展的特定阶段，会产生一些同类学校有倾向性的共性问题；一所学校在其发展的特殊时期也会遇到特有的问题。教育评价就是要解决这些敏感性问题。评价人只有深入实际，通过调查研究把握这些敏感性问题，才使评价活动有意义。

3. 评价委托人需要分析

在评价活动是受人委托的情况下，我们的评价工作必须符合委托人的评价意图。委托人往往是出于对现状不满意而提出开展评价的要求，在这种情况下，分析评价人的需要显得很重要。

4. 评价对象可接受程度分析

一个好的评价方案必须具有积极促进作用，使评价对象经过努力可以达到评价标准的要求；一个可望不可即的评价方案是一个失败的方案。因此，在制定评价方案之前，必须对评价对象可接受程度进行分析，使他们乐于参与评价活动，不要产生逆反心理。

（二）制定教育评价方案

教育评价方案是依据一定的评价目的，根据教育活动和评价活动的一般规律，对评价的内容、对象、标准、权重、方法和程序等方面做出规定的文件。

1. 教育评价方案的内容

一个完整的教育评价方案包括：

评价目的：评价目的指出评价方案用于何种目的的评价，评价的预期结果是什么。

评价指标：评价指标规定评价的方面和内容，规定评什么、不评什么。评价指标可以是定性的也可以是定量的。

指标权重：指标权重表明指标的重要程度，表明各指标间的关系。

评价标准：评价标准是对评价指标的细化要求，即达到指标要求的必要条件和评判依据。

各类表格：为采集信息而设计的各类调查表。

2. 教育评价指标体系

教育评价是依据一定的教育目标进行的，一个客观而行之有效的评价方案，需要把评价目标具体化，这些具体化的评价因素称为指标；全部指标的集合称为指标体系。广义的指标体系不仅包含各项指标，而且还包括指标的权重、评价标准以及各项指标的文字描述。教育评价是通过这些指标体系来判断给定的目标是否达到。

教育评价的指标体系是教育评价的核心部分。指标体系起一个导向作用，告诉评价对象应该做什么和怎样做；告诉评价者评什么和怎么评。指标体系可以使评价具体化，克服评价者笼统的评价和主观性，使评价更客观、更精确。评价指标体系建立的过程也是人们价值认识取得一致的过程，使人们的认识凝聚在指标和指标的权重之中。有了价值认识的统一性，才有评价判断标准的一致性，才有评价结果的可比性。建立科学合理的指标体系是成功开展评价活动的前提。

（1）指标体系的设计原则。鉴于指标体系在教育评价中的重要作用，在设计指标体系时必须遵循以下原则：

方向性原则。任何教育活动都离不开教育法，都要按照党的教育政策行事，所以我们在设计指标体系时必须注意体现党的教育方针、培养目标、为经济建设和社会发展服务，这就是方向性原则。

一致性原则。评价指标是评价目的的具体化、行为化的因素，我们所做的一切评价活动都离不开评价目标，评价标准的建立和指标权重的分配都要以评价目标为准绳。一致性原则指的是与评价目标一致。

系统性原则。系统性是指评价指标体系要涵盖评价目标本质，层次分明，错落有致。在设计评价指标体系时既要对评价对象全面分析，又要突出主要问题；既要有足够的信息量，又要考虑收集信息的可行性；既要有鉴别力，又要切合实际。另外，对不同层次的评价对象要有不同层次的评价标准，如省级电大、市级电大和教学点的评价标准要有所区别。

独立性原则。独立性原则是指各项指标之间互不相容，没有因果关系。用数学语言表述为两个指标所包含的内容相交是空集。指标独立可以减少权重的重复计算；减少了冗余指标，增加了评价的可行性和科学性。

可测性原则。可测性原则是指评价指标所规定的内容可直接测量或者通过实际观察可以获得明确的结论。特别是某些抽象的概念，如教学效果和教学态度等抽象概念通过实际听课或实地考察，专家们可以做出满意程度的判断，利用模糊评价与赋值方法可以获得明确结果。

（2）指标体系的设计方法。指标体系的设计方法有多种，随着教育评价理论和教育评价实践的发展，今后还将产生更多的方法。像已被各国教育评价者普遍接受的美国著名的教育测量学专家布鲁姆建立的"教育目标分类体系"，具有很好的参考价值。但是随着教育事业的不断发展和教育评价的多样性，我们只能借鉴，不能生搬硬套。又如建立指标体系的"多元统计法"科学性强，有专用的计算机软件，但需要一定的技术力量和设备条件。这里主要介绍一种比较常用的方法"专家组目标分解法"。在教育评价目的确定以后，聘请了解评价对象的教育专家，组成专家组。由专家组通过集体讨论的形式把目标进行分解，其主要因素定为一级指标，如果一次分解不能达到可测性要求，可以对每一个一级指标再分解为若干个二级指标，或对二级指标继续分解为三级指标，形成一个完整的可行的评价指标体系。下面分三种情况说明指标分解方法。

①如果我们抓住事物的本质，掌握它所包含的全部因素，则可以把这些因素确定为指标。例如我们评价黑龙江广播电视大学现代远程开放教育教师工作业绩时，知道教师有四大职责：教员、制作员、调研员和研究员，由此可确定评价教师工作的四个一级指标为：教学辅导、媒体制作、视导调研和课题研究。

②如果我们对事物的本质不能完全把握，则可以把该事物的相关要素作为指标。这种情况建立指标体系的工作量较大，但也是用得最多的方法。例如对教师教学质量评价，当我们并不完全

掌握教学质量所包含的内容时，我们可以找到影响教学质量的相关因素：教学内容、教学态度、教学方法、教学效果，可以把这四个相关因素确定为一级指标。

③如果两个事物相关联，甚至有因果关系，当一个事物发生时，必然对另一个事物产生影响，则可以用一个可测的事物去间接地评价另一个事物。例如我们考评教师教学质量，可以通过他教的学生期末考试平均成绩反映；教师的教学质量与学生的考试成绩有联系，通过学生考试成绩的变化程度来评价教师的教学质量。像这样的例子很多，又如实行挂牌上课的高校，同一门课程两个教师主讲，有的教师讲课时听课的学生很少；有的教师讲课时听课学生多得教室容纳不下，我们说听课人数少的教师教学效果不好。这就是用出席人数的多少评价教学效果。

3. 权重构造

各个指标的权重构成了权重的集合，即指标的关系集合，一个指标的权重表示它与其他指标的关系，又表示它在各指标之间的地位。在实践中，某项指标越重要，它的权重越大。权集构造技术是当前评价学研究的重要课题，常用的有两两比较法、专家咨询法、主成分分析法等，由于主成分分析法用到高等代数知识较多，这里主要介绍前两种方法。

（1）两两比较法。这是一种定性与定量结合的权重计算方法。它要求专家组成员对指标比较熟悉，按照赋值方法对指标中的每两个指标进行两两比较并赋值，最后计算各指标的得分，用总分除各指标得分得到每个指标的权重，如表10-1所示。

我们以黑龙江广播电视大学开放教育教师工作评价的指标权重计算为例，说明两两比较法的使用。在计算时，先由专家组讨论形成共识后，统一填表计算，如表10-2所示。

表 10 - 1　两两比较赋值方法表

甲比乙	同等重要	较重要	重要	很重要	绝对重要
甲	0.5	0.6	0.7	0.8	0.9
乙	0.5	0.4	0.3	0.2	0.1

表 10 - 2　教师工作评价指标权重计算表

评价指标	对照比较赋分						得分和	权重
教学辅导	0.4	0.7	0.7				1.8	0.300
媒体制作	0.6			0.8	0.8		2.2	0.370
视导调研		0.3		0.2		0.5	1	0.165
课题研究			0.3		0.2	0.5	1	0.165
总　　计	1	1	1	1	1	1	6	1

（2）专家咨询法。这也是一种定性与定量相结合确定权重的方法。要求专家组成员对指标比较了解，但在咨询时，专家不讨论，采取"背靠背"的形式进行，尽量减少相互间的影响。这种方法的优点是可以充分发挥每个专家的作用，专家组的成员越多可信度越高。其计算方法是将咨询赋分表发给每一位专家，请他们对设计好的指标进行排序赋分，最后汇总计算，如表10 - 3 所示。

表 10 - 3　专家咨询赋分表

指标重要程度	不重要	比较重要	重要	很重要	绝对重要
赋分	1	2	3	4	5

我们仍以黑龙江广播电视大学开放教育教师工作评价指标权重计算为例，说明专家咨询法的应用，如表10 - 4、表10 - 5 所示。

表 10 - 4　　教师工作评价指标重要程度咨询表

评价指标	教学辅导	媒体制作	视导调研	课题研究
赋分				

表 10 - 5　　教师工作评价指标权重计算表

赋分 指标 专家	教学辅导	媒体制作	视导调研	课题研究	合　　计
1	3	4	1	1	
2	4	3	2	1	
3	4	3	1	1	
4	3	4	2	1	
5	4	4	2	1	
合计	18	18	8	6	50
权重	0.36	0.36	0.16	0.12	1

请每位专家填写教师工作评价指标重要程度咨询表，由专人汇总在教师工作评价指标权重计算表里并计算权重。

通过上述两种权重的计算方法分析，我们发现同一指标体系权重的分配由于计算方法不同而不同，这是很正常的现象，因为两两比较法体现集体智慧多一些，而专家咨询法更为民主。

4．评价标准的制定

评价标准是指标进行测评的准则和尺度，如果说指标是评价目标质的规定，那么评价标准则是目标量的规定，它表明在什么程度上才能达到目标。

评价标准通常有三种表现形式：一是临界点，例如中央广播电视大学"人才培养模式改革和开放教育试点"项目总结性评估要求两种以上教学媒体使用率≥90%，这个 90% 就是临界点，达不到它就不合格。二是一种规定，这种规定可以是定性的也可以是定量的。例如教师的任职资格规定：专业、职称和学历符合要求，这是一种定性的规定；又如要求开放教育的学生每周上网2小时，这是一种定量的规定。三是用来衡量其他事物的中介物，例如学生上网时间"小时"；学生上网点击次数"次"等。

评价标准可以是定性的也可以是定量的，定量的用具体数值表示，定性的通常用优、良、中、差、劣表示。两种评价标准根据需要可以互相转化，例如定性的标准可以通过赋值转化为定量的表示：优（1.0）、良（0.8）、中（0.6）、差（0.4）、劣（0.2），也可以在赋值时放大倍数：优（100）、良（80）、中（60）、差（40）、劣（20）；数值标准也可以通过划分区间转化成定性标准：100~90（优）、89~80（良）、79~60（中）、59~40（差）、40以下（劣），根据需要灵活运用。

制定评价标准必须符合社会和学习者对教育的需求，必须以党的教育方针、教育目标为依据，运用教育理论与教育评价技术，结合评价的具体目的和评价对象的总体情况来制定。评价标准要得到大多数人的认可，要符合社会现象的评价标准。评价标准制定可以分为两种情况，相对评价标准和绝对评价标准。

（1）相对评价标准。相对评价标准是建立在评价对象具有同类水平数据资料上的，评价的目的在于区分评价对象的优良程度，以便择优选拔。例如有10套住房分配给教师，只要利用分房方案（评价标准）给教师排队，取前10名就可以了。这个分房方案是针对特有人群制定的，评价标准是相对的，脱离了这个特有人群该分房方案（评价标准）毫无意义。

（2）绝对评价标准。绝对评价标准是遵照评价目的和针对要解决的主要问题而制定的评价标准，其目的是促使被评价对象达到预定的目标，否则被淘汰。一般来说，绝对评价标准的制定需要对评价对象的总体有深入的了解。专家要对评价对象做出合格与不合格的判断与分析；这些专家意见比较集中的对"不合格"对象的最高值是一个参考值，把参考值再提高一些作为临界值，考虑经过努力大多数评价对象都能达到要求，这个临界值就规定为评价标准。应该注意临界值有一个不断变化不断提高的过程，这也是认识不断提高和事物不断进步的过程。例如开放教育本科"学士"学位授予条件中，毕业论文（设计）成绩是一个重要指标。大多数学生的毕业论文成绩在中等（含中等）以下，为了保证教学质量，学校把授予"学士"学位的毕业论文成绩定为良好（含良好）以上。"中等"是一个参考值，"良好"是一个临界值。

（三）建立评价组织

评价的组织准备包括成立评价委员会；设立评价的常设机构（评价办公室）；聘请专家成立专家组等项工作。在我国大多数情况为教育行政部门委托专家组进行评价。专家组在教育评价中起着十分重要的作用。专家组直接参加教育评价活动，他们的任务是进行教育评价背景分析，制定评价方案，进行预评价试点，具体组织实施，对被评价对象做出评价结论并提出整改意见，向教育行政部门汇报评价情况等。因此在聘请专家时要注意他们是否具有与其评价范围相称的知识，是否具有办事公正的人格品质，是否掌握教育评价理论与评价技术，应首先做好这几方面的考核与培训。

（四）评价的实施

1. 教育评价实施的步骤

教育评价的主要目的是推进教育改革，解决教育发展中遇到的关键性问题，促进我们的工作，保证教育质量；当然对评价不合格的评价对象也要亮黄牌。教育评价实施的一般步骤分为：自评价、过程评价和总结性评价。

（1）自评价。任何评价都要安排自评价，自评价的作用非常重要，它可以使评价对象明确努力方向,产生积极性,对不足部分填平补齐,奋起直追;实践表明自评价过程也是评价对象进步最快的过程。

（2）过程评价（中期评价）。过程评价体现了评价是一种管理手段的思想，现阶段的教育评价不但重视评价结果，更重视评价过程。过程评价主要起监督检查、指导推动、信息反馈的作用，可以及时发现教育改革中出现的问题，调整评价方案，使教育评价工作朝着预定目标正确发展。例如教育部对"中央广播电视大学人才培养模式改革和开放教育试点"项目进行了中期评估，中期评估的指导思想是：以评促建、以评促改、评建结合、重在建设。"中期评估"的指导思想充分体现了过程评价的作用。

（3）总结性评价。总结性评价在评价活动结束时进行，专家组对被评价对象做出最终的确定性的评价。

过程评价和总结性评价一般由专家组完成，专家组评价有助于提高评价的可靠性、客观性、权威性和可比性。

2. 评价实施的工作

教育评价方案出台以后评价工作已经开始了，评价实施的主要工作有：人员培训、收集信息和评价分三方面工作。

（1）人员培训。在每次评价之前都要组织评价对象的有关人员进行培训，宣讲评价方案，使有关人员明确评价目的、评价的核心内容、评价对象、评价方法等，使大家统一思想，提高认识；培养一批评价业务骨干，为自评价打好基础。

（2）收集信息。收集信息的方法主要有：听、看、谈、查。我们以学校评价为例加以说明。

"听"是指专家组进校后要听校领导班子的自评汇报，以便迅速了解被评学校的全貌，有一个初步的整体印象。还要抽样听课，实地考察教学改革的落实情况。

"看"是指专家组要看自评报告，看支撑自评报告观点的佐证材料；还要现场查看，例如看教学条件、看教学媒体使用情况、看教学制度执行情况等。

"谈"是指专家组要召开领导班子座谈会、教职工座谈会和学生座谈会。倾听大多数人的意见，特别是对敏感性问题通过访谈，能做更深入的了解。

"查"是指专家组进行调查，通过问卷调查或专题调查，重点抓闪光点和薄弱环节。抓闪光点可以在同行间推广；抓薄弱环节可以改进我们的工作。

（3）评价分等。对收集来的信息汇总整理，去粗取精、去伪存真，由专家组合议，根据评价方案给出被评价对象的等级，并对所评价的等级进行合理的说明。评价等级要准确，对评价对象每一方面所做的评价要符合实际，这一步是评价活动的核心，专家组做出的评价等级以及相应的说明将对评价对象的今后工作产生极大的影响。

（五）评价的结果处理

评价的结果处理是评价活动的最后一个环节，包括评价结果分析、问题诊断、反馈意见和评价总结四部分内容。

1. 评价结果分析

为了真正发挥评价的作用，我们不仅需要每级指标的评价结果，更需要评价结果的由来；不但要知其然，还要知其所以然。只有通过层层把关，才能全面反映问题，分清优劣，使综合评价结果更有效、更可信。

2. 问题诊断

通过评价结果分析，既肯定成绩又暴露问题，但对评价而言，发现问题比肯定成绩更重要。一般说来，专家组学识水平很高，处于一个高层地位上，视角不同，有更敏锐的洞察力，对评价对象存在问题诊断更准，产生问题的原因分析得更透，改进方法指导得更到位。

3. 反馈意见

在评价活动结束时，专家组应及时向评价对象反馈意见，宣布"拟评价结果"（一般地，评价结果由教育行政部门公布），按照评价指标体系逐项讲评。使评价对象正确了解自己，明确某项指标成功之所在或落后的原因，为他们今后的整改工作指出明确的方向。专家组还应为评价对象留下评价鉴定意见。

4. 评价总结

评价总结是专家组在完成评价任务后，向教育行政部门提交的工作汇报。评价总结包括对评价对象的全面评价情况汇报，也包括对本次评价活动本身的估计，为今后制定教育政策和修改评价方案提供依据。其中专家组对评价对象的全面评价情况汇报应与评价对象沟通。

第二节　现代远程开放教育评价

远程教育是学生和教师、学生和教育机构之间，主要采用多种媒体手段异地进行系统教学和通信联系的教育形式。现代远程开放教育是以现代信息技术和现代教育技术为基础，将远程教育和开放教育结合起来的一种新型教育形式和教育体系，其突出特点是：学习真正不受空间和时间限制；受教育的对象扩展到全社会；有更丰富的教育资源供受教育者选用；教学形式由原来的以教为主变成以学为主。现代远程开放教育的迅速发展，推动着现代远程开放教育评价理论与技术不断发展与完善。现代远程开放教育评价是教育评价的重要组成部分，它的评价对象涉及现代远程开放教育的各个领域，本节重点讨论现代远程开放教育的学生评价、教师评价和现代远程教育技术与应用评价。

一、现代远程开放教育的学生评价

学生是现代远程开放教育的主体，教育质量如何，主要通过学生的全面素质来体现，所以对学生的评价是现代远程开放教育评价的最基本的内容。

（一）现代远程开放教育学生评价概述

现代远程开放教育学生评价是对学生学习的进展和变化的评价，评价的主要目的是为了激励学生学习，根据学生的实际情况改进教学过程，促进学生更好地发展。

1. 现代远程开放教育学生评价的特点

参加现代远程开放教育的学生绝大多数是成人在职学生，他们正处于人生事业与家庭的爬坡阶段，生活负担重，工作压力大，工作和学习矛盾突出，现代远程开放教育是他们继续学习的首选形式。基于评价对象的特殊性，现代远程开放教育学生评价的特点如下：

（1）注重以人为本。评价是学生管理的重要手段。由于现代远程开放教育学习模式的变化，管理模式也必须随之改变，加强学习过程管理，加强教学支持服务。评价的目的十分强调参与性，诊断问题，推动教育改革的发展；当然也不能忽视评价的鉴定与分等功能。以学生为本就是一切为了学生，一切为了学生自主学习。

（2）注重信息反馈。现代远程开放教育学生评价不是把注意力放在评价结果上，而是更把注意力放在评价的形成性功能上。我们通过评价不但要知道评价的结果，更要分析产生结果的原因，做好信息反馈工作，以改进我们的教学支持服务。

（3）评价方法的灵活性。评价目的和评价方案确定以后，评价的实施方法要灵活，适合现代远程开放教育成人学习的特点，以学生自评为主，辅导教师负责把关，教学管理部门负责终审验收。评价方法可以检查学生平时学习笔记，检查作业，也可以采取考试等形式，注重平时学习过程的跟踪评价，保留原始材料，作为评价的依据。

2. 现代远程开放教育学生评价原则

基于现代远程开放教育学生评价的特点，提出以下评价原则：

（1）以学生为本原则。学生评价要围绕学生进行，一切从学生需要出发，制定评价标准要符合现代远程开放教育教学实际，反对站在学生对立面评价学生。学生评价要注意帮助学生树立成功的信念；发现学习中的问题，通过信息反馈，促进学生更好地发展。

（2）针对性原则。学生评价要紧扣教育目标，要有明确的评价目的，明确评价什么，解决什么问题。这些问题在评价方案中要规定清楚，并且根据评价内容确定评价方法，针对性强，有的放矢，才能引起学生和教师的充分重视。

（3）过程性原则。现代远程开放教育学生评价以促进学生发展为目的，评价要贯穿学生学习的全过程；对学生自主学习进行全过程跟踪评价，全过程反馈信息，全过程跟踪服务。教育过程评价是对学生分等鉴定评价的一种进步。

3. 现代远程开放教育学生评价的基本步骤

科学地评价学生的学习进展与行为变化要经过下述四步：

（1）确定评价目标；

（2）建立评价方案；

（3）组织实施；

（4）结果处理。

（二）现代远程开放教育学生评价实例

我们以中央广播电视大学开放教育学生"学习过程评价"为例。学生学习过程评价属于形成性评价范畴，为了保证学习过程评价的顺利实施，中央电大引入激励机制：把学生学习过程评价结果与期末考试成绩挂钩，即学生学习过程评价结果用百分制表示，折合为 20~40 分，计入期末考试成绩，同时作为考试方式改革的试点（中央电大把学生学习过程评价命名为"形成性考核"）。

1. 评价目标

加强现代远程开放教育学生自主学习的学习过程管理，做好信息反馈和教学支持服务，促进学生发展，确保教学质量；同时作为期末考试方法改革的试点。

2. 建立评价方案

建立学生学习过程评价方案的依据是中央广播电视大学关于统设必修课程形成性考核实施意见和各级电大学生管理的实际经验。指标权重的计算方法采用专家咨询法；为了把评价结果用百分制表示，我们把评价权重扩大为 100 倍，作为各项指标的"权重"。详见学生学习过程评价指标体系，如表 10 – 6 所示。

表 10 – 6　学生学习过程评价指标体系

教学点：　　　　　　　　　　　　　　　　课程名称：

学生姓名：　　　　　　　　　　　　　　　学号：

一级指标	二级指标	主要观测点	权重	评价标准	得分
学习内容	记分作业	平时作业	12	每门课程每学期至少安排 4 次平时作业，根据完成情况合理给分，每次作业最多给 3 分	
		课程大作业	20	中央电大统一布置每门课程 4 次大作业，教师根据学生完成作业质量酌情给分，每次作业最多 5 分（如果本学期选修多门课程，得分按各门课程得分的算术平均值计算）	
		自检自测题	10	每门课程有两套自检自测题，每套题 5 分。教师根据学生完成情况酌情给分	
	实践活动	大纲规定内容	10	按教学进度及时完成教学大纲规定的实习、实验，撰写实习（实验）报告。指导教师按实习（实验）评定等级给分（如果本课程教学大纲没有实验要求，本项分数合并到下栏）	
		教师要求内容	18	本项内容包括面授辅导、模拟法庭等集体教学活动，由管理人员按学生出勤率打分	

续表 10 − 6

一级指标	二级指标	主要观测点	权重	评价标准	得分
学习方式	专题讨论	发言提纲及表现	5	发言提纲占 3 分；积极发言占 2 分（如果本学期选修多门课程，得分按各门课程得分的算术平均值计算）	
	小组学习	学习效果记录	4	学生记载学习时间、学习内容、学习者和学习体会；每门课程每学期至少安排 2 次小组学习。指导教师根据下组指导检查情况酌情给分	
	自主学习	上网时间	10	要求学生每周上网 2 小时，通过查看计算机记录，由管理人员酌情给分	
		阅读、视听学习	3	学生完成规定的阅读和视听学习任务，教师抽查学生知识掌握、运用情况，进行评定	
		自学笔记	3	学生按时做好自学笔记，完成每门课程规定的记录次数	
	远程咨询	E − mail、BBS、电话咨询	5	要求学生每学期每门课程至少与指导教师以远程咨询的方式联系 5 次，每次 1 分（如果本学期选修多门课程，得分按各门课程得分的算术平均值计算）	

评定人：　　　　　　　　　　　　　　　　年　月　日

3. 组织实施

黑龙江广播电视大学统一印制《学生学习手册》配合中央广播电视大学发行的《形成性考核册》，让学生随时记录自己的学习过程，以学生自己评价为主，但需要学生拿出佐证材料。指导教师和教学管理人员负责核实，教务处最后把关，并把相关材料存档；中央电大和省电大随机抽查，抽查结果及时公布，发现问题及时处理。

4. 结果处理

各门课程的形成性考核成绩以百分制给出，经过省电大验收合格的学生形成性考核成绩，通过教务管理软件上传给省电大教务处，教务管理软件将形成性考核成绩自动按比例折合，记入期末考试成绩中。没有形成性考核成绩或形成性考核成绩不及格者期末考试成绩无效。

二、现代远程开放教育教师评价

教师是现代远程开放教育的主导，教师评价对提高教师队伍整体素质、提高教育教学质量具有重要的作用。

（一）现代远程开放教育教师评价概述

现代远程开放教育教师评价是对教师工作现实的或潜在的价值做出判断的活动。现代远程开放教育教师评价的目的是促进教师综合素质的全面提升，以提高教学质量。教师评价通常解决两方面问题，一是形成性评价，用于评价教师优缺点，以帮助他们发展，它的特点是以教师专业发展为导向。二是总结性评价，用于教师聘任、晋职、年度考核等评价工作，它的特点是以管理人员为主导。

1. 现代远程开放教育教师角色的转变

随着现代远程开放教育教学模式的改革，传统教育中的教师角色发生了根本的转变。

（1）由单纯的知识讲授者、教学管理者变为学生学习观念的转换者、学习方法指导者、学习习惯培养者、学习动机维持者、学习潜能开发者和学习信息提供者。

（2）由传统教学变为开创性的现代远程教学，由单一工作变为综合性工作，由个体劳动变为群体工作。

（3）要不断学习新的专业知识、现代远程教育技术和开放教育理论，以适应人才培养模式改革的需要。

2. 现代远程开放教育教师评价策略

在教师评价中注重评价策略能充分调动广大教师的内在积极性，有利于促进教师专业发展，有利于提高教学质量。

（1）注重教师专业发展。绝大多数教师事业心强，努力做好自己的本职工作，因此注重教师专业发展比判定他们的工作等级更有意义。

（2）调动教师内在积极性。在教师评价时要给教师自我决策的机会，例如评价方案的制定一定要征求教师意见。只有教师从内心接受评价方案，才不会引起教师的反感。教育管理者要充分相信教师，努力营造教师自我控制环境，鼓励教师自我发展。

（3）加强同行评议。同行评议对教师相互提高起很大作用，并能在学校创造浓厚的学术氛围。在选择评价人员时，千万注意不要外行评价内行，评价人员的专业水平一定不低于被评价教师。

3. 现代远程开放教育教师评价准则

在任何评价活动中，人们不可避免地遇到评价准则问题，不同的研究方法可以有不同的类型。我们以教师工作职责为基础提出现代远程开放教育教师评价准则如下：

（1）具有现代远程开放教育理论与技术。现代远程开放教育教师必须树立以学生自主学习为主，教师辅导为辅的教育思想；能根据教学模式改革的需要及时转变教师角色，调整自己的知识结构与能力结构；有制作多种媒体教学资源和课件的能力，并能进行有效的资源整合与充分利用；具有现代远程教学设备使用和现代远程开放教育教学与科研的能力。

（2）与学生建立良好的关系。现代远程开放教育的教师与学生要建立良好的沟通关系，能为学生提供心理咨询服务，了解每一个学生的经历与学习基础，有针对性地指导他们制定自主学习计划和分组教学，能敏锐地感受学生个人的学习需要，主动做好教学支持服务工作。

（3）具有远程开放教育教学的能力。现代远程开放教育的教师注重培养学生自主学习的能力，善于组织学生参加小组学习和专题讨论等项协作学习活动；能对学生进行自学跟踪服务，帮助他们解决学习中的困难，鼓励他们学习中的每一点进步；能容纳不同意见，发现自己教学中需要改进的地方，及时调整自己的工作。

（4）具有明确表达自己思想的能力。现代远程开放教育的教师具有远程信息交流的能力，思维清晰，逻辑性强，语言深入浅出。

4. 现代远程开放教育教师评价方法

有多种评价方法可以用于教师评价：自我评价、网上学生评价、同行评价和专家组评价。

（1）教师自我评价。教师自我评价是教师评价的重要组成部分，自评是教师自我诊断、自我提高的过程；也是收集信息的主要途径。

（2）网上学生评价。把教师评价表挂在网上，学生可以上网填报，由教学管理人员负责汇总整理。这种网上教师评价形式简单易行，学生最了解指导教师的教学指导效能，学生反映比任何人都真实可靠。

（3）同行评价。同行评价也叫同行评议。特别是教研室主任和系部主任评价对教师业务素质提高有很大促进作用，他们最了解教师情况，精通业务，最有发言权，对教师工作提高及改进工作都能提出有价值的建议。另外，他们能对教师的自我评价做出一个初步判断。

（4）专家组评价。专家组评价一般是综合性评价，评价方法可以组织教学检查、听课、网上检查教学资源建设情况、召开座谈会和问卷调查等。同时要汇集教师自评、学生评价和同行评价等各种信息，做出最后评价结论。专家组评价的目的在于奖励或评定等级等。

（二）开放教育教师面授辅导评价实例

为了保证开放教育教学质量，适量安排面授辅导是必需的。但是面授辅导的教学形式和教学技术手段都进行了很大的改革。通过面授辅导进行导学，重点难点讲解，解惑答疑，布置下阶段学习任务等。一般地，面授辅导学时不超过教学计划规定学时的1/3。教师面授辅导指标体系及评价量表如表 10 - 7 所示。

表 10 - 7 教师面授辅导指标体系及评价量表

办班单位： 专业：

课程名称： 辅导教师姓名：

一级指标	二级指标	权重	非常满意 100	满意 80	比较满意 60	一般 40	不满意 20
教学内容	能通过多种渠道了解学生自学情况	0.05					
	教学进度与教学大纲和学生自学计划同步	0.05					
	完成教学大纲规定的教学内容	0.10					
	贯彻"三环互动"教学法	0.18					
	使用多种教学媒体组织教学	0.05					
	利用电子教案上课	0.10					
	语言生动、思路清晰	0.05					
教学态度	教书育人	0.05					
	辅导耐心	0.05					
	按时上下课	0.05					
教学效果	培养学生自学能力较强	0.17					
	师生互动、大多数学生掌握学习内容	0.10					

评价人： 填表时间： 年 月 日

1. 评价目的

评价教师面授辅导质量，加强教学过程管理，促进教师业务素质提高，创建校园学术文化氛围，为教师工作量考评打基础。

2. 评价指标体系

评价指标体系的建立要符合评价目的，明确评价要解决的问题。本次评价主要检查省电大开放教育"三环互动"教学模式的贯彻应用问题。我们根据成人开放教育的特点和现代远程教学的经验，建立教师评价指标体系。权重的分配采用专家咨询法。

3. 评价方法

学校成立开放教育教师面授辅导评价领导小组，主管教学的校长任组长，组员由教学管理人员和教师代表组成，下设评价办公室。评价办公室的任务是制定评价方案，组织实施，负责最后的综合评价和信息反馈。评价方法以听课、问卷、座谈会和网上调查为主；评价程序为教师自评、专家组听课、同行评议、学生代表网上问卷或召开学生座谈会等。教师自评的权重为 0.2；学生评价的权重为 0.3；专家组评价的权重为 0.5。

4. 教师面授辅导评价分数计算举例

我们以学生评价得分计算为例，说明计算方法。

（1）让学生分别填写《教师面授辅导指标体系及评价量表》，在后面的选项中画"√"，每一行中只能选择一项，否则无效。

（2）例如我们在网上下载了 8 位学生代表填报的《教师面授辅导指标体系及评价量表》，把他们画"√"的个数统计在《教师面授辅导评价汇总计算表》（见表 10 - 8）中。

（3）利用加权（b_j）平均的方法计算每一项指标的得分。例如指标"能通过多种渠道了解学生自学情况"计算如下：

$$(100 \times 4 + 80 \times 2 + 60 \times 2) \div 8 = 85$$

其他指标得分的计算略。

表 10 - 8　教师面授辅导评价汇总计算表

办班单位：省电大直属分校　　　　　　　　　　　　专业：数学与应用数学
课程名称：数学建模　　　　　　　　　　　　　　　辅导教师姓名：王见

二级指标	权重	非常意 100 b_1	满意 80 b_2	比较满 意60 b_3	一般 40 b_4	不满意 20 b_5	得分
能通过多种渠道了解学生自学情况	$0.05a_1$	4	2	2			85
教学进度与教学大纲和学生自学计划同步	$0.05a_2$	3	3	2			82.5
完成教学大纲规定的教学内容	$0.10a_3$		3	2	3		60
贯彻"三环互动"教学法	$0.18a_4$			3	3	2	42.5
使用多种教学媒体组织教学	$0.05a_6$		2	2	2	2	50
利用电子教案上课	$0.10a_6$		4	4			70
语言生动、思路清晰	$0.05a_7$	2	2	2	2		70
教书育人	$0.05a_8$		6	2			75
辅导耐心	$0.05a_9$			4	2	2	45
按时上下课	$0.05a_{10}$			2	4	2	40
培养学生自学能力较强	$0.17a_{11}$		2	4	2		60
师生互动、大多数学生掌握学习内容	$0.10a_{12}$		2	2	2	2	50
总　　分		58.225					

评价人：　　　　　　　　　　　　　　填表时间：2004 年 6 月 20 日

（4）利用加权（a_i）平均计算这 8 位学生代表对该教师的最后评分。

$$85 \times 0.05 + 82.5 \times 0.05 + 60 \times 0.10 + 42.5 \times 0.18 + 50 \times 0.05$$

$+70 \times 0.10 +70 \times 0.05 +75 \times 0.05 +45 \times 0.05 +40 \times 0.05 +60 \times 0.17 +50 \times 0.10 = 58.225$

按照我们的设计最高分为 100 分。

（5）如果教师的自评分为 88 分；专家组评分为 80 分，则这位教师的综合评分计算式：

$$88 \times 0.2 +58.225 \times 0.3 +80 \times 0.5 = 75.0675$$

四舍五入为 75.07 分。

5. 结果分析

从教师自评和专家组评价来看，该教师胜任《数学建模》课程教学工作。从学生反映看该教师不熟悉"三环互动"教学模式，辅导缺少耐心，有上课迟到现象。经我们调查该教师是外聘教师，学生反映非常准确。经教务处及时反馈信息，王见（化名）的教学水平迅速提高，受到同学们的欢迎。

（三）现代远程开放教育教师工作考评实例

教师工作考评是教师管理的核心问题，关系到教师的切身利益，也是一个敏感性问题。各个学校在这方面都做了大量的研究工作，由于区域经济不同，管理模式不同，教师工作考评方案相差很大；有很多方面还有待完善，教师工作考评的难点是工作量的计算。我们以《黑龙江广播电视大学教师工作量考评方案》为例，介绍现代远程开放教育教师工作考评办法。

1. 教师工作考评目的

尊重教师劳动，充分调动教师的工作积极性，使教师的实际收入与岗位职责、工作业绩和实际贡献挂钩；并为教师提职晋级、奖金发放、评优评模提供佐证材料，使教学工作科学有序，教学质量稳步提升。

2. 教师工作考评指标体系

黑龙江广播电视大学教师工作可以归纳为"四员"，教员、制作员、调研员和研究员。黑龙江广播电视大学教师工作考评指标体系的建立是以教师工作职责为基础进行设计的。在充分征求教学系部意见，广泛调研，借鉴兄弟院校的经验和结合我校实际的基础上，根据人事部、教育部关于教师管理和分配制度的改革精神，经反复论证，确定黑龙江广播电视大学教师工作考评指标体系。黑龙江广播电视大学教师工作考评指标体系表如表 10 - 9 所示。

表 10 - 9　黑龙江广播电视大学教师工作考评指标体系表

一级指标	二级指标	考评标准	工作量
课程管理	制定教学指导文件	教学大纲、课程说明、课程实施细则、一体化教学设计方案、形成性考核实施细则、课程实验实施细则、考核说明（新旧课区别与课程性质不同，折合系数不同）	＿＿＿千字
	远程教学辅导	网上教学辅导、BBS、E - mail 电话答疑（每学期累计一次）	＿＿＿千字 ＿＿＿分钟
	教学资源建设	教材 音像课 形成性考核册（含作业答案） CIA 课件（根据等级报酬另付）	＿＿＿千字 ＿＿＿学时 ＿＿＿套
教学指导	课程教学指导	传达中央电大教学信息、开放教育教学模式指导、解答基层电大教师提出的有关问题（都要提供佐证材料），文字部分按千字计算，语言部分按学时计算	＿＿＿千字 ＿＿＿学时
	实践教学指导	课程实验、实习、毕业答辩、 指导毕业论文（报酬及时支付，不计工作量）	＿＿＿学时
	师资培训	课程或实践环节教学培训主讲 课程或实践环节教学培训参加者	＿＿＿学时 ＿＿＿小时
	省内教研活动	大课题组活动或其他教研活动	＿＿＿小时

续表 10 – 9

一级指标	二级指标	考评标准	工作量
教学管理	制定（修订）教学计划	实施性教学计划和教学计划进程表	＿＿＿千字
	考试命题、评阅试卷	考试命题（带答案）打印清楚 评阅试卷（报酬及时支付，不计工作量）	＿＿＿套
	试卷分析	试卷分析（上网）	＿＿＿千字
	巡教、巡考、教学检查	一天按 10 小时计算，以差旅费报销日数为准	＿＿＿小时
教学研究	参加中央电大、教育厅的培训或课题研究	参加会议 公开发表论文（期刊等级不同，折合系数不同）	＿＿＿小时 ＿＿＿篇
	专题调研活动	一天按 10 小时计算，以差旅费报销日数计算 调研报告	＿＿＿小时 ＿＿＿千字
	参加科研项目	根据实际情况进行奖励	＿＿＿小时
临时工作	学校交办的工作	教学以外的事务性工作	＿＿＿小时
	教学部交办的工作	教学以外的事务性工作（如本学期课程轮空）	＿＿＿小时

　　3. 教师工作量计算方法

　　教师工作量计算比较复杂，主要解决以下三方面问题：

　　（1）统一尺度问题。在《黑龙江广播电视大学教师工作考评指标体系表》教师"工作量"栏目中有六种衡量单位，他们必须统一尺度。我们以副教授为基准，教授和讲师（含助教）的工作量酌情增减。

"学时"是一节课的时间，面授课45分钟计为1学时；每学时付酬25元。

"小时"是时间单位，每天8小时工作制。2.5小时折合为1学时（计算依据是按副教授"工资条"前两项之和除以22个工作日，再除以25元）。

"千字"是编辑部计算稿酬的文字量计数单位，根据"东北三省"调研情况平均每千字（含打字）25元，折合为1学时。

"套"是指考试题、作业题和模拟练习题的计算单位，按照我校习惯做法，每套题（带答案含打字）折合2学时。

"篇"是指公开发表论文的计数单位。为了鼓励教师积极参与科研发表文章，我们规定省级学术刊物发表的文章每篇计20学时；国家级学术刊物发表的文章每篇计50学时。

电话答疑按"分钟"计算；每学期累计后，按45分钟折合为1学时。

经过上述讨论，我们用"学时"作为教师工作量计算的统一的尺度。

（2）平时工作量问题。计算教师工作量的目的之一是激励教师的工作热情，多劳多得，对超出平时工作量部分给予奖励；因为教师按月领工资，扣除平时工作量是合理的。

我校经过精心策算平时工作量规定为240学时；教授和讲师（含助教）上下浮动9个学时。

（3）不同课型之间的折算问题。在制定教学指导文件时，统设课只需要进行教学资源整合，省开课需要创建；本科课和专科课的难度差别很大，因此在计算工作量时要有所区分。经过全体教师的讨论，形成共识。本科省开课：本科统设课：专科省开（统设）课＝1∶0.6∶0.3。在计算"教学指导文件"指标教师工作量时，按系数折合后再填入表内。

4．教师工作量考评办法

实行教师自评、教学部初评、教学资源中心复评（我校师资管理科设在教学资源中心）和人事处终审的考核办法，每学期考核一次。首先由教师本人申报工作量，并提供佐证材料，进行自评；教学部根据教师自评情况进行全面检查，组织初评，并写出考评意见；教学资源中心组织专家组进行抽查，并签署意见；在人事处终审合格后，上报校领导。校领导批准后，交财务部门对教师进行奖励或处罚；工作量不足的教师可以提前向学校申请临时性工作。

三、现代远程教育技术与应用评价

贯彻落实教育部《面向 21 世纪教育振兴行动计划》，实施现代远程教育工程，其目标是以现有的中国教育科研网和卫星视频传输系统为基础，利用教育技术，形成覆盖全国城乡的现代远程教育网络，构建终身学习体系。按照这一目标，中央广播电视大学开展"人才培养模式改革和开放教育试点"项目研究工作，使教育技术在电大教育教学中得到广泛的应用。一方面，教育技术的思想、理论和研究方法从各个方面指导教育现代化的实施；另一方面，教育技术手段和设施为实现教育现代化提供了坚实的物质基础和技术条件。"现代远程教育技术与应用评价"保证了试点项目的实施和教育现代化的进程。

（一）现代远程教育技术概述

现代远程教育技术（以下简称教育技术）是关于学习过程与学习资源的设计、开发、利用、管理和评价的理论与实践。从这一定义可以看到，教育技术学的研究领域应当包括学习过程与学习资源的设计、开发、利用、管理和评价五个方面的理论与实践。

（1）学习过程与学习资源的设计。为实现预定的教学目标，首先要了解学生的特点、开放教育的教学内容，在此基础上优化教学内容、教学结构、教学媒体、教学程序、呈现方式、人机交互作用等，合理制定多种媒体教学一体化设计方案。

（2）学习过程与学习资源的开发。将电声、电视等音像技术、电子出版技术、计算机辅助技术（CAI）以及计算机网络技术应用于教育教学过程的开发与资源建设。

（3）学习过程与学习资源的利用。对新型媒体和各种最新的信息技术的利用与传播，使之制度化，保证学习资源在各学习过程中的充分利用。

（4）学习过程与学习资源的管理。对教学过程、教育信息、教学资源和教育研究等进行科学管理；有教学支持服务鼓励政策，管理制度健全，监督保障得力。

（5）学习过程与学习资源的评价。制定定量与定性的评价方案，总结性评价和形成性评价相结合，以此作为质量监控的主要措施。

应该注意：①要从学习过程和学习资源这两个方面来正确认识教育技术的性质与作用。我们比较重视学习资源建设，而忽视学习过程这一方面，因此要转变管物不管人的思想，加大教学模式改革与探索，全面关心学生的学习过程，努力帮助教师用好教育技术手段，做好教学支持服务工作。②学习资源设计一般是指教学媒体设计和教学环境的设计。多年以来，电大教师往往只注意到教学媒体的选择与设计这一个方面，而忽略了教学环境设计，误认为"教育技术"只是研究"媒体的理论与应用"；今后要充分利用计算机网络功能，加强网络教学环境设计。③教学环境的设计包括教学硬件环境设计和教学模式的设计。当然，教学硬件条件必须符合中央电大教学点设置标准，但设备是死的，而教学模式中的交互作用过程和学生学习新知识的认知过程却是活的，重视教学模式和学习过程的设计与开发就可以在一定的硬设备条件下取得最佳的教学效果。

（二）现代远程教育技术与应用评价

现代远程教育技术与应用的评价是教育技术理论的重要组成部分，也是自身的运行机制。现代远程教育技术与应用评价按照评价对象划分，可分为现代远程教育技术与应用的教学点评价、教师评价和学生评价。本书重点论述现代远程教育技术与应用的教学点评价。我们依据教育技术学的理论与实践和中央电大开放教育试点网上教学检查基本要求和我们的试点经验制定评价方案。评价的目的是了解各级电大网上教学工作的现状，交流和推广网上教学经验，发现和研究教育技术与应用存在的问题，提高教育技术与应用水平，改进教学支持服务，提升信息化应用能力，推进人才培养模式及教学模式改革。

1．评价原则

（1）方向性与科学性相结合的原则。评价方案具有导向性，要能体现现代远程开放教育特点与成人教育规律，有利于推广现代远程教育技术的应用，符合电大"三环互动"教学模式，谋求较高教学质量。

（2）系统性与可行性相结合的原则。评价方案可由若干要素组成，构建时既要着眼于系统性，也要考虑其可行性，力求抓住主要的指标，避免体系繁杂，操作耗时费力。

（3）资源开发与合理利用相结合的原则。资源开发是教育技术应用的重要组成部分，一定要体现计划性和实用性；资源开发是重要的，而资源充分利用更重要，教学资源利用率是评价教育技术与应用的重要指标。

（4）定性与定量相结合的原则。教育技术与应用是一个教与学的复杂过程，影响教学质量的因素很多，有些是定性指标，有些是定量指标。在充分调查研究的基础上，采取定性评价与定量评价相结合的方法，以提高评价结果的可信度。在权重的利用上，要有利于发挥指标体系的导向作用、鉴定作用和诊断作用。

（5）全面综合评价的原则。教育技术与应用评价要体现硬件环境建设、教学信息量、网上教学设计、教学资源利用、网上学习过程和远程教学管理等诸方面，以及各方面的整合。制定出一系列符合标准的综合评价细则，以促进教育技术与应用健康有序地发展。

（6）随机评价与定期评价相结合。我们都知道定期组织一次评价或教学检查并不能完全代表一个教学点的真实的水平，为了使评价结果具有客观性，对教学点的教育技术与应用评价必须采用随机评价与定期评价相结合的方法，使评价结果与实际更加相符。

2. 评价内容

教育技术与应用评价是针对电大开放教育试点网上教学情况的专项评价。评价内容涉及硬件环境建设、教学信息量、网上教学资源建设、网上教学设计、教学资源利用、网上学习过程、学习支持服务和远程教学管理等诸方面，以及各方面的整合。

3. 评价方法

教育技术与应用评价采取试点教学点自评与专家远程评价相结合的方式进行。在试点教学点自评的基础上，省电大邀请专家对各级教学点进行远程随机评价。省电大结合每学期中央电大教学检查文件的部署，安排一次全省的教学检查，教育技术与应用的评价结果随教学检查结果一并公布。

（三）教育技术与应用评价指标体系

教育技术与应用评价指标体系如表10-10所示。

表 10 – 10 教育技术与应用评价指标体系

一级指标	二级指标	评价标准	权重	评价等级
学习过程与学习资源设计（0.28）	教学环境设计（0.08）	（1）校园网出口带宽≥2M（出口2M的评价等级是"一般"）；	0.02	
		（2）建有双向视频系统，与省电大联网；	0.02	
		（3）配备"五室"，学生至少每10人配置一台联网计算机；	0.02	
		（4）分校建有网络环境下的教学平台	0.02	
	网上教学设计（0.07）	（1）多种媒体教学一体化设计方案，方案的设计思想与教学模式；	0.02	
		（2）网上教学在课程教学中的定位、网上教学与其他教学形式之间的配合；	0.02	
		（3）网上教学要解决的教学问题；	0.01	
		（4）学生线上学习与线下学习的配合；	0.01	
		（5）教师网上教研活动的设计、组织、实施	0.01	
	网上学习过程（0.06）	（1）学生通过网络获取课程学习资源的时间表；	0.01	
		（2）学生学习过程中疑难问题的解答办法与时间安排；	0.01	
		（3）学生网上小组学习及协作学习活动计划；	0.01	
		（4）网上实时教学活动的形式与内容安排；	0.01	
		（5）教师为学生提供学习方法、自学建议等学习指导	0.02	
	教学媒体设计（0.07）	（1）教学资源库的设计与储备；	0.05	
		（2）每门课程的教学媒体使用计划	0.02	

续表 10－10

一级指标	二级指标	评价标准	权重	评价等级
学习过程与学习资源开发（0.21）	网上教学信息（0.07）	（1）网上教学基本信息的类型、数量（网站的各种通知；教务、考务、学籍等各种相关的规定及文件；网上学习指导；上网常见问题等）；	0.03	
		（2）网上教学基本信息发布的及时性、准确性、实用性	0.03	
	教学资源建设（0.08）	（1）在校园网的电大在线平台上按专业设置窗口，对中央电大网上教学资源进行接收与整合；	0.02	
		（2）统设必修课网上配套教学资源的种类、数量和质量；	0.03	
		（3）省开课程网上教学资源的种类、数量和质量	0.03	
学习过程与学习资源开发（0.21）	教学新探索（0.06）	（1）利用网络技术解决教学问题的新思路、新举措，例如，数字图书馆、在线网上实验系统、在线作业系统、网络考试系统的应用，以及利用双向视频进行网上论文答辩，移动学习的尝试等；	0.03	
		（2）发挥网络优势，探讨协作学习、问题解决学习、探究学习等新型的、适合电大特点的教学模式	0.03	
学习过程与学习资源利用（0.15）	设备利用（0.07）	（1）双向视频系统的使用情况；	0.04	
		（2）分校的网络环境及教学平台使用情况	0.03	
	资源利用（0.08）	（1）网站的注册人数、网站累计访问量、网站年访问量、网站月访问量；	0.02	
		（2）学生通过网络获取教学基本信息的情况；	0.02	
		（3）统设课网上教学资源的接收和利用情况；	0.02	
		（4）省开课程网上教学资源的利用情况	0.02	

续表 10 – 10

一级指标	二级指标	评价标准	权重	评价等级
学习过程与学习资源管理（0.25）	教学设备维护（0.07）	（1）远程教学平台的维护与升级情况； （2）"五室"的维护	0.03 0.04	
	管理制度（0.05）	（1）现代远程开放教育管理制度汇编； （2）管理制度完备	0.05	
	学习过程管理（0.10）	（1）"五室"的开放时间与使用记录； （2）网上各种信息浏览量等统计数据，学校对学生访问网站情况的记录及分析； （3）教师网上教研活动的设计、组织、实施的检查情况； （4）统设必修课网上配套教学资源与中央电大网上教学资源配合的检查情况与预期教学效果； （5）省开课网上教学资源达到预期教学目标的程度	0.02 0.02 0.02 0.02 0.02	
学习过程与学习资源评价（0.11）	形成性评价（0.04）	（1）在学习过程中教师及学生对统设必修课网上配套教学资源的评价； （2）在学习过程中教师及学生对省开课网上教学资源的评价； （3）在学习过程中学生对学习过程的自我评价； （4）在教学过程中教师对学生学习情况的评价	0.01 0.01 0.01 0.01	
	总结性评价（0.07）	（1）教学点的自评报告； （2）教师及学生对整体教学的评价	0.05 0.02	
评价结果			1.00	

注：（1）"五室"包括：多功能教室、视听阅览室、语音室、网络教室和电子图书室。（2）评价等级分为：优秀、良好、合格和不合格四个等级。评价结果的计算方法（略），参考第十章第二节中的二（二）开放教育教师面授辅导评价实例的计算方法。

第三节　教育评价现状与发展趋势

教育评价和教育活动一起经历了漫长的历史发展过程，教育评价存在一切教育活动之中。一切教育需要评价，评价一切教育。

一、教育评价现状

（一）我国教育评价现状

20 世纪 80 年代以前，由于历史原因我国没有开展系统的教育评价研究工作。20 世纪 80 年代以后，教育界相继开展了教育评价理论研究；我国教育评价理论研究是建立在泰勒教育评价理论基础上，在引进和吸收西方各流派教育评价理论的前提下，结合我国国情开展的。1990 年以后，原国家教委分别发布了《普通高等学校教育评价暂行规定》和《教育督导暂行规定》，使中国教育评价理论和实践活动进入了一个新的阶段，逐步正规地开展教育评价工作，提高了教育管理水平。在这个阶段，一是建立了教育评价制度，为在全国开展教育评价工作提供了制度保证；二是建立了全国性的教育评价研究组织，1994 年 7 月"高等学校与科研院所学位与研究生教育评估所"成立，推动了教育评价理论研究和实践相结合，为全国进行教育评价研究和实践提供了组织保证；三是国内外学术交流、研究活动增多，教育评价研究成果层出不穷。20 多年来，根据实际需要，各种教育评价方案研究取得巨大进展。例如教学评价、课程评价、学生评价、教师评价、教育质量评价、教学管理评价、素质教育评价、学科专业评价、办学水平评价等，教育评价作为教育管理的重要手段，已得到广泛的应用。我国教育评价研究者对教育评价的本质、目的、对象、性质、基本原则、主要类型及其功能与特点、权重计算方法、组织实施策略、结果处理与信息反馈等都进行了深入探讨。出版了教育评价系列丛书和专著、专集，发表了大量论文。比较突出的进展是：教育评价主体从一元走向多元；教育评价目的从鉴定走向发展；教育评价作用从总结性评价走向形成性评价与总结性评价相结合，逐步进入创建中国特色的教育评价理论和持续发展时期。

（二）西方教育评价现状

从 19 世纪中叶到 20 世纪 30 年代以前，西方教育研究强调以量化方法对学生学习状况进行测量；20 世纪 30～50 年代，开始了以泰勒为代表的教育评价时期。这一时期明确提出了教育评价的概念，从而把教育评价与教育测量区分开来。这一时期的特征是对教育测验结果作描述，评价的目的不再是学生本身，而是什么样的学习模式对学生学习最有效。进入 20 世纪 50～70 年代教育评价发展到以布卢姆为代表的教育评价时期。这一时期注重了真正的价值判断问题，关心教育目标的实现，注重以目标为参照系进行价值判断。到了 20 世纪 70 年代以后，枯巴等人提出的第四代教育评价，突出了教育评价中的人文主义精神，强调评价者和评价对象之间的不断交互作用、共同建构、全面参与，这一时期非常关注评价结果的认同，关注评价过程，强调评价过程中评价给予个体更多被认可的可能。这一时期的特点是比较关注教育评价的人文精神和教育作用，重视评价对个体发展的建构作用。

二、教育评价的发展趋势

教育改革需要教育评价发展；教育理论研究推动教育评价发展；现代管理技术的应用支撑教育评价发展。从目前教育改革发展显示的信息看，今后一段时间内教育评价有如下发展趋势。

（一）教育评价逐步成为政府部门进行教育管理的常规性工作

教育评价由专家的课题研究转入政府部门的管理措施，并发展成为政府部门的教育决策服务。例如在《中华人民共和国教育法》中明确指出："国家实行教育督导制度和学校及其他教育机构的教育评价制度。"在《中国教育改革和发展纲要》中也指出："建立各级各类教育的质量标准和评价指标体系，各地教育部门要把检查评价学校教育质量作为一项经常性的任务。"同时还指出："对职业技术教育和高等教育，要采取领导、专家和用人部门相结合的方法，通过多种形式进行质量评价和检查。各类学校都要重视、了解用人单位对毕业生质量的评价。"目前，我国各级政府设立的教育督导室所做的工作之一就是教育评价工作，从而为政府的教育措施、教育决策服务。

（二）评价内容的全面性与评价方法的综合性

以前的教育评价主要是针对学生和教师进行评价，而现代教育评价则以教育全领域为对象。它不仅对学生、教师评价，而且对教育目标、教育机构、社会对人才需求、人才培养模式、教育过程、学科建设、课程体系、教育科研水平等各层面全方位评价。为了保证教育评价的准确性，必须把各种教育评价方法综合运用，例如定性与定量结合；模糊与精确结合；日常观察与系统测验结合；自评与专家组评价结合等。这种使用综合评价方法对教育全方位评价的特点在今后更加明显。

（三）注重教育评价的教育性功能

在教育评价中，人们最初重视的是教育评价的管理性作用；注重教育评价的教育性作用是教育评价的一大进步。教育评价作为教育活动的重要组成部分，应服务于教育，成为实现教育目标的促进力量。当前，形成性评价和教育过程评价的出现和发展突出了教育评价的教育性作用。这一方面的作用将得到进一步加强。

（四）教育评价技术更具现代化

随着新科学方法的引入，进一步完善和丰富了教育评价方法。例如模糊数学引入教育评价，解决了教育评价中遇到的大量定性的教育现象的评价问题；再如把系统论引入教育评价，可以站在客观的角度去评价具体的教育现象，使评价更具全面性、科学性。另外，随着计算机网络的不断发展与应用，使教育评价出现了自动化、信息化和远程化的趋势，目前开发了很多教育评价软件，实现了数据处理现代化，减轻了繁重的手工劳动，有力地推动了教育评价理论与技术的发展。教育评价伴随着社会的进步、经济和科学教育的发展，一定会不断创新，在教育领域起到不可替代的作用。

参考文献

［1］　陈玉琨. 教育评价学［M］. 北京：人民教育出版社，2003.

［2］　姜凤华. 现代教育评价［M］. 广州：广东人民出版社，2003.

［3］　黄甫全，王本陆. 现代教学论教程［M］. 北京：教育科学出版社，2002.

［4］　汪培庄. 模糊集合论及其应用［M］. 上海：上海科学技术出版社，1983.

后 记

随着远程教育事业的快速发展，现代远程教育的理论也不断趋于成熟。由黑龙江广播电视大学党委书记、副校长宋有教授主编的《现代远程教育十论》与大家见面了。书稿从准备到出版用了两年多的时间，这是黑龙江广播电视大学领导、研究人员和教师集体智慧的成果，是我们在开放教育试点中针对教学与管理存在的实际问题而进行的探讨，是不断解决开放教育试点中遇到的新问题、新情况而开展的研究，是我们对现代远程教育的特点和规律进行探索和把握的初步成果。《现代远程教育十论》以人才培养模式改革和开放教育试点项目研究的重点问题为立论根据，以开展现代远程教育的实践活动为基本内容，全景观地叙述了现代远程教育的逻辑体系、重点、难点问题。《现代远程教育十论》是一部现代远程开放教育的普及之作和基础工作，既可作为研究人员、教师研究现代远程教育理论的参考，也可作为电大和其他成人学生参与现代远程教育教学活动的入门知识；是理论与实践相结合的成功尝试，书中大部分观点在教学、科研和管理实践中得到了验证和运用并收到了良好的效果；是一部试点的实践提升之作，是一部集体智慧的融会之作。

本书在编写与出版过程中，得到了中央广播电视大学、黑龙江省教育厅和黑龙江广播电视大学的党政领导、专家的关心和支持，参考了目前发表和出版的相关著作及文章，得到了东北林业大学出版社领导和责任编辑的大力支持与精心审校。对于上述领导和同志们的支持在此一并致以深深的谢意。

参加本书撰稿的同志如下：（按编写顺序）概述，刘仁坤、李纪；第一章，王月、赵广龙；第二章，王秋、刘英；第三章，尹炎、陈方斌；第四章，曹力群；第五章，吕雁泽、刘尔明；第六章，孟令杰、姜向东；第七章，刘岩、刘向秋；第八章，于湘琳、林春阳；第九章，李萍萍；第十章，商现。由于我们自身参与实践的角度，进行理论研究的深度，对国内外远程教育成果的掌握程度都十分有限，书中的认识与结论尚属探索之中的一家之言，敬请读者不吝赐教。

作　者

2016 年 6 月